中国高教研究名家论丛

韩延明 张茂聪 主编

U0745123

教育的未来

潘懋元 著

山东教育出版社

·济南·

图书在版编目（CIP）数据

教育的未来／潘懋元著 . — 济南：山东教育出版社，
2023.12（2025.2重印）

（中国高教研究名家论丛／韩延明，张茂聪主编）

ISBN 978-7-5701-2746-7

Ⅰ. ①教…　Ⅱ. ①潘…　Ⅲ. ①高等教育—教育研究—
中国　Ⅳ. ①G649.21

中国国家版本馆CIP数据核字（2023）第213935号

ZHONGGUO GAOJIAO YANJIU MINGJIA LUNCONG
JIAOYU DE WEILAI

中国高教研究名家论丛　　　　　　　韩延明　张茂聪　主编
教育的未来　　　　　　　　　　　　　　　　潘懋元　著

主管单位：山东出版传媒股份有限公司
出版发行：山东教育出版社
　　　　　地址：济南市市中区二环南路2066号4区1号　邮编：250003
　　　　　电话：（0531）82092660　　网址：www.sjs.com.cn
印　　刷：济南精致印务有限公司
版　　次：2023年12月第1版
印　　次：2025年2月第2次印刷
开　　本：787 mm×1092 mm　1/16
印　　张：21.5
字　　数：289千
定　　价：100.00元

（如印装质量有问题，请与印刷厂联系调换）印厂电话：0531-88783898

《中国高教研究名家论丛》
编纂委员会

总序

习近平总书记在党的二十大报告中强调，要"加快建设教育强国、科技强国、人才强国"，"加快建设高质量教育体系"，"加快建设中国特色、世界一流的大学和优势学科"。这些重要论述，为新时代高等教育高质量发展提供了根本遵循。在推进中国式现代化建设的当下，党和国家对高等教育高质量发展的期盼比以往任何时候都更为迫切。新形势下要实现高等教育高质量发展，需要有清醒的判断和正确的选择；需要进一步拓宽视野，守正创新；需要积极应对新技术和新方法给高等教育发展带来的新挑战；需要研究探索新时代高等教育服务治国理政和国家重大发展战略的新路径与新方法。

山东师范大学与山东教育出版社联袂推出的这套《中国高教研究名家论丛》（以下简称《论丛》），着眼于国家重大需求，探讨了高等教育发展的内在规律，回应了社会各界对高等教育发展的重大关切，是按照理论研究的科学范式和实践探索的应用要求编撰而成的一套高水平的高等教育书系。

《论丛》不拘一格，尊重每位学者的兴趣和专长，初定学术专著20本，分2辑出版，共600余万字。《论丛》站在高等教育的学科前沿，紧紧围绕"高等教育发展与前瞻"的主旨，遵循理论研究与实践应用相结合、应然建构与实然建设相结合、国际借鉴与国内经验相结合、历史回眸与未来前瞻相结合的原则，采用多学科、多视域、多元化的研究方法，以专题探索与体系构建为根基，以传承、改革、发展为主线，以国内外高等教育理论研究和实践经验探索为主题，从高等教育大系统、大拓展、大革新、大跨越的角度，对高等教育发展战略与宏观政策、高等教育组织与治理、高等教育研究何为、高等教育学及其理论问题、中国高等教育的时代命题、高等教育的理论探究、改革时代的高等教育发展、学科与研究生教育高质量发展，以及大学转型、大学治理、大学创新、大学文化、大学的未来等诸多层面和视角进行了全景式理论研究和全方位实践探索。《论丛》站位高远、立意新颖、中外结合、古今贯通、设计前卫、异彩纷呈，以国际视野打造中国高等教育的实践案例，彰显教育创新精神，凸显扎根中国大地办教育的理念，是新时代具有高等教育舆论导向、决策参考、理论指导和实践应用价值的精品力作。

本《论丛》的作者包括中国高等教育学科创始人、厦门大学资深教授潘懋元先生在内的20多位高等教育学界专家，分别来自厦门大学、北京大学、中国人民大学、浙江大学、中国教育科学研究院等全国知名高校和科研院所。这些作者绝大部分我都比较熟悉，有的已经认识、交往多年，也经常读到他们的论文或著作，他们在高等教育理论领域躬耕多年，贡献了许多真知灼见。他们扛起了高等教育学科理论大旗，创榛辟莽、研精覃思，坚守学术责任，攘袂引领国家教育改革决策，为中国高等教育改革和发展作出了重要贡献。

据韩延明教授介绍，潘懋元先生生前对这套《论丛》很支持、很关心，曾一度答应为丛书作序，这彰显了这位国内外著名教育家对我国高等教育研究的高度重视和对后辈学人的鼎力扶持。我和潘先生是多年的学界挚友，我一直视他为我的先辈，40多年来，我们的交往最多、最频繁、最亲密。现在他走了，但他的精神永存，我们永远怀念他！

"最是书香能致远"，欣闻《中国高教研究名家论丛》即将出版，甚为高兴，聊抒所感，是为序。

2023年5月25日于北京

编撰说明

党的十八大以来，习近平总书记站在中华民族伟大复兴战略全局的高度，对新时代教育强国、高等教育高质量发展、建设世界一流大学等，作出了一系列重要指示批示，深情似海，厚望如山。《中国高教研究名家论丛》（以下简称《论丛》）正是在这一宏阔发展愿景和踔厉奋进背景下由山东师范大学和山东教育出版社联袂策划、组织、编撰、出版的一套接续性大型理论研究丛书。

（一）《论丛》基于新时代教育强国建设的使命担当

习近平总书记在党的二十大报告中强调，要"加快建设教育强国、科技强国、人才强国"。2023年5月29日，他在主持中共中央政治局第五次集体学习时又明确指出："建设教育强国，是全面建成社会主义现代化强国的战略先导，是实现高水平科技自立自强的重要支撑，是促进全体人民共同富裕的有效途径，是以中国式现代化全面推进中华民族伟大复兴的基础工程。"而"建设教育强国，龙头是高等教育"。这些重要论述，指明了新时代教育强国和高等教育高质量发展的方向，开启了高等教育强国建设的新征程。我国高等教育要立足实现中华民族伟大复兴，心怀"国之大者"，勇攀世界高峰，提升高等教育服务强国建设的能力和水平，强化高质量高等教育支撑中国式现代化建设的责任意识和使命担当。

（二）《论丛》致力于打造高水平的高教研究智库

本丛书整合集聚了国内高等教育学界领航专家和全国知名高校教授有影响力、有代表性的创新学术成果，倾力打造高等教育高水平研究与高质量发展的理论智库、决策智库与实践智库，致力于为新时代高等教育发展编撰一套具有学术价值、实践指导、高水平决策咨询作用的精品书系。

作者队伍由来自北京大学、中国人民大学、北京师范大学、大连理工大学、华东师范大学、上海师范大学、苏州大学、南京师范大学、浙江大学、厦门大学、中国石油大学（华东）、山东师范大学、华南师范大学、云南大学、西北工业大学、兰州大学、中国教育科学研究院等全国知名高校（以教育部官网公布的《全国高等学校名单》排列）和科研院所的高等教育专家学者构成。这些作者扛起高等教育学科理论大旗，为高等教育研究、改革、发展作出重要贡献。特别是著名教育家、中国高等教育学科创始人、中国高等教育学会高等教育学专业委员会首任理事长、厦门大学原副校长、资深教授潘懋元先生，更是殚精竭虑、建言献策、著作等身，构建了中国高等教育的学科体系、学术体系、话语体系，开创了中国特色、中国风格、中国气派的高等教育理论。

在遴选内容上，《论丛》着眼于国家重大发展战略，聚焦于高等教育发展规律，旨在与国家发展大局同向同行、与社会发展布局同频共振、与教育发展格局相辅相成。书稿均是经作者反复斟酌、精心选择的具有较高学术价值的代表性学术成果。有的成果虽已公开发表，但作者也进行了适当的修改和完善，还有一些是首次正式发表的具有学术含量的论文、报告、演讲、随笔、访谈、政论等，凝练了高等教育的中国智慧、中国方案和中国实践。有的著作还研究、解析、借鉴了国外高等教育发展的经验和创见。

（三）《论丛》科学建构高等教育的理论研究体系

《论丛》站在高等教育研究与发展的前沿，以多学科、多视域、多元化研究路径，按照理论研究的科学范式和实践探索的应用要求，遵循高等教育科学方法论，深入探讨创新人才培养、科研成果转化、教学质量提升、大学文化传承以及人文精神培育等高等教育实践中的热点、难点和焦点问题，为高等教育理论研究"描全貌"，为高等教育实践探索"留档案"，为高等教育发展"绘蓝图"。

《论丛》由潘懋元先生担任编委会主任，教育部原副部长、教育部普通高等学校本科教育教学评估专家委员会主任、中国高等教育学会副会长（主持工作）林蕙青任编委会副主任，临沂大学原校长、山东师范大学特聘教授韩延明与山东师范大学副校长张茂聪教授任丛书主编，计划分2辑出版（共20册），倾力打造国内高等教育理论研究丛书中的标志性、创新性书系。

　　《论丛》在编撰出版过程中，得到了教育部领导、全国相关专家学者、山东省委宣传部、山东师范大学、山东教育出版社的大力支持。潘懋元先生生前多次电话催问和指导《论丛》的编撰工作；著名教育家、教育部教师教育专家委员会主任、中国教育学会名誉会长、北京师范大学原副校长、资深教授顾明远先生不仅多次悉心指导，还在百忙中为《论丛》撰写"总序"；林蕙青同志欣然担任《论丛》编委会副主任，为圆满完成潘先生的遗愿而尽心竭力；各位作者认真梳理、修改、完善文稿，精益求精，付出了艰辛劳动；厦门大学教育研究院副教授陈斌博士，为搜集、整理、校对潘懋元先生《教育的未来》一书的文稿精辑细核、倾情奉献；山东教育出版社杨大卫社长、孟旭虹总编辑积极筹划、悉心组织；李红主任、郑伟副教授协助丛书主编做了大量相关工作。在此，我们一并表示诚挚的感谢！

　　由于编撰出版时间紧迫，加之面广量大，难免有疏漏，不妥之处，恳请同人和读者批评指正。

韩延明　张茂聪　谨识

2023年11月10日于济南

序

写在前面：老师就是"一本书"

潘懋元教授是杰出的社会科学家和著名的教育家。于国际，他是中国高等教育学的"学科符号"；于中国，他是高等教育学学科的奠基人；于教育战线，他是德高望重的"潘老"；于教师群体，他是全国的教书育人楷模；于厦大，他是学校历史与文化的"活字典"；于教育研究院，他是所有师生眼中的"大先生"；于我，用时下流行语来说，他是我的"亲老师"。老人家在厦大教育研究院师生及毕业弟子心目中的位置，是外人难以想象和理解的。老人家还健在的时候，厦大教育研究院是高教学人经常拜访的"圣地"，家里的沙龙或办公室经常高朋满座。一位在京工作的老校友，总是把潘老师称之为集"恩师、经师、人师"于一身的"大先生"。一位入学两年多的博士生说："考入厦大以来，我只在视频上见过先生，听过他的讲座，第一次见到潘先生真人是在追悼会上，但先生对我的影响却是终生的。"一位今年入学的硕士生说："虽然我只见过先生的照片、书籍、雕像，但先生仿佛就在我身边，院里的老师和同学在课堂或在聊天中，经常会情不自禁地提起老人家。"

老人家仙逝之后，弟子们纷纷行动起来，以各种方式表达哀思。先是商务印书馆决定出版《永远的大先生潘懋元》一书，再是山东教育出版社准备出版老人家晚年的论文集《教育的未来》，接着是厦门大学出版社决定出版《高山景行》纪念文集。我负责的商务印书馆这本书早已完成，没想到完成之后，陈斌博士又与我联系，邀我为《教育的未来》这本书写几句话，使我有些为难。一是觉得学生给老师的书写序不合适，在学界少有先例。二是觉得自己给潘老师写序"不够资格"，因为老人家的优秀弟子实在太多。但他说"去年潘老师在病中为您写序，现在推辞不合适吧？"尤其是看到这位年轻人在潘老师走了之后，用了大约半年的时间，到处收集潘老师的成果，实属不易。再一想，这应该是老人家留给我们的"最后一本有字之书"，让作为弟子的我再没有了推辞的理由。

带着写序的任务，我认真地读了潘老师的这部书稿，再加上参加编写《高山景行》一书的讨论，让我从字里行间读出了新的感悟，这是以前在写潘老师的"教育智慧""人生风范"以及作为"时中之师""学科符号"时没有想到的，即潘老师就是一本书，是一部厚重的书，他既是一本"有字之书"，也是一本"无字之书"，更是两者的完美结合。

读潘老师这部书，不仅开卷有益，且开之愈多，获之愈丰。在潘老师千古之后，弟子们齐心协力编写了三本书，再回看老人家百岁之时大家做的视频，过去的一幕幕浮现在眼前，我对潘老师的认识又往前推进了一步。几个月前在写《无尽的思念》一文时，心里想着这应该就是写老人家的"封笔"之作了。现在看来，读潘老师这本书，写他老人家，怎么会有"封笔"的想法呢？即使到今天，我仍然没有悟到一些精华，没有完全读懂潘老师这本无字之书。以前写潘老师，多是基于有字之书的视角，而忽略了潘老师"无字之书"的魅力。这实际上存在着一个认识好老师的"视野盲区"。

每位潘老师的弟子在回想老师时，就如同翻开一本书，愈读愈觉得厚重，愈读愈会跳出文字本身，乃至合上书之时，陷入沉思，开始思考潘老师留给我们的到底是什么。并且每次打开都会有新的体悟，有时体悟的是他毕生投入高等教育学学科建设之书，有时体悟的是他的人生经历之书，有时体悟的是他的育人之道之书，有时体悟的是他的教育实践之书。我的感悟是：老人家在世时与千古之后，我们的认知是有差异的。如果一位老师能够让学生有多维的"念想"或联想，那就是一位好老师。庆幸的是，通过写这篇序言，潘老师无字之书的形象已经隐约浮现在我眼前。今天弟子们对老师的怀念，不完全是源于他的有字之书，主要还是老人家的无字之书。从无字处读书，于无笔墨处求意，或许才是他最希望看到的。

无字之书是教师的一种"留白"，区别于有字之书中的知识，全凭自己的内心体悟。我国自古就有"言传身教"的说法，所谓人师者，不仅仅是传递知识，更要有心灵的触动和精神的丰富。许多有字之书忽略了为人与为学之道，成为口口相传的故事。例如，孔子并没有亲自写下有字之书，但他的弟子整理出来的《论语》，使他成为三千弟子及从教者心中的楷模。

于老师而言，能写有字之书的大有人在，但能够留下无字之书的人恐怕就不多了。因为，无字之书的存留是对教师境界更高层次的要求。人们常说教师有三类：经师、人师和庸师。可潘老师的弟子始终认为老人家是恩师、经师和人师，老人家既给弟子授业解惑，又给予弟子为人之道。学高即可为经师，而德高、身正才能称得上人师，即人们今天说的"大先生"。人们说的"经师易得，人师难求"讲的就是这个道理。总之，无字之书蕴藏着的是生命真谛，是蕴含于一个人言行举止中的气质、涵养、精神，是师道的灵魂。

于学生而言，许多学生往往只注意到了有字之书，而未能感受到老师的无字之书。尤其是在信息时代，学生面对的"有字之书"与"无字之书"更加丰富。只有那些能够在学生心中留下"无字之书"的"有字之书"，才能成为超越时空的经典之作。换句话说，无字之书是内化于学生生命中的一种润物细无声的永恒存在。一位老师能否让学生尊重，主要看这位老师能否留下发人深省的"无字之书"。因为，教材和书籍这类有字之书很容易为学生提供知识，帮助他们构建完善个人的知识体系。然而，走向社会的大学生很快就会发现，从学校课堂上学来的有字之书远远不够，只有借助无字之书的力量，才能充实与强大自己的内心。故学生既要把有字之书当成自己的知识储备，也要把无字之书作为自己未来的发展动力。两者都要读，且都要读懂。

于弟子而言，初识潘老师，大都始于他的有字之书。潘老师的有字之书贯穿了高等教育学科的发展史，穿越了过去、当下与未来。待成为了他的学生或走上工作岗位之后，才会开始逐渐认识到无字之书的价值。无字之书留存的思想为我们在时代洪流裹挟下的灵魂，注入了与世俗抗衡的能量。有字之书阐释的是"经师"，无字之书诠释的是"人师"；前者是高等教育学之书，后者是为师之书。有字之书可以让我们找到"饭碗"，看到高等教育学科发展无限中的有限；无字之书可以让我们领略人生真谛，看到人生有限中的无限。

一位院友在怀念潘老师时写道："潘先生家里摆着一尊小小的孔子雕像，在沙龙上我看到先生在孔子生日那天，把那尊孔子雕像捧在手上，给我们介绍孔子及他的学说。当时我并不太理解其中的含义，以为先生仅仅是表达对儒学的推崇。然而时间越长，尤其是先生千秋之后，通过诸多师兄弟的缅怀文章，我才慢慢明白，原来，孔子在先生心里早已内化为一种教育理念和行为自觉。"正如这位学生所言，潘老师的弟子并非全是天赋异禀之才，然而无论碰到什么样的学生，即使托举着也会渡其上岸。这就是潘老师一生坚守的"有教无类"的为师之道。

在潘老师的办公室里也有一尊孔子雕像，比家里那尊更大。究竟是有意为之还是巧合，不得而知。也许在潘老师的内心早已将孔子尊为先师，这让我想起了孔子三度问道老子的故事。孔子问道于老子，正如我们问道于潘老师，跟随老师学习的过程就是问道的过程，为学之道、为师之道、为人之道都蕴藏其中。老子在《道德经》开篇说的"道可道，非常道，名可名，非常名。"似乎在告诉我们：真正的道有可能就在无字之书中。

写有字之书有范式，写无字之书无定法。与青灯黄卷相伴，是写有字之书的常事儿。但如果只知道困在书斋里、埋头在故纸堆中写有字之书，到头来可能事倍功半。而有人在写有字之书的时候，思维可以跳出书斋，思绪可以指向未来；无字之书不是刻意写出来的，而是一种自然地流露，却往往能收到"无声胜有声"的奇效，潘老师就是其中之一。潘老师的有字之书与无字之书是用脚步一步一步丈量出来的。他所提出的政策建议都很接地气，所写下的一字一句都体现出强烈的现实关怀，直面高等教育发展中的"真"问题，并且有意识地在有字之书和无字之书之间架起了一座桥梁。潘老师用坚守谱写出来的学科、用理论表达出来的思想、用扎根大地得出来的结论、用行动展现出来的大爱，让学界同仁信服。

弟子若想写出自己的无字之书，首先需要补读和读懂潘老师这本书。与潘老师接触、交往多的人，理所当然"近水楼台先得月"。然而，悟性高的学生也会在与老师有限的接触中获得"柳暗花明"的顿悟。有的弟子至今珍藏着老师亲笔修改的作业和博士论文初稿，有的精心保存着老师的多封来信，时常翻出来勉励自己。每当校友们一起聚会，谈论最多的就是老师当年说了些什么、写了些什么。尤其是对潘老师曾经给予自己的表扬非常"得意"，甚至把当年被老师批评的"囧事"作为"偏得"拿出来与大家分享。在这个过程，每个弟子都可以对潘老师这本书进行各自的解读，有的从高等教育学的学科之道进行解读，有的从爱生如子的为师之道进行解读，有的从逐字逐句对论文的批阅中进行解读，有的从生活方面进行幽默风趣的解读……这些不同的解读在交流与分享中碰撞出新的火花，丰富了这本无字之书。弟子们似乎都明白了，唯有在无字之书中蹁跹于指尖，扎根于中国大地，同时不断翻阅、自省、重审，方能传承大任，成其大事。

潘老师去世后，我常常想，老师会不会专门给弟子留下些什么？为此，我特意去他办公室，看看有没有为学科未来发展留下箴言警句，但却空手而归。今年3月，我与几位院友参观韶关的南华寺，随行的解说员在"衣钵池"旁为我们讲述了一个极具哲理的故事：从达摩祖师开始，禅宗以"衣钵"为信物代代传承，依次单传给慧可、僧璨、道信、弘忍、惠能，历经六代。然而六祖惠能没有延续选一人作为传人的"衣钵传承"模式，反而将"衣钵"埋起来，在此之后只传心法。据《坛经》记载："昔达摩大师，初来此土，人未之信。故传此衣，以为信体，代代相承。法则以心传心，皆令自悟自解。自古佛佛惟传本体，师师密付本心。"据传当时道明等师兄对惠能穷追不舍，想让惠能再传授一些密语密意。惠能答道，能用言语告知均非密语密意，这与"道可道，非常道"似有相通之意。对今日与未来的高等教育研究而言，真正所需传承的是为师的"道法"与做研究的"心法"。

今天，当我们把潘老师当作"一本书"来怀念时，弟子们觉得有以下问题可以思考：一是老人家在生命的最后几年为什么还有那么大的动力做研究？二是老人家在这个阶段的研究有什么特点？为什么把"应用型人才培养"作为晚年的研究重点？三是我们今天纪念潘老师的意义究竟何在？仅仅是为了纪念他在高等教育学学科建设的成就吗？四是潘老师的无字之书给我们留存的精神宝藏是什么？五是传承潘老师无字之书的思想内核何在？这些问题需要我们不断与他进行"灵魂对话"，在无字之书中探索答案。就在我构思这篇序言的过程中，一位弟子说出了大家的心声："有字之书的极致是永恒的经典，无字之书的背后是伟大的心灵。有字之书与无字之书相得益彰。先生之精神成就其著述，先生之著述光大其精神。以前回厦大，见或不见先生，先生一直在；现在回厦大，先生虽不可见，但永在。"其实，每位教师都是一本书，都在无时无刻地书写着自己的历史，只是很少有人意识到其中的价值。教师的无字之书是饱含精神的、历经磨难的，经过时间检验的，无论是做人还是做学问的无字之书，都是如此。

潘老师一系列符号背后的底色都是"教师"这个身份。老人家曾不止一次地说，"我一生最欣慰的事就是我的名字排在教师的行列。"也有弟子说，"能成为潘懋元先生的学生，是我一辈子最荣耀、最得意、最幸福的事。"教师与学生的彼此成就共同完成了"教育"这一双向奔赴的事业，这是在技术与功利充斥的时代下，教师和教育独有的温度与深情。因此，如果说老师就是一本书，我们作为学生，既是读书的人，也应该是写书的人。我们既是受这本书影响的人，也是不断写就这本书的人。

今年是高等教育学学科建立40周年，我曾用"代际传承"一词来提醒后人的使命与责任。潘老师虽然走了，可是他的学科情怀与使命感、责任感依旧激励着我们，这就是这本书的分量。生命是有限的，但老师这本书却不囿于时间空间的存在，因为他已经融入后代学人的生命里。我们属于高等教育学科的第二代学人，既有"学生"的身份，又是较为年长的"老师"，身上肩负着"代际传承"的重任。我们既要读懂第一代学人为我们留下的有字之书与无字之书，又要有意识地为后来的学生留下有字之书和无字之书。

《教育的未来》这本书是专门为纪念潘老师逝世一周年整理出版的，本书收录的文章主要是基于老人家对教育未来的展望。今天回头来看，在中国高等教育发展的历史进程中，在潘老师毕生从事高等教育研究的轨迹中，他对中国许多问题的研究都带有明显的前瞻意识。当然，书中关于"未来"的论述大多是相对于当时的背景而言。放在当时的语境下，他提出创建高等教育学不是指向"未来"吗？他提出发展民办高等教育不是指向"未来"吗？他提出主动适应与被动适应不是指向"未来"吗？他提出高等教育要加强跨学科、多学科研究不是指向"未来"吗？他提出高等教育通向农村不是指向"未来"吗？他率领弟子在世纪之交研究知识经济、金融危机、大众化理论、卡内基高等教育分类等系列国际高等教育趋势不是指向"未来"吗？在他百岁高龄时出乎意料地提出重视机器人的伦理道德教育不是指向"未来"吗？他晚年重视应用型大学和职业教育研究不是指向"未来"吗？当然，老人家提出的若干"未来"，有的已经实现，成为了历史；有的还在路上，也许有一天也会成为历史，但这并不能否认潘老师所具备的"战略眼光"。改革开放以来，在中国高等教育发展与转型的重要时间节点，几乎都可以找到潘老师所做的"未来"判断，老人家从事高等教育研究伊始，时时在心里揣着他对未来的梦想，他对"未来"的思考一直没有中断。

潘老师健在的时候，弟子们几乎很少对教育的未来进行主动思考，只是跟随着老师的节奏走，内心缺乏面向未来的意识，但潘老师已经在无字之书与有字之书中悄然埋下了种子。当弟子们陆续走上工作岗位之后，学生时代的种子才开始萌芽，逐渐在实践中体悟到"未来意识"的重要性，这是潘老师留给我们的作业，也是潘老师留给我们的财富，需要我们在未来的工作中运用自如。让今天的高等教育研究指向未来，是我们这一代学人需要建立的学科意识，这种意识应该是自觉的、坚定的。

随着数字技术的不断迭代，教育的未来面临更多的不确定性，教师角色也在发生深刻变化。在充满不确定性的时代，更加需要教师写好自己的这部书。技术之笔可以写出无尽的"有字之书"，却无法写就有温度的"无字之书"，这也是无论技术如何发展，教师都无法被替代的原因所在。教师与学生之间不只是知识的传递与流动，更是一个灵魂与另一个灵魂的互动与碰撞。因此，即使面对不确定的世界，我们依旧有信心实现潘老师所说的那样，走向"海阔天空"。

有字之书为高等教育学人的血脉，无字之书为高等教育学人的脊梁。潘老师的有字之书，是为行；他的无字之书，亦是为行，且是永远读不完的人生之书。后代高等教育学人，有责任将这本书写实、写深、写透，将这本书传承下去。像他老人家那样，既要写好自己的学术之书，更要写出一本学生心目中的无字之书。恩师虽去，但并未远行，潘老师教了一辈子书，写了一辈子书，无字之书是他的人生亮点及生命力所在，更是现在和未来陪伴我们的精神力量。从"一本书"的角度来看，潘老师的这本书堪称"孤本"，也正是这本书的存在，才有了中国高等教育学这部大书，才有可能在未来出现走向世界的"丛书"。对这部书的传承，不是"衣钵式"的单传，而是如同"埋钵"之举，汇聚所有学人力量，共同讲好中国故事，这才是对潘老师最好的报答。

最后我想说的是：今后应该没有机会给潘老师的书写序了，此文真的不足以为序，但它是一位弟子在恩师逝世周年之际，从他身上悟出的感受，是出自内心的有感而发。但愿这种感悟，能够在社会转型的背景下，对教师队伍这个群体有所裨益。但如果把该文作为《教育的未来》这本书的序言，我还是有顾虑的。

是为记。

邬大光

2023年11月18日

于厦大黄宜弘楼

目录

第四章 ｜ 地方本科教育　/161

第五章 高等职业教育 / 213

第六章 民办高等教育 / 241

第一章

高等教育历史

第一节　指引我人生道路的教育系主任李培囿教授

——《我的厦大老师》（百年华诞纪念专辑）

在回顾厦门大学建校百年校史时，厦大人总会怀念厦大从私立改为国立的首任校长萨本栋教授。在1937年"七七事变"前一日，当时政府任命他为国立厦门大学校长。接到任命的第二天，抗日战争从东北蔓延至全国，而沿海的厦门正处于前线，随时都有沦陷的可能。即便如此，萨校长仍义无反顾地赶到厦门，将厦门大学迁移到原红色革命根据地长汀，成为一所屹立于敌前的国立大学。他呕心沥血，既建校舍又亲执教鞭，劳累过度，1945年因病卸任厦大校长，前后共8年。然而，厦大人很少知道与萨校长同时进入厦大，并被聘请为改制后的厦大教育系主任李培囿教授。李培囿主任是美国南加利福尼亚大学的博士。从1937年抗日战争全面爆发，经1945年战后回迁，到1949年新中国成立后的院系调整，再到1954年厦大教育系被并入当时的福建师范学院，李培囿教授在厦大教育系前后当了十七年的系主任，之后从厦大转回他的故乡福州。

我于1941年考进内迁长汀的厦门大学教育系，李培囿教授既是系主任，又是主要的专业课老师。当时厦门大学地处交通不便的敌前山区，很难聘到专家教授。共同的必修课与选修课，学生可以到中文系、外文系、历史系或经济系选修，而教育学科的专业课程，基本上只有李培囿主任自己承担。在我的记忆中，阮康成、陈景磐等教授都曾任职教育系（阮康成未出国前开设过"教育概论"课，陈景磐刚回国时开设"美国教育政策与视导"课），但都很快离开了。所幸系主任的工作不多，只是偶尔到校部参加会议，再加上他只身一人在长汀（师母远在当时的沦陷区北平），可以说是全身心投入备课、上课。他不但为我们开设"中国教育史""外国教育史""比较教育""教育行政学"等课程，还开设"教育心理学"课，指导我们的教学实习。他开设"教育心理学"课所用的教材是中国著名心理学家肖孝嵘所编的课本，介绍有关心理学的各种学说、学派，开阔了我们对教育心理学的视野和对教育心理学研究的兴趣，也建立了我后来提倡高等教育学学科必须以青年心理学研究为基础的信心。

李培囿教授一心扑在教学工作上，研究成果很少。除了学位论文，1938年他及时翻译出版了杜威晚年的重要著作《经验与教育》一书的中文版。

李培囿教授不仅是我在大学学习时的系主任、老师，而且是我人生道路上的恩师。

早在大学学习期间，李培囿教授就指定我负责厦门大学学生社会教育服务处的工作，平时开设书报阅览室供市民阅览，暑假期间为附近居民的孩子办补习班；他支持我担任厦门大学教育学会（学生组织）主席；在我四年级写作毕业论文期间，他又推荐我兼任长汀县立中学的教务主任。这样的半工半读，既增长了我的实践经验，又提高了我的生活水平。

抗战胜利的1945年，我从厦门大学本科毕业，到江西南昌一所颇具规模的完全中学教书；次年受聘兼任这所完中的教务主任。此时，厦门大学在汪德耀校长的领导下返迁厦门。那时的校址不像现在这般宽敞，距离厦门市区还有一段高低不平的顶沃仔山路，教职工子女上小学很困难，亟须复办私立时代的附属"模范小学"，汪德耀校长请教育系主任推荐一名毕业生到附属小学当校长。李培囿主任提名要我回厦大任职，但认为我当时已是一所完全中学教务主任，对当小学校长必有所顾忌，应当聘请为厦门大学助教兼附属小学校长，让我有继续深造晋升的机会。正是他的这一建议，使我毅然辞去一所完中的教务主任职务，回到厦门大学，改变了我人生的发展道路。我于1946年9月回到厦门大学，经过一个月的紧张筹备，厦门大学附属小学于11月正式开学。

汪德耀校长也秉承他所敬仰的蔡元培思想，广开人才大门，聘请了著名的进步人士林砺儒到教育系任教，新中国成立后，林砺儒教授曾任教育部中等教育司司长、北京师范大学校长；还有著名的格式塔心理学家郭一岑教授；等等。他们使我在助教职位上增长学问，在一所研究型大学从事教学和研究工作，从而改变了我的人生道路。

我以感恩的虔诚，深切地感恩改变、指引我人生道路的恩师李培囿教授。

第二节　关于高等教育若干问题的思考

陈春梅、粟红蕾（以下简称"陈、粟"）：先生，您好！非常感谢您接受此次采访，您从事教育研究已有八十余载，如果要把您的人生（学术）经历分成若干个阶段，您会怎么分？在每个阶段里，有什么特别的事情或感受可以跟我们分享？

潘懋元（以下简称"潘"）：要说人生分阶段，要看你用什么标准来划分。比如按受教育水平来分，可以分为小学阶段、中学阶段、大学阶段、研究生阶段等，这是一种；这个时期你喜欢什么活动，那个时期你从事什么工作，也是一种。我20岁之前喜欢文学，写过杂文、小说、文学理论等。大概在20岁之后，我感到从事文学非我所长，因为从事文学需要多些感性，少些理性——也就是说，从事文学需要右脑发达，文学不是说道理的，不是逻辑思维的。所以20岁之后，我有自知之明，不搞文学了，专门从事运用逻辑思维的学习与研究，因为我学的是教育，就搞教育理论。我35岁之前学的是普通教育理论，研究的是普通中小学的教育。我以前有一定的古文阅读能力，所以着重中国教育史的教学和研究。35岁以后，由于既在大学教书，又在大学兼任行政工作，结合我的教育理论基础，我就转为研究高等教育问题，以后就一直从事高等教育研究。

另一种分阶段也可以按我所接受的"知识源流"来分。我从小接受的是中国传统文化。我在小学到初中时期念的就是孔教会办的学校。过去把孔教当成一种宗教，所以新中国成立前全国各地都组织了孔教会。孔教会办的学校老师大多是科举出身。我的老师中有前清的秀才、举人，校长则是当地有名的贡士。我读了不少《论语》《孟子》《左传》以及《幼学琼林》《古文观止》。这些都是封建时期的教育用书，这是一个时期。念大学的时候，念的是教育系。教育系的课程都是资本主义的教育知识，尤其是美国的教育理论和教学方法。我的老师都是美国留学生，我的系主任也是给我上课最多的就是杜威的学生，翻译过杜威的一本著作。这个阶段我主要学习的是美国教育理论，也就是资本主义的理论。新中国成立后，我于1951年到中国人民大学进修，当时中国人民大学办了一个研究生班，而中国人民大学则是第一个学习苏联的。当时中国有两个大学按照苏联的办学模式办学，文科方面是中国人民大学，理工科方面是哈尔滨工业大学。我在人民大学念的联共党史、政治经济学、教育学、逻辑学等课程都是苏联专家开的，只有中国革命史是中国教授开的。我在中国人民大学还大量阅读苏联有关高等教育的政策文件和规章制度。回到厦大，学校当时正按照苏联的体制进行改革，就是"院系调整"和"教学改革"。我回来后，王亚南校长要我当教务处的教学研究科科长，兼任教改委员会的秘书，我就把苏联的那套东西照搬过来。其实，学什么不要紧，要紧的是要有批判性思维。而批判性思维，正是在"是是非非"中发展起来的。

陈、粟：我们了解到，您早在1956年就提出必须建立"高等专业教育学"，但由于一系列政治运动导致这一主张搁浅，20年后您再次倡议，最终高等教育学于1984年被国务院学位委员会正式列为独立的二级学科。请问是什么缘由促使您提出创建高等教育学科？又是什么原因让您坚持创立高等教育学科？

潘：第一是世界大趋势。我提倡高等教育研究是在20世纪的50年代。当时，国外就有人提出这个问题。1957年，《教育译报》翻译过一篇捷克教育家的大会发言，指出教育科学理论研究，只停留在普通学校教育工作上，很少注意到专业学校的教育问题。其后，又有一位学者指责说：我们大学什么都研究唯独不研究自己本身。我在50年代也感觉到必须研究大学的教育问题。这不是某一个人的偶然性的见解，是世界大趋势。二战前，世界上大学不多，各自凭经验办学就行。50年代，也就是经过几年医治战争的创伤之后，世界经济大发展，教育也相应大发展。过去每个国家只有若干所大学，50年代之后，大学生人数差不多每10年翻一番，发达国家的大学很多。中国的高等学校和大学生，也有了较快的增长。新中国成立前，公立大学、私立大学、学院、专科学校总共也就200所左右。全国大学生最多的1947年约12万人，到1949年只有不到10万人。大学数量很少的时候，凭经验就可办学；同时，大学的教学和中小学不同，中小学的老师不懂怎么教不行，而大学的老师只要学术水平高，能在课堂上念讲稿也过得去，因为大学生的自学能力较强。所以虽然有人偶尔写文章讨论高等教育问题，但没有人提出要把高等教育作为一门学科来研究。学校多起来之后，怎么办学、怎么教学，如何提高质量，如何办好学校，引起了大家的注意。所以为什么世界上，在50年代就提出要研究大学自身的问题，包括办学、教学的问题，这都是世界的趋势。高等教育研究的发起是大势所趋，时势所向，是必然要出现的。

第二个原因是个人因素。我毕业之后不久就回到厦大当助教。新中国成立后学习苏联，厦大是一所综合大学，按照苏联模式，综合大学培养的是研究型人才。研究型人才主要是指大学教师、科研人员、高级工程师以及高级管理人员，等等，还附带一个任务是适量地培养具备较高学术水平的高中教师。任务主要落在文理基础学科，工科就没有这个任务，因为高中没有工科，只有文科和理科。当时厦大规定中文、历史两个文科和生物、数学两个理科要开设教育学、分科教学法和教育实习，以便培养高中教师。所以院系调整之后，厦门大学的教育系合并到福建师范学院去，还留下一个公共教育学教研室，为这四个系开设教育学科课程。因为我当时兼有行政任务，被留下来。被留下来的还有其他两位老师，以后又增加一位助教，共同组成一个公共教育学教研组。

因为我曾经在中学教过历史，所以负责历史专业的教育学和教学法两门课，还带学生到中学实习。起初我还兼任教研组主任，后来因为行政工作忙，教研组主任由另一位老师当。当时我们的教育学、教学法，讲的都是普通学校的知识。学生们反映说：我们将来也有可能不当中学老师，而在大学当助教，也应该学点怎么教大学生的理论和方法。我认为这个想法是对的。因此，我们合作开设一门高等学校教育学，既讲普通的教育原理，也着重讲高等教育理论知识，主要是讲大学不同于中小学的基本特点，大学生的心理、大学的教学方法等，基本上就是把中小学的教育和大学的教育混在一起开了高等学校教育学；同时编写了一本讲义，请有实践经验的教务处干部提意见。由于当时我已经是教务处长，教育部正要各个大学把有特色的新编讲义拿到全国交流，我就把这本讲义报上去。经教育部同意，作为全国的交流讲义，主要发到全国的师范院校和综合大学，就这样搞起来的。搞起来以后，我逐渐把精力放在研究高等教育方面的问题。当时写了一些论文，如讨论"高等专业教育问题在教育学上的重要地位""大学教学理论联系实际问题""教学、生产劳动、科学研究相结合的问题""少而精的教学问题"以及大学教师的主导作用等。这些文章大多在当时的《厦门大学学报（社会科学版）》和《学术论坛》上发表。这个时期，我已经提出了高等教育区别于中小学教育的两个基本特点：一个是高等教育是建立在普通教育基础上的专业性教育。普通教育是没有专业的，世界的高等教育都有专业，不过有的不一定叫专业。新中国成立前我们叫作系，美国叫作主修，苏联叫作专业，我们学习苏联也改称为专业，现在世界很多国家也叫专业，专业相对其他叫法而言更清楚一些。这是一个特点。另一个特点是教育的对象不同。普通教育的教育对象一般是18岁以下的儿童、少年或青年早期，是未成年人；大学生一般是18岁及以上的青年。18岁是一个什么年龄？世界大多数国家都界定18岁具有选举权与被选举权。18岁以下要有监护人。18岁及以上没有监护人。为什么大多都定在18岁？因为18岁生理、心理都比较成熟了。大学的教育对象不是未成熟的青少年，而是已经较为成熟的公民，也就是成人。成人的心理与青少年的心理是不同的，是独立承担法律责任的，要对自己的行为负责。同时，大学生是在受普通教育的基础上继续学习的，逻辑思维能力也比较成熟，兴趣爱好也不同。就这个问题我曾提出谈恋爱这个例子：在过去（"文化大革命"时期之前），大学生是不许谈恋爱的。那个时候在大学里打架最多是批评、处分，而谈恋爱要被开除的。但是人到18岁以后，由于生理、心理的成熟，自然有这个倾向，所以禁而不止。很多人偷偷地谈，偷偷地谈不如公开地谈，因为偷偷谈恋爱教师不能指导他们，而公开地谈就能够对其进行指导。所以我当时就提出：对大学生恋爱问题，"不提倡，不禁止，要指导"。大学生在这方面是需要指导的，如果禁止了如何进行指导？又如交朋友问题，这个时期是很喜欢交朋友，很怕孤独的。但是交朋友是交什么朋友？交友问题在这个时候是非常重要的；同时，不同于中小学生，大学生还会考虑就业问题、生活问题以及人生如何发展等问题。重要的是逻辑思维能力较强，可以接受比较复杂高深的学问。总之，很多东西都不同了。50年代我就提出了两个特点，我认为到现在这两个特点还是最基本的特点。这是第二个原因。

第三个原因是时机问题。我是在50年代提出要进行高等教育研究的。因为前面两个原因，虽然我坚持研究，但是推广不了。当时讲义已经发出去了，文章也发表了，但没有响应。因为那时候批判运动的原因：教育学被叫作资产阶级教育学，心理学被叫作伪科学，社会学也是资产阶级的。教育学、心理学、社会学、政治学都是被批判对象，这些学科都难以发展的，谁还敢于搞一门"资产阶级"新学科。正如一些比较学科，如比较文学、比较社会学、比较教育学都行不通也不敢提倡，因为怕被批判引进西方"资产阶级"的东西。当时只能发展理工科，大学招生最多的是工科，到现在来说也是对的，再来就是理科和师范类的。那个时候全国经济类专业，尤其是财经类的学生比例是很低的，不到百分之四五，法学类学生占百分之一左右。所以，在那样的环境下提倡建立高等教育学科没有响应者。到了20世纪的70年代末80年代初，科学的春天到来了。科学的春天也就是高等教育的春天，因为高等教育是研究和发展科学的。加以在拨乱反正中，大家痛定思痛，反思经济处于崩溃边缘的原因是违反经济规律。经济要发展就要按照经济规律办事，要逐步开放商品经济、市场经济。教育是重灾区，同样是违反了教育规律办事，不管是大学校长还是教育部门都在思考如何按照教育规律办教育。那么教育规律是什么？就问我们这些教育理论工作者，逼得我们要研究教育规律。记得最早是《红旗》杂志（现在的《求是》杂志）向当时厦门大学的党委书记兼校长曾鸣约稿，约他写一篇关于办高等教育要按规律办事的文章。当时曾鸣找到我，因为我是研究高等教育的。我当时就替曾鸣写了一篇讨论教育规律的稿子。我那时候并不懂什么教育规律，还是按照老的想法——第一条要按照党的政策办事；其次，要尊重知识、尊重教师，还有一条就是以教学为中心。事实上就是总结当时一些政策实施的经验，并不是规律。这个事情过后，我就不得不考虑教育的基本规律到底是什么。我在曾鸣书记的支持下，办了首个高等教育学研究室，有许多地方希望我去讲一讲高等教育问题。当时的一机部在湖南大学办了一个培训班，是一机部所属的高校校长和教务处长的培训班，邀请我去作报告。在这个培训班上，我讲的是教育的规律以及教育规律在高等教育上的应用。经过长期的实践经验和教育历史总结，通过理论思考，我提了两条基本规律：一是外部关系规律，指教育跟社会之间的关系，教育必须跟社会的经济、政治、文化相互适应；二是内部关系规律，指教育内部诸多因素的关系。当时首先提出来的是德、智、体、美诸育应该相互适应，相互协调，不能只强调其一。其后，再继续研究，还有一个更重要的维度是教育要与学生的身心发展相适应。幼儿教育小学化，中小学教育成为"应试教育"，都是教育与学生身心发展不相适应。还有一个基本的维度，就是在教学过程中，师生通过教育媒体的相互适应。接着，我在《光明日报》提了一个建议："建立高等教育学科的刍议"，并在《厦门大学学报（社会科学版）》发表"必须开展高等教育的理论研究"，进行全面论证。这次时机成熟了。我提出这个以后，各方面纷纷响应，特别是许多高校的校长，因为正是大家需要的。为此，我在20世纪70年代末80年代初最忙的事情就是在全国各地讲高等教育学的基本知识。当时教育部也十分重视，在全国六所师范大学成立了大学教师和干部的培训班，这六个地方我都有去讲学，也在中央教育行政学院作过几次报告。尤其在当时的武汉华中师范学院的大学干部学习班讲学次数最多。之后，他们把我所讲授的东西整理出来，进行修改，在人民教育出版社出版了第一部《高等教育学讲座》。

对于创建高等教育学新学科的过程，可以总结为：第一，大势所趋；第二，大家努力；第三，时机成熟。1956年开始提出并倡议跟世界是同步的，但时机不成熟。等到70年代末才真正开始，这样就比日本落后。日本在1972年就指定广岛大学成立了大学教育研究中心，并由当时广岛大学校长冲元丰兼任中心长。再加上70年代日本经济发展较好，而我国经济发展当时却非常低速。因此，亚洲许多高等教育会议都在广岛大学召开。我就曾去参加过几次。但是到了80年代，我们成立了高等教育学会，全国都动起来了，轰轰烈烈。日本高等教育学会却在我们成立很久后才成立起来，到现在也远不如我们那么壮大。成立高教学会也是有故事的：我们当时就在上海，依托华东师大（当时叫"上海师大"），校长刘佛年教授主持。八个单位参加发起，分别是华东师大（"上海师大"）、厦门大学、兰州大学、清华大学、北京师大、南京大学、上海交大和上海高教局。当时只想成立一个二级学会，放在教育学会下面。筹备会向中国教育学会提出申请，教育学会是教育部直接领导的单位。当时教育学会的负责人认为这个事情需要向教育部党组汇报，当时教育部领导认为高等教育学会的成立是件大事。由于教育学会主要参加者是中小学的教师、校长，而高等教育学会则主要面向大学教师、校长，应该与教育学会并列。当时我得知这个消息是喜忧参半的，喜是高等教育学会地位提高了，忧的是它很可能成为一个行政机构。后来不出所料确实如此。我们在厦门鼓浪屿召开第二次筹备会时，教育部党组讨论后，派张健同志来传达说："同意成立高教学会，可继续筹备。先由各个省成立了省高教学会以后才能成立全国的。"所以，在第二次筹备会后，我们就通知全国各省成立高教学会。1983年已成立了18个高教学会（并不是每个省都有）。当年全国高教学会正式成立，教育部部长蒋南翔任首任高教学会会长。

陈、粟：您最近提出高等教育研究要更加重视微观教学研究，请问您认为微观教学研究应着重从哪些方面入手？

潘：宏观是政策制度方面的研究。微观是教学方面的研究，主要指课程、教材、教学方法这些方面，还要研究教师的发展。教育管理部门所关心的主要是宏观的政策制度，但是要真正提高教育质量要落实到微观方面。

宏观的研究指明方向，微观如果缺乏宏观的指导，方向不明；但宏观通过微观落实，不然只是空话。这些年来，教育管理部门主要解决的是宏观问题。当然也考虑到微观的东西，比如这些年来搞精品课程，统一教材、教师发展等，也就是微观的指导。但精品教材对大众化的应用型高校往往不太实用。精品课程、教材都是"985""211"高校教授们所编写的。学术水平高而应用技术不足，不切合应用型高校的应用。还有，教学活动、学生指导等，都是具体的、微观的。宏观的政策制度可以通过文件下达而实现，微观则必须由教师具体落实。现在有个很好的时机，就是各个高校成立教师发展中心。如何编写应用型课程、教材，如何推进产学研三结合教学，如何改进课堂教学，如何运用网络教学，这些研究要跟上，我觉得需要更加注意微观方面的研究，需要各方面有关的专家共同研究。所以我在济南大学会议上提出现在的重点应该转移到微观研究上面。但我现在已是心有余而力不足了，希望更多的学科研究者进行微观研究才能落实下来。

陈、粟：现在提出统筹推进"双一流"，您对此有什么看法？

潘：首先，现在很多人对"双一流"的理解就是"排名榜"，包括大学排名榜和一级学科排名榜。一流大学和一流学科的排名都是按照精英型大学来排的。如果我们都只按精英型大学的要求来办大学和设置学科是不能适应社会发展要求的。因为现在社会需要转型发展。转型需要科学家，也需要更多的高级工程师、高级管理人才、高水平的有创新性创造力的应用型人才，需要"大国工匠"。我们现在已经进入大众化阶段，为什么世界要进入大众化阶段？因为经济要发展，生产力要发展，生活水平要提高，不应该只是少数人接受高等教育，大众化是适应社会发展需求的。因此，进入大众化阶段和即将进入普及化阶段的"双一流"建设，就不能仅限于排名榜上的几所精英型大学和这些大学中的一级学科。应当有培养科学家的大学，也有培养高级工程师、高级管理人才、高水平有创新性创造力的应用型人才乃至职业技能型人才，像"大国工匠"那样的人才。同时，一流学科不应只局限于一级学科。培养高水平的人才，从事高水平的科研，既要有深厚的基础、广阔的知识面，更要有专深的知识能力。科学上、技术上的突破，一般在二级学科而不只是在宽而不专的一级学科。一级学科有利于培养综合性管理人才，二级学科更有利于培养科学创新人才。总之，要统筹推进而不要畸重畸轻。

陈、粟：现在对于青年教师有个说法叫"青椒"。您对当下青年教师发展有何想法？您是怎么看待的？

潘：所谓"青椒"，说的是青年教师面临的种种"焦虑"。我认为，焦虑是一时的，而选择当教师是进入幸福的人生。

现在青年教师的学术水平较过去是提高了。当小学、中学教师的，一般具有学士学位水平；大学教师的入职门槛，一般要达到硕士、博士水平。学术水平虽然提高了，但青年教师的教学经验不足，尤其是当教师的思想准备不足，所感觉的是焦虑而不是幸福。因而对于青年教师，最重要的是引导他们"敬业""乐业"。通过外部的鼓励、奖励，使他们具有荣誉感，进而转化为内在的幸福感。我是一名教师，我认为在各行各业中，最幸福的职业就是当教师。

陈、粟：对于"互联网+教学"，您有什么看法？它的发展前途如何？

潘：世界已从工业化时代进入信息化时代，互联网是信息化时代主要的生产工具，承载着作为第一生产力的科学技术向前奔腾。移动互联、人工智能、云计算、大数据等互联网技术取得突破性进展，而虚拟网络世界与现实世界深度融合的物联网更是催生了日新月异的"互联网+"时代。2015年3月李克强总理在《政府工作报告》中提出了"互联网+"行动，就在于推动新的信息技术与各行各业实现深度融合。培养专门人才的高等教育，更应走在前面，以"互联网+教育"作为发展途径。这是去年（2016年）国际教育信息化大会所发布的"青岛宣言"的要旨。

"互联网+教学"，已经在世界高等学校广泛展开。慕课、可汗学院、翻转课堂是近年来大家所热议的话题。其实，教师利用互联网在线指导学生学习，学生借助互联网检索文献，以及基于互联网大平台的实验、互动讨论等，已经在正规或非正规的高等教育中进行。如今，越来越多的大学生使用各种网络工具进行学习。

对于"互联网+教学"这种虚拟教学模式，有的充分乐观，认为可以代替课堂教学甚至学校教育；有的则忧心忡忡，担忧是否将导致"信息迷航""信息超载""信息焦虑"，使大学生迷失在信息海洋之中。碎片化的信息不能提高学生的智慧，缺乏师生、生生互动更将降低学生的情商。

我认为，"互联网+教学"是信息化时代在高等教育的体现，是必然的发展趋势。但对大学生在线学习要有一定的保障机制。

首先，应当"虚实结合"。在线学习不应完全否定课堂教学。建立在慕课基础上的翻转课堂，就是由于与实体的课堂讨论、课堂作业、师生互动、生生互动结合而提高教育质量、教学效率，方兴未艾。

其次，要具有一定的制度保障。例如，为了提高学习的保持率和完成率，要对每门课程规定若干学分，每个学分要含多少的学习量。经过考评所获得的学分可以互认或存储于学分银行。

再次，应倡导人际互动。无论教学模式如何改变，即使在虚拟网络上，人与人的互动始终存在。互联网时代，更应发展学生的情商。

总之，"互联网+教学"，符合教育发展规律，是高教改革的必然趋势。我们不讳言在实施中的困难与问题，但有信心在改革实践中逐步解决问题，在不断克服困难中前进。

陈、粟：听说您正在组织人员研究"现代大学公私混合所有制"课题。您对普通高校的混合所有制有什么看法？

潘：一、混合所有制在政策层面上首先是针对企业的经营管理的，主要是解决国有企业的活力问题。既然企业推行混合所有制，教育，尤其是高等教育，是否也可以、应该推行混合所有制？事实上已有不同形式的教育混合所有制学校存在。政策层面上正式提出的是《国务院关于加快发展现代职业教育的决定》中提出要"探索发展股份制、混合所有制职业院校，允许以资本、知识、技术、管理等要素参与办学并享有相应的权利"。高校所要解决的政策目标同企业的混合所有制不同，前者主要是改善政府对民办学校的支持与监督，社会对民办学校参与治理，使民办教育的地位有所提高并与公办学校取得同等地位。同时，民办机制进入公办学校，对公办学校也有提高活力的作用。总之，混合所有制可以更好地发挥政府、高校、社会共同的正向作用而减少单一所有制的负向作用。

二、混合所有制学校在中国早已存在。诸如民办学校法人的股份制在全国许多地方已存在；公私共建的独立学院、学校与企业共建的学院和中外合作办学都早已存在；委托管理的学校也已存在；政府发放教育券的做法也在一些地方出现过。但是，由于以往政策层面上不明，实践经验总结不多，理论研究更不足。因此，对于教育领域如何推进混合所有制问题，亟须开展深入调查和理论研究。

三、混合所有制办学的核心问题是教育产权结构改革，而产权改革结构优化的过程也是法人治理结构建立的过程。在我国，明晰产权归属成为公私混合所有制办学的首要难题。如果这一问题不能有效解决，就无法实现法人治理结构的真正建立。如果各方投入学校的土地、资金、设备、技术等的归属和权益分享问题不明晰，很可能不能发挥正向作用而加重负向作用。例如行政直接控制学校的一切活动，管理僵化；或学校缺乏章法，放任自流。在混合所有制办学中，扬长避短，相得益彰，是要不断探索研究的问题。这也就是我想带领一批年轻的高等教育理论工作者所要做的事情。

陈、粟：请问您觉得中国高等教育的未来发展趋势是什么？应注意哪些方面？我们应该在哪些方面下更大的功夫？

潘：中国高等教育还是要继续走大众化普及化的道路。从1999年开始扩招，教育资源，尤其是优质教育资源不足，质量有所下降。这是由于被动地被经济所制约。提到规律上来认识，则是以经济规律代替教育规律。但是这不是说高等教育不必发展，高等教育仍需要稳步前进，不能停止。由于基数大，增长率慢慢降低是必然的。我们现在应该是减缓增长率，但不能停止更不能倒退。主动适应经济的发展，高等教育还应该适度超前发展。要稍微超前一点，因为人才的培养需要一个周期。虽然在21世纪初我国培养人才数量很大，但不能停下来，如果停下来就会陷入"中等收入陷阱"。经济在转型发展中，例如《中国制造2025》提出，发展机器人、轨道交通、"互联网+"，这些都是为了转型发展。这就需要培养高水平应用型人才来适应转型发展的需要，推动经济社会转型发展。所以我们强调要培养应用型人才，而且我们要适度超前于当前的市场，因为培养要有一个过程，毕业后几年才起作用。部分高校毕业生就业难、工资低，出现了读书无用思想。能否适当提高毕业生的待遇问题？当然，大学生也要从长远来考虑前途，书读好了，后劲大，发展空间大。

陈、粟：听您对高等教育相关问题解答，相信大家也会有所启发。再次感谢您拨冗接受我们的采访，衷心祝愿您身体健康。

（原载《社会科学家》2017年第2期，有改动）

第三节　主动适应新时代新形势，发展高等教育中国学派

40年前的今天，厦门大学成立了以高等教育作为专门研究对象的高等教育科学研究室，也是中国第一个高等教育研究机构。从而，在高等教育研究领域又有了更多第一：主编第一部《高等教育学》，设立第一个硕士点、第一个博士点，被评为第一个高等教育学国家重点学科，建成第一个中国教育部人文社科重点研究基地——厦门大学高等教育发展研究中心。携手同行，许多兄弟单位也有许多第一或特色。例如，北京大学教育学院拥有国内第一个高等教育经济学；华中科技大学教育科学研究院则以院校研究引领全国众多高校的高等教育研究机构进行校本研究。清华大学、中国人民大学、复旦大学、上海交通大学、北京师范大学、华东师范大学、华中师范大学等的高等教育研究机构，也各有领先与特色。一些地方院校的高等教育研究也以特色支撑领先发展。例如合肥学院的中德高教研究，

金华职业技术学院和宁波职业技术学院的职业教育研究，陕西师范大学的西部高教研究，黄河科技学院、西安外事学院、上海杉达学院、浙江树人大学的民办高教研究等。

总之，在高等教育学科领域我们应当提倡力争"第一"，但不要自夸"唯一"。一花独放不是春，百花竞放春满园。这也符合联合国教科文组织在《教育2030行动框架》中所倡导的新理念，其中第一个理念就是"全纳"，也就是"包容"。

新时代，我们的高等教育研究面临新形势、新机遇，有众多新问题需要我们合力去研究。

首先是互联网已经进入高等教育教学，虚拟世界与实体世界并存。如何通过虚拟世界与实体世界的兼存、合作，提高培养人才的效益和质量而不是迷失于虚拟世界，这需要我们去研究。慕课、翻转课堂等正在运用并逐渐成熟，还有其他模式有待于大家合力去发现、发展。

高等教育的任务是培养专门人才，因而我们已经面临着新难题、新任务。今后的社会，将由自然人和机器人（或称智能人）共同组成。因此，高等教育既要培养自然人，还要培养机器人，使之成为专门人才。培养机器人，事实上已经在进行中。主要是向机器人输入知识，并以云数据、快速运算为基础，通过优化算法培养机器人的独立思考能力，现已在与自然人的对弈中频频取胜。当然，这只是初步的思维能力，如何形成和发展机器人的创新能力将是新的根本性问题。机器人同自然人共同生存于新的社会中，如何和谐共处，还必须具有新的社会伦理道德以及生活能力，这需要前瞻社会进步趋势，而后对机器人进行道德教育、情感教育、美育等，使之与自然人和谐共处，共同推动未来社会的发展。

培养机器人，现在主要倚重脑科学知识与信息技术。自然人的大脑，说到底是由数以百亿计的神经元及更多的树突所构成的，以脑电波为载体进行复杂而敏捷的活动。随着脑科学（神经科学）的发展，将自然人的大脑及其活动技能复制到机器人，不是不可能的。如何教育机器人，将是多学科专家在未来时代的新任务，如何把机器人培养为专门人才，将是高等教育研究所面临的艰巨任务，但也开辟了广阔发展空间，需要众多专家通力合作。

今天，参加大会的有众多从全国各地以及海外回来的院友。厦门大学教育研究院既是科研单位，也是培养高等教育专业人才的单位。相对来说，我认为培养人才更重要。40年来，虽然我们承担了许多研究课题，出版了许多著作，也是智库之一；但40年来我们培养了677名硕士和271名博士，这更值得引以为荣。他们约一半分布在全国各地，从事高等教育研究工作。有的集中于北、上、广重点大学的重点高教研究机构，有的分散于全国各地方院校从事面向地方的高教研究工作，甘肃、内蒙古、新疆、西藏都有我们院友培养人才的硕士点或博士点。另一半是在教育行政部门或高等院校当领导和管理人员，从事管理和服务工作，如校长、处长或辅导员，他们作为有理论素养的领导、管理者、决策者和服务者，较好地引领了高等教育改革与发展。

不久前有媒体问我，中国已经拥有一支庞大的高等教育研究队伍，能否建立高等教育中国学派。我的回答是：不是能不能的问题，高等教育中国学派已经形成并在发展中。我们以习近平新时代中国特色社会主义思想为指导，扎根于优秀中华传统文化，应当树立并拥有足够的"文化自信"。当然，我们不排斥国际交流与借鉴。我们的自信就在于我们是世界高等教育第一大国，拥有世界最庞大的高等教育研究队伍，我们许多大学还在培养更多"青出于蓝"的高教研究专门人才。

（原载《高等教育研究》2018年第6期，有改动）

第四节　中国高等教育改革发展70周年：回顾与前瞻

　　2019年是新中国70周年诞辰，《重庆高教研究》拟推出"新中国成立70周年第一代教育家学术脸谱"专题，对老一代教育家进行系列专访，系统展示新中国教育改革发展的成就与经验，也为中国教育学留下一份珍贵的史料。作为中国高等教育学的奠基人和开创者，潘懋元先生从教80余年，拥有丰富的高校教学与管理经验。可以说，潘先生既是中国高等教育改革发展70周年的见证者，又是中国高等教育改革发展70周年的实践者，对新中国高等教育发展的历史有独到的认识和体验。

一、中国高等教育改革发展的历史分期

　　蔡宗模：尊敬的潘先生，您好！获悉您刚刚结束两个博士生班级的第二轮授课，身体正在调理中，我们非常荣幸得到您的同意，接受我们的访谈。站在新的历史节点回头审视，您认为新中国高等教育70年可以划分为几个阶段？与以"文革"和扩招两个节点的划分是否有所不同？为什么？

　　潘懋元：1941年，我考入厦门大学。在1949年新中国成立之前，我就已经在大学里面当助教。我经历了新中国70年的变革与发展。学界一般将新中国成立以来的高等教育划分为几个阶段，划分依据不外乎以下几个：1949年新中国成立、1966年"文化大革命"、1978年改革开放和1999年"高校扩招"。"文化大革命"确实是一个重要节点，以前的教育史就以此为界，将新中国高等教育分为3个阶段，即"文化大革命"前17年、"文化

大革命"10年和"文化大革命"后。按照这个划分，我们现在就属于"文化大革命"后时期。这有一定道理，但与中国高等教育改革发展的实际不尽吻合，容易忽视新中国成立之初模仿苏联建立新中国高等教育体制的7年，并与之后10年的"教育大革命"——其实是"文化大革命"的预演扯到一起。此外，1999年高校大扩招是"文化大革命"结束以后新的历史阶段，即改革开放至今。与前面两个阶段不在一个层次上，不应该与前者并列。

蔡宗模：依据您的认识，中国高等教育改革发展的70年应该怎么划分呢？

潘懋元：从大的分界来说，我认为应该分为3个时期：第一个时期是新中国成立后7年，学苏联；第二个时期是从"教育大革命"到"文化大革命"，共22年；第三个时期是改革开放至今。第一个阶段是新中国成立后的前7年——社会主义过渡时期，是学习苏联、建设中国社会主义高等教育体制的7年。当然，学习苏联存在某些问题，学界也进行了很多批判。但是对当时来说，毕竟在这7年间，中国建立了社会主义制度。因为那个时候中国已经是共产党领导的国家，总是要建立与之相适应的社会主义教育体制的。所以，在这7年里面，跟新中国成立前不同，比如说设置专业，按专业培养专门人才，为中国第一个五年计划的实现，也为当时苏联援建的57个重大工业项目培养一批人才奠定了基础。尽管它存在一些缺点和问题，但是不得不指出的是，现在很多老一辈的人才还是那个时候培养的。第二个阶段，一般是以"文革"为标志，划定为"文革"中间10年，其实不对。新中国成立7年后，也就是从1957年"反右运动"开始，中国实际上已经进入了像"文革"那样的破坏性时期，只不过那个时候不叫"文革"，而叫"教育大革命"。高等教育界开始搞"教育大革命"。大家都不读书了，都上山下乡，去炼钢铁。在我印象中，最少的一年我们只上了40多天课。所以，破坏性并不只是"文革"10年，应该是20多年，一直到"文革"结束，即从1957年"反右运动"到"文革"结束，前后大约持续了22年，整整耽误了一代人。第三个阶段是改革开放至今。改革开放以来，以1999年"扩招"作为一个时间节点，又可以分为改革发展初期和大众化时期两个阶段。这是我的主张，也是我的经历。因为我在这里（厦门大学）77年，从新中国成立前到现在都在大学里面。后来，我被借调到中央的教育科学研究所工作，又作为干部下放到干校劳动，但大体上都没有离开厦门大学。

二、中国高等教育改革发展的成就与经验

蔡宗模：作为新中国70年的亲历者和高等教育学的创建者，您认为新中国高等教育改革实践取得了哪些主要成就？

潘懋元：在新中国成立前，在校大学生规模最多的1947年是15.5万。15.5万是一个什么概念？还不到我们现在在读博士生36.2万的一半！当前，我国高等教育即将迈入普及化阶段。从高等教育规模或量的发展上，新中国的70年，高等教育规模实现了大发展，超越美国，成为世界第一高等教育大国。所以第一个成就就是规模大发展。高等教育规模扩张也就为经济社会的发展提供了人才支撑。另一个成就是现在我们的人才培养也更加多元化，更加适应经济社会发展的需要。当时，我们培养的大学生大都是学术型人才，但是社会建设不仅需要科学家，更需要大批适应经济社会转型发展的应用型人才。经济社会发展没有大量的应用型人才行吗？1个科学家需要10个工程师，1个工程师需要10个技师，就是技能型人才。我们既要有科学家，还要有大国工匠，所以看问题要全面。在1998年开始准备大众化的时候，我提出一个观念——质量多样化，即不能用一个单一的标准来衡量质量。过去我们常常看不起那些培养应用型人才的高校，就是用单一的、用培养研究型大学毕业生的标准来评价它们。如果我们培养出来的都是研究型高校的毕业生，哪来生产一线的技术人才？学术水平与动手操作能力孰优孰劣，不能用一个质量标准来评判。现在我们还常常听到这样一种观点：现在大学生的质量不如以前的高。我认为，这是一种"代沟"的

看法。需要明确的是，我们那个时代学的什么东西？现在大学生学的什么东西？事实上，我们那一代还不如现在的大学生。在智能化时代，还能用过去的标准去衡量他们吗？历史上常常有这种思维：这一代人总是看不起下一代人，这是个世界性的问题。曾经，美国的老一辈把青年一代看作是"垮掉的一代"，有没有垮掉？没有垮掉，而且他们干得比你还好。所以，不应该站在当前阶段去看年轻人。如果要看的话，应该看到年轻人比我们更厉害之处——智能化时代和网络时代的年轻人确实比我们厉害。

蔡宗模：新中国高等教育改革实践走过哪些弯路？有什么值得汲取的经验和教训？

潘懋元：主要的经验就是要按照教育规律办教育，不能违背教育规律办教育。实际上，在高等教育改革发展的进程中，中国高等教育也走了弯路。高校大合并就是其中一个例子。当时的高校合并很严重。比如，地方高校的合并，是将几个学校合并在一起，变成了一个大学校。比较典型的就是，吉林大学由原吉林大学、吉林工业大学、白求恩医科大学、长春科技大学和长春邮电学院合并，变成全中国最大的一所大学。有人戏说，美丽的长春市坐落在吉林大学校园中。我不是很赞赏，世界知名的大学不一定都是规模很大的，比如美国的许多高校到现在也就两三千学生，但是培养了大量的人才，不乏诺贝尔奖获得者、商界精英等。现在回过头来看，当初把一些行业特色的学校都改为学科齐全的大学，存在遗憾。现在，原来的行业特色型学校还在组织一个行业特色型高校协作会。但现在很多高校变成了综合性的院校，把它的优质资源分散了，很可惜。所以，他们现在考虑协作，考虑保留特色，农业院校就认真发展农业，师范院校就认真培养教师。

三、中国高等教育发展的未来展望

蔡宗模：基于历史经验和高等教育的内外部关系规律，请您展望一下中国高等教育发展的愿景，并对当前的高等教育政策和实践提出您的意见和建议。

潘懋元：我们现在已经是世界高等教育第一大国。以前中国排第四、第五、第六，落后于印度、俄罗斯等国。20世纪90年代，我们就已经把俄罗斯甩在了后头，把印度甩在了后头，现在连美国也被我们甩在了后头，但是现在还不是高等教育强国。要成为高等教育强国，有很多工作要做，下面着重谈四点。

第一，坚持依靠教师，深化内涵式发展。这些年来我们都是在制度上面完善，没有深入真正培养人才的内涵上去。内涵包括哪些内容？第一是课程，第二是教学，第三是师资。因为课程与教学都要靠教师来做，所以最重要的就是教师。近些年，教育部要求各个大学都要成立教师发展中心，现在全国大多数高校都已经成立了教师发展中心。当然有的搞得好，有些搞得不太好。内涵式发展必须依靠广大教师。我们现在提出培养"双创型"人才，培养学生的创新创业能力，没有教师教育和教师的发展，这些都是空谈。

第二，激发各级各类高校的办学活力。2017年11月，我在《人民日报》发表了一篇文章，主要的观点是把"双一流"的这种精神泛化到各级各类学校中去，不能把"双一流"建设停留于少数几所重点大学，或者说原"985工程""211工程"高校。更需要强调的是，各级各类学校都应该有它的"一流"，让大家都有积极性，不能用一个标准，要有各种标准来激发整个高等教育系统的活力。

第三，探索中国特色高等教育道路。中国高等教育的发展要尊重中国的传统，但是不能够只是按照中国的传统来办教育，应该广泛地吸取其他国家办教育的经验和优点，还要尊重联合国教科文组织所提出来的一些国际理念。具体来说，要传承和维护中国的传统，但是不能死搬硬套中国的传统文化。比如高考，中国的高考受科举制度的影响，现在高考要改革，困难很多。科举制度在一千多年前创建初期有其进步之处，通过科举考试而不是门阀，把有才能的人扩充进官僚队伍。但是科举制为什么从进步走向灭亡？因为它阻碍了中国的文化发展、阻碍了中国的科学发展，因为它把年轻人都赶到这条道上，而且考试范围越来越狭窄，仅限于朱熹注解的四书五经。所以，事物不改革，往往会走向毁灭。我们现在开始重视传统文化，但要取其精华，去其糟粕。比如，学习孔子思想之时，要很好地继承孔子的"时中"精神。孔子为什么是"时中之圣"？所谓"时中"，就是适应时代的发展，与时俱进。所以，尊重传统，不能够拘泥于传统。除了这个以外，我们还要重视联合国教科文组织所提出的教育发展愿景——可以说是全球达成的一个共识。联合国教科文组织提出四大发展理念：第一是全纳；第二是公平；第三是有质量；第四是终身学习。这些都是比较重要的世界性的教育理念，我们应该充分学习借鉴。这样，当我们的经济已经在世界上取得发言权的时候，我们的教育在世界上也应具备自己的鲜明特色和话语权。

第四，推进高等教育学一级学科建设。当前，教育部只承认一级学科，评什么东西都看一级学科，拨款也按照一级学科。教育学分化成三个一级学科：一个是普通教育学，一个是体育学，一个是心理学。高等教育研究和高等教育培养的人才跟普通教育不同。但高等教育学现在只是一个二级学科，当然在高等教育学还没有成为一个学科之前，能够得到二级学科也是好事。大家可能不知道，国外没有高等教育学这个学科，但不能说国外没有我们就不能有，国家不同，国情不同。高等教育学成为二级学科后，我们就可以招生、培养研究生、开展研究，现在全国有20多个博士点、100多个硕士点。现在一些中国学者缺乏自信心，有学者问我："中国高等教育研究何时能建立自己的学派？"我说中国高等教育研究已经有自己的学派，现阶段已经是如何去更好地国际化，在国际教育发展上有中国高等教育的话语权，把中国的教育学派做得更好、发展得更好的时候。现在就是考虑如何从现代学科建设方面去行动，它涉及一个建设标准问题。但现有标准是谁设立的，都是人家设立的，虽然并不是没有道理，但我们必须有自己的标准，自己特定的研究对象，要有跟其他学科不同的东西，有自己的特色，还要有自己的理论和方法。物理学有物理学的研究方法，化学有化学的研究方法，生物学有生物学的研究方法。社会科学也有自己的研究方法，比如经济学的研究方法、社会学的研究方法、管理学的研究方法，有些方法教育研究也可以使用。我认为，对于社会科学来说，要用多学科的研究方法。可以用量化研究，也可以用质性研究，可以用其他学科的研究方法，为什么要把自己圈在一种研究方法里面呢？

蔡宗模：谢谢潘先生接受我刊访谈！敬祝潘老身体健康，学术长青！

（原载《重庆高教研究》2019年第1期，有改动）

第五节　新时代中国高等教育改革与发展：今天、明天与后天

我所说的新时代中国高等教育改革与发展的今天、明天、后天，其中，"今天"是指我国目前已经是世界高等教育大国，"明天"是指中国将成为世界高等教育强国，"后天"是指我们将要和机器人共同营造属于我们共同的地球村。

一、今天：高等教育已然进入普及化阶段

中国在21世纪初进入高等教育大众化阶段，就已是大学生人数最多的世界高等教育第一大国，但不是高等教育强国。如今，中国高等教育已进入普及化阶段，"全国各类高等教育在学总规模4 002万人，高等教育毛入学

率51.6%，全国共有普通高等学校2 688所"①。我国高等教育毛入学率显著提高，既满足了人民群众日益增长的教育文化需求，又适应了经济社会提高生产力与生活水平的需要。不过，在高等教育普及化发展过程中也存在不少隐忧。②

20世纪70年代初期，美国社会学家马丁·特罗根据美国高等教育经验、结合对欧洲高等教育的观察，提出了"高等教育发展理论"，受到国际社会广泛关注。特罗认为，高等教育规模从精英阶段进入大众化阶段以及普及化阶段时，高等教育理念、功能、课程和教学形式、学术标准、入学条件、管理模式和利益相关者的关系等，都有新的变化。当前，我国高等教育正式步入普及化阶段，但不少人仍然以大众化甚至精英化的理念对待普及化，这无疑将有碍于高等教育的现代化发展，更不利于高等教育强国的建设。换言之，认识落后于实践，阻碍了事物的变革与发展。如果理念跟不上实践的发展，进入高等教育普及化阶段，问题可能更为严重。

二、明天：我们如何建成高等教育强国

如何建设高等教育强国？习近平新时代中国特色社会主义思想为建设高等教育强国指明了方向。但要成为真正意义上的高等教育强国，我们还有很多工作要做。

第一，要坚持以立德树人作为教育的根本任务，把教师队伍建设作为基础工作，把教育改革作为教育发展动力，把实现中华民族伟大复兴的中国梦作为对年轻一代的期望。推动高等教育内涵式发展的关键在于课程、教学与师资，其中师资是建成高等教育强国的根本。我们现在大力推动创新创业教育，培养创新人才，没有创新型的教师队伍，高等教育强国只能

---

① 教育部：《2019年全国教育事业发展统计公报》，http://www.moe.gov.cn/jyp_sj-zl/sjzl_fztjgb/202005/t20200520_456751.html。
② 潘懋元、李国强：《2030年中国高等教育现代化发展前瞻》，载《中国高等教育》2016年第17期。

是无源之水、无本之木。

第二，要为各级各类高校的发展注入强劲动力，激发办学活力。我们认为，"双一流"建设不能局限于少数的"985工程""211工程"院校，各级各类学校都应该有它们的"一流"，也能成就各自的"一流"，要用多元的质量观和标准激活高等教育系统的活力。"新时代加强'双一流'建设，要以建设高等教育强国为目标，既建设学术性研究型大学，又激发不同类型高校争创各种类型的一流。其实，不同类型的高校各有所长，都有争创一流的潜质。传统学术性研究型大学可以办成世界一流大学，在某些领域具有特色的应用型大学以及职业技术型院校同样有望办成世界一流大学。因此，在'双一流'建设中，应坚持统筹兼顾、多元发展。"①

第三，要努力探索具有中国特色的高等教育发展道路。中华民族是世界上历史最为悠久、历久长青的民族之一。对于历史上所形成的文化传统，我们必须进行认真的反思、扬弃和发展。年轻一代要认真地梳理中华文化，取其精华，弃其不适应现代化的观念，并实现新的发展，争取把中国建设成为有中华文化特色的高等教育强国。中国高等教育的发展要尊重中国的传统，但是不能按照中国的传统来办教育，应该广泛地吸收其他国家办教育的经验和优点。②同时，我们还应尊重联合国教科文组织所提出的教育发展理念，包括全纳、公平、有质量和终身教育。我们应当充分学习、借鉴。③

问题在于通过改革与发展，成为高等教育强国之后，新时代中国高等教育该如何走，走向何方？我们绝对不走中国优先的霸道，而要坚持走世界各国共同奋斗、共同发展的人类命运共同体的道路。对此，习近平总书

---

① 潘懋元：《"双一流"为高等教育强国建设注入强大动力》，载《人民日报》2017年11月19日。

② 潘懋元：《中国高等教育改革发展70周年：回顾与前瞻——潘懋元先生专访》，载《重庆高教研究》2019年第1期。

③ 潘懋元、陈斌：《面向2030的高等教育发展：理念与行动》，载《中国高等教育评论》2018年第9期。

记已经设计了蓝图，就是"一带一路"。"一带一路"沿线的所有国家，相互交流、帮助、合作，朝着人类命运共同体方向前进。也就是说，世界各国高等教育携手同行，进入新的改革与发展阶段。

三、后天：人类命运共同体的高等教育将面临把机器人教育为智慧人的新任务

在新的阶段中，迈向人类命运共同体的高等教育将面临新挑战，或者说，高等教育将肩负起新的任务。即高等教育既要培养自然人成为创新创业的专门人才，还要"培养"机器人的伦理道德和法律知识，使之成为智慧人。这就是高等教育发展的"后天"。

将来我们要与机器人相处，我们人类是无法与机器人抗争的，因为机器人是钢铁结构的，如果机器人能够开始独立思考了，但没有伦理道德，我们将如何应对？相较于自然人，机器人有两个优势：一个是大数据，一个是高速度。所以人类在与机器人进行围棋比赛的时候，很多时候自然人比不上机器人。围棋水平最高的人最多只能观察几步之后的变化，机器人的"脑袋"能计算无数的变化，而且反应非常快。所以，将来无人驾驶的汽车可能比有人驾驶的汽车要安全得多。无人驾驶安装了GPS，现在还有我国自主研发的北斗卫星导航系统。无人驾驶汽车的反应很快，它是用毫秒的速度来反应的，它具有足够的应对时间，所以说无人驾驶汽车更加安全。

"高等教育的任务是培养专门人才，因而我们已经面临着新难题、新任务。今后的社会，将由自然人和机器人（或称智能人）共同组成。因此，高等教育既要培养自然人，还要培养机器人，使之成为专门人才。培养机器人，事实上已经在进行中。主要是向机器人输入知识，并以云数据、快速运算为基础，通过优化算法培养机器人的独立思考能力，现已在与自然人的对弈中频频取胜。当然，这只是初步的思维能力，如何形成和发展机器人的创新能力将是新的根本性问题。机器人同自然人共同生存于

新的社会中，如何和谐共处，还必须具有新的社会伦理道德以及生活能力，这需要前瞻社会进步趋势，而后对机器人进行道德教育、情感教育、美育等，使之与自然人和谐共处，共同推动未来社会的发展。"①

2019年，由23位世界著名学者共同撰写的《机器行为学》（*Machine Behavior*）一文发表在世界权威科学杂志《自然》上。该研究宣告"机器行为学"这门跨越多个研究领域的新兴学科正式诞生。"这个学科研究智能机器，但是并不是从工程机器的角度去理解它们，而是将其视为一系列有自己行为模式及生态反应的个体。"机器人拥有大数据和高速的优势，是自然人所无法媲美的。如果机器人的行为不受约束，其后果就难以设想。因此，必须营造一个自然人与机器人和平共处的环境，促使自然人与机器人和平共处，合作共赢，共同营建新的地球村。

（原载《高等教育研究》2020年第9期，有改动）

第六节　中国高等教育研究：过去、现在、未来②

编者按：新中国成立以来，中国高等教育研究走过了一条艰难而非凡的道路。1978年以前，它是一个相当薄弱、几乎不为人知的弱小领域。1978年以后，它沐浴着改革开放的春风，后来居上，异军突起，取得举世瞩目的

① 潘懋元：《主动适应新时代新形势发展高等教育中国学派——在厦门大学教育研究院40周年庆祝大会上的讲话》，载《高等教育研究》2018年第6期。
② 作者郑宏，厦门大学教师发展中心副教授。

成就：不仅创造性地建立了高等教育新学科，而且在高等教育问题研究领域取得丰硕成果；不仅专业研究机构、人员、刊物、成果等多项指标居于世界前列，成为高等教育研究大国，而且探索出一系列推动高等教育研究事业发展的宝贵经验，在推动中国高等教育改革发展上发挥了重要的作用。今天我们邀请中国高等教育学的创始人潘懋元先生回顾中国高等教育研究的创业历程，总结成功经验，展望未来道路，对于深化高等教育理论、推动中国高等教育研究事业的持续、健康、繁荣发展，具有重要的现实意义。

郑宏：我们常常说万事开头难，您能否谈谈中国高等教育学从起步到建立学科经历了哪些标志性的变化？

潘懋元：是的，一门学科从开创到发展非常不容易。1978年到1984年是中国高等教育科学研究的起步和建立学科的阶段，当时的许多重要工作都可以载入中国高等教育研究史册。这一时期的高等教育研究较过去发生了一系列质的变化。

首先，高等教育研究成为专门的研究领域。专门研究机构和专职人员的出现，使高等教育研究成为一个独立的专业。

第二，高等教育学科正式建立，并促使高等教育研究作为专门领域在中国的学科化、合法化。高等教育学科建制也成为中国高等教育研究区别于西方高等教育研究的一个重要特点。

第三，科学的研究方法在高等教育研究中开始受到重视和运用。1978年以后，调查法、统计法、文献法、比较法等研究方法逐步在高等教育研究中得到运用，而且形成了多学科观点的特殊研究方法。这是中国高等教育研究向科学化方向迈出的关键一步。1984年中国高等教育学科建立之后，高等教育研究大体上是沿着两条并行而又相互交叉的轨道发展：一条是以高等教育学科建设为重点的理论研究；另一条是以对中国高等教育改革与发展实际问题研究为重点的应用研究，或称"问题研究"，二者相互促进。

郑宏：那您觉得中国高等教育研究走过40多年，在探索的过程中有哪些经验？

潘懋元：40多年中国高等教育研究发展迅猛，不仅归功于改革开放和中国高等教育事业的蓬勃发展，而且得益于中国高等教育研究工作者在开创这项崭新事业道路中探索出来的若干宝贵经验。

第一，以学科建设促进高等教育研究发展。中国高等教育研究从一开始就选择了一条不同于西方的发展道路，通过建立专门的高等教育学科来推动整个高等教育研究事业的发展。历史证明，这条道路适应了中国国情和中国高等教育研究发展的实际需要，推动了中国高等教育研究的超常规、跨越式发展。

第二，以开放姿态推动高等教育研究繁荣。中国高等教育研究始终保持一种开放的姿态，欢迎许多非高等教育研究的学者从不同学科角度研究高等教育问题。

第三，以服务实践引领高等教育研究方向。中国高等教育研究虽然是以学科建设为其特色，但从整体上讲，中国高等教育研究不是"学科指向"，而是"实践指向"：无论是高等教育学科建设，还是高等教育问题研究，其目的都是服务实践，服务决策。

这些颇具中国特色的经验凝聚着中国高等教育研究工作者的精神、勇气和智慧，对中国高等教育研究的繁荣发展有至关重要的意义。

郑宏：您提到这个"实践指向"很有意义，中国高等教育有很多实践问题需要研究，比如因为新冠疫情的发生，中国高校开始进行大规模在线教学，您怎么看这个问题？

潘懋元：在线教学是"互联网+教育"的一种形式，而"互联网+教育"将是21世纪教育与教学的一场重大变革，现在只是开端，未来究竟将有哪些变化还未可知。正如《国家中长期教育改革和发展规划纲要（2010—2020年）》所指出："信息技术对教育发展具有革命性的影响，必须予以高度重视。"信息技术的使用不仅可以冲破传统的教学过程、教学模式，甚至在教学管理上也会发生相应的变化。

首先，学生可以自主选择网络课程，而且可以自主选编学习课件。学生对某门课程，有些内容已经掌握了，不必学了，有些内容比较生疏，需要着重学习。每个学生学习情况不同，自由选择在以前不容易实现，但是用信息技术和用网络课程可以做到。

第二，一门课程可以有多种组织方式。比如同一门课程可以做一个课件从抽象到具体，也可以另做一个课件从具体到抽象。学生可以根据自身的特点自主选择。为此，我们可以制作两种课件，甚至三种、四种、多种课件，提供给学生。

第三，信息传递在网络课程上具有瞬时性，能够把最新的科技进展、科研成果和最新信息马上展示出来，而且可以同时在各个不同的地方展示，让许多学生共享。传统教材的编写往往需要几年时间，而网络课程的瞬时性可以让学生在最短的时间内享受最新的科学知识。

第四，信息技术引进高等教育可以促进高等教育国际化。大学生可跨地区去读书，跨国家去选课。中国加入世界贸易组织之后，虽未承诺跨地区、跨国家选修课程，但跨地区、跨国家选课事实上已经存在了。

当然，目前也出现了许多质疑乃至反对的声音。我们不讳言它在实施中的困难与问题，但有信心在改革实践中逐步解决问题，例如采用学分制、绩点制来规范学生行为。

郑宏：从开创高等教育学到现在40多年大学乃至高等教育的形态已发生巨大的变化，中国如何从高等教育研究大国变成高等教育研究强国？这门学科的前景如何？

潘懋元：高等教育学科大有可能成为新世纪的"显学"或"朝阳学科"，这对学科建设提出了更高的目标和要求。现在我从21世纪中国高等教育研究的范式变革、制度建设和道路选择等几个方面谈谈我的想法和展望。

第一，中国高等教育研究的范式变革。未来中国高等教育研究既保持高等教育学科研究的特色，又积极吸纳一切相关学科的理论和方法，形成以高等教育学科范式为主导，多种范式并存的开放、多元的高等教育研究范式。今后，高等教育学科应以一种更加开放、更加自信的学科意识，在主动接纳其他学科资源的过程中，强化自己的理论、观点和规范。

第二，中国高等教育研究的制度建设。高等教育研究制度是规范研究行为的准则体系和支撑研究发展的基础结构体系，通常包括研究的机构、人才、刊物、著作以及图书文献中心、学术会议课题管理、研究经费、人才培养、学术规范、学术评价等各种要素。多年来，我们已经初步搭建了高等教育研究制度的框架，但框架内部各种配套制度的建设存在很大的欠缺。未来只有加强研究制度的建设，才能保障高等教育研究事业的持续、健康、繁荣发展。

第三，中国高等教育研究发展的道路选择。未来中国高等教育研究要向"高等教育研究强国"的目标迈进，必须选择一条正确的道路。

一方面，中国高等教育研究将继续坚持独立自主的发展道路。中国高等教育研究40多年繁荣发展历史已经证明了坚持独立自主的发展道路是正确选择。各国社会科学发展的历史也证明了没有哪个国家是通过选择依附发展的道路成为社会科学研究强国的。另一方面，中国高等教育研究将加强国际化，逐步走向世界。未来的中国高等教育研究要加大对外开放的力度，进一步加强与国际高等教育研究界的交流与合作，不仅以更为宽广的胸怀借鉴世界一切先进的、优秀的高等教育理论，还要通过交流与合作，让中国高等教育研究的成果为世界同行所熟知和认可，并逐步确立中国高等教育研究在世界学术界的地位。

总之，要建设高等教育研究的强国，就不能满足于规模大、成果多，更重要的是沉下心来不断提高理论水平和应用价值。高等教育研究者要切实担负起自己的历史责任，瞄准学术发展前沿，打开认识视野，拓展思维空间，既立足当代又继承传统，既立足本国又学习外国，既立足现实，又瞻望未来，大力推进学术观点创新、学科体系创新和科研方法创新，形成国际高等教育研究中的中国学派，努力建设具有中国特色、中国风格和中国气派的高等教育学科群，为世界高等教育研究的发展做出中国学者的贡献。

第七节　恢复高考40周年回顾与招生制度改革展望

各位领导、各位专家、老师和同学们，大家好！

对于40年前邓小平同志所主持的恢复高考这件国家大事，我没能像刘道玉高教司司长、杨学为主任那样操办，只是在一个基层单位——一所重点大学主持高考和招生，只能就当时亲历所知，回顾当时恢复高考招生的实际情况，反思当年恢复高考的意义。

我总的感觉是邓小平根据当时的新形势，开拓了新思路，做出了新决定：当时的新形势是在百废待兴的情况下要推进四个现代化——农业现代化、工业现代化、国防现代化、科技现代化。在四个现代化中，科技现代化是基本，没有科技现代化也就没有其他的"三化"。而"文化大革命"之后，中国科技的现状是很落后的。记得当时全国重点大学在北京举行了一次科技成果展览会，把当时最新的科技成果陈列出来，但对于展品的说明，不是要求说明成果如何先进，而是要求说明对比发达国家同类成果落后多少年。记得大多数成果所标明的是落后20年以上，也就是说开了一个科技成果落后的展览会，激励人们奋起直追。而要推进科技现代化建设，就需要培养大批高级专门人才。这就是当时摆在大学面前的形势与任务。面对这一新形势，不能等待没有好好读书的中学生来上大学。当时提倡学制要缩短，上完初中就可上大学，大多数中学生只是初中生，而且是在"复课闹革命"中学习的初中生。如果按照老思路，至少要10年之后才可能有合格的大学毕业生。邓小平恢复高考的新思路是招收上山下乡知识青年上大学。他们在"文革"初期已是高中毕业生，至少是高中肄业生，经过十几年的上山下乡或招工进城，都有十年左右的生活经验与生产经验，有的在事业上已有所成就。应当为他们开辟上大学的绿色通道。为此，当时在高考招生上做出新决定：第一，不限年龄。大家知道，原来招生报考限在25周岁以下，而上山下乡知青大多已30岁左右。其次，所在单位不得阻拦他们报考。这批知青，留在农村的不少已当了基层干部，招工进城的各有各的岗位，如果本人要报名参加考试，单位都得放行。考上大学读书，单位还要照发工资。我的儿子考上厦门大学，他所在的单位就照发工资四年。毕业后另行分配，不必回原单位。这就是邓小平基于当时的新形势，提出的新思路，做出的新决定。这些决策，形成了当年恢复高考重大的历史意义是：

第一，解放思想。1977年，有关部门开了很长时间恢复高考招生的会议，在一些多年形成的框框条条中转不出来，眼看已到年底，还未能拿出恢复高考招生方案。邓小平同志过问，冲破了"文革"期间的《全国工作会议纪要》，决定当年就恢复高考招生制度，虽然时间稍迟，还是于1977年底（11月份）恢复高考招生，1978年春入学。第二批于1978年秋正常招生入学。

第二，培养了大批优秀人才。也就是中国现代高等教育史上的77、78级现象。今天在座的朱校长、刘院长都是77、78级的大学生。还有许多院士、行政领导、科学家、文学家、艺术家等，都是人才荟萃的77、78级。其后的1979、1980级也有许多优秀人才，以后才有一些年轻的中学毕业生逐渐代替年纪大的上山下乡知青。

第三，缓解了专门人才青黄不接的矛盾。"文革"之后，80年代的专门人才，尤其是高级专门人才，大多是1964年以前的大学生和少量留学生、研究生。1965年之后，运动不断，影响了教学和学习，"文革"中的工农兵学员，"文革"后还得"回炉"。到了20世纪80年代，1964年之前的大学毕业生已经40～50岁以上，后继乏人。1977、1978级大学生于1982年之后毕业，多少缓解了当时青黄不接的矛盾。

因此，应该说，40年前恢复高考，不但有中国教育史上的重要意义，而且在中国现代发展史上有重大的意义。

但是，事物的发展并不是一条平坦的道路。事物的发展要在不断地创新改革中发展，才能与时俱进。停止了，就可能不进则退，甚至走向发展的反面。我有一位大学时代的同学，是一位有点儿知名度的诗人，出版过诗集，笔名"公丁"。他的诗集中，有一首诗《汽车夫》。其中有两句我一直记得："人们为你修筑笔直的公路，而你却要学会拐弯。"40年来，我们一直沿着统一高考的公路笔直地行驶，由于没有学会拐弯，形成了越来越严重的"应试教育"。应试教育制约了高中、初中，甚至小学教育。现在还制约了我们的大学教育，许多本科生学习是为了考研。应试教育不利于儿童、少年、青年的健康成长，不利于素质教育，违反德、智、体、美、劳全面发展的教育方针。它的危害不用我多说。我们现在正处于一方面在批判应试教育，实际却在助长应试教育的漩涡之中。怎么办？

对此，我想提出一个简单而难办的办法。很简单，把高招和高考剥离，很难办，阻力很大。高招和高考剥离，就是刚才瞿会长所说的招生就是招生，招生可以通过考试，但不一定要通过考试，尤其是不一定要跟全国统一高考捆绑在一起。要让高校招收知识、能力、素质相适应的学生，让学生选择与自己的兴趣、能力、理想相适应的高校和专业升学，这就是高招的目的与任务。考试只是招生的方法之一。多元化的高校要有多样化的生源，要用多元化的标准和多样化的方法来达到招生和升学的目的。在全国统一高考中，我们没有这种经验。但招收专业博士生采取的非考试的审查和面谈方法，更能招收到优秀的在职博士生。以前都要通过考试方法，把一些办学实践经验丰富、领导管理能力很强、亟须在理论上提高的在职领导管理干部挡在门外，现在把考试和招生分开，为招生工作松绑，问题就解决了。当然，在大学本专科的招生上，我们还没有这种经验。但是，很多发达国家的大学招生就是不经考试的。你要去这些国家留学，并不需要先去参加高考，而是将有关资料寄到所申请的高校，高校审查有关资料和外语水平就决定录取与否。前不久，清华大学按国外通行办法，招收外国留学生，不经考试，审查资料之后就决定录取与否，寄发通知。很多人想不通，为什么对外国学生特别"优惠"，不经考试就可以上清华。而中国学生上清华、北大是要通过统一高考，拿到顶尖的高分才能被录取的。但是，报考清华、北大的学生，大约10人能录取1名；而外国来清华留学的学生，是10多名才能录取1名，也就是说，更严格。为什么会产生误解，因为在人们脑袋里，已经把升学、招生和统考分数紧紧地绑在一起。因此，要从统一高考的捆绑中解放高校招生，解放学生身心。

道理很简单，但很难办。难办在于第一，思想难解放；第二，制度难改革。

思想上，存在于中国的统一高考是最公平的迷信——人人在分数面前平等。实际上是表面的公平掩盖了实质的不公平，结果公平掩盖了过程的不公平。为什么高考的高分者大多数是城市中上层家庭的子女，为什么"985高校"来自农村的学生很少，不得不用加分、规定名额等办法照顾来自农村的学生？因为在城市重点中学上学的学生同农村一般中学上学的学生所享有的教育资源是不公平的。如果能在考试之外，采取或参考升学者的中学学习成绩、体育或艺术等特长、参加社会活动尤其是公益活动的表现（国外招生还很重视推荐者的意见），那么多样化的方法，更能适应多元化高校与专业的要求。

还有一个制度上的难题。全国统考，采用一把尺子，统一分配：一本、二本、三本，然后是高职，还有先公办校、后民办校等规定。学校只能够在所分配的分数段上获得1∶1.2的选择权。学校是培养学生的主体，应当把选择学生的自主权还给培养单位。行政管理部门，应当按"放管服"的原则来管理招生，把招生权放给学校，按《中华人民共和国高等教育法》来管学校招生，而不是用各种烦琐的规定来限制高校，要化消极的限制为积极地为高校招生服务。

总之，要解放招生思想，要改革招生制度，都很难办！但不是不可能办。这是我的意见，请大家批评。

（原载《教育与考试》2017年第4期，有改动）

第八节　潘懋元先生口述厦门大学海外教育学院创院简史

陶院长、王艺书记、耿虎副院长，大家好！

1980年10月，教育部批准厦大海外函授部改为海外函授学院。我担任第一任院长（兼职）。因为兼职的缘故，实际上我过问工作不多，原海外函授部主任蒋林仍继续主持日常工作；蒋林被调走后，我请原外文系主任李燕棠教授负责主持日常工作，学院直属党支部书记白蓝同志协助。当时一项重要的工程就是在上弦场原图书馆后侧的山坳建学院的新院楼。到1987年，院长职位由原学校办公室主任庄明萱接替。学院后来的发展，我就不清楚，也用不着我来说了。

倒是海外教育学院的昔年历史，即华侨（海外）函授部的创办与变化，现在知者不多，我可以作为历史的见证者。不论是南洋研究院、海外教育学院，其创建史都不能不归功于当年的副校长、党委书记陆维特教授。

1955年1月，福建省委派陆维特教授到厦大担任副校长、党委书记，协助王亚南校长管理学生工作（1956年党的八届八中全会才确定大学实施党委领导下的校长负责制）。陆维特是陶行知的学生，对教育工作有一定的理论基础，对教育事业有强烈的信心。到厦门大学不久，经过一番对历史和地理的考察，他提出厦门大学的两个办学方向，即"面向海洋、面向东南亚华侨"。"面向海洋"，厦大建立了海洋研究所，后来发展为众多海洋专业，尤其是海洋生物专业，成为厦大的特色；"面向东南亚华侨"，厦大建立了南洋研究所和南洋函授部（1962年改称为海外函授部）。当时为东南亚侨校培养师资，设有中文、数学、物理、化学等学科，当时修习中文、数学的函授生人数最多，首任主任就由数学系主任方德植教授兼任。其后兼任或专任函授部主任的还有陈曲水（1958年）、副主任尹一民（1961年）。因为是培养师资，需要开设一门教育学，就由我带领助教张曼因编写了一本《教育学》函授讲义。

函授生人数逐年有所增加，创办的第一年（1956年）为305名，次年（1957年）增至643名，1958年为743名，1959年为1 062名，1960年为1 162名，1961年为1 339名，1962年达到1 369名。其后几年的人数虽有所增减，但都在1 200名以上。因此，批改平时作业与试卷、书面回答函授生所提问题，工作量很大，需要组织有关的系、所的助教协助。

海外函授部、南洋研究所在"文革"期间停办，1980年复办。根据南洋研究的需要和有关领导部门的指示，除继续设置中文之外，着重办中医内科和中医针灸。但中医内科的古文字令学生难以学习，而针灸需要回国实习，后来在香港设置实习点，因此函授生不多，1981年刚复办时仅有320名，最高的年份1989年也只有798名。

函授生源主要来自东南亚的新加坡、马来西亚、缅甸、印度尼西亚、菲律宾、柬埔寨和越南等国家，也有少量来自日本、加拿大、美国、巴西、澳大利亚等国，以新加坡、印度尼西亚为最多。

以上仅为记忆和有限资料，提供参考，请正，谢谢！

（原载《海外华文教育》2020年第1期，有改动）

第九节　我所亲历的"文庙"教育①

　　周教授关于"文庙"的研究，对传承中华优秀文化有重大意义，对我们研究中国教育史也有重要的启发。

　　首先，让我回答周教授在报告中所提出的一个小问题：全国各地都有"文庙"，为什么厦门没有"文庙"？因为厦门岛从前隶属于同安，同安也有一座规模宏大的"文庙"。

　　现在我以"文庙教育"的亲历者提供一些可资参考的资料。

　　我的出生地在广东汕头市，汕头市从前就有一座规模宏大的"文庙"，我的小学和初中就在这座"文庙"（也称"孔庙"）上学。

　　这座"文庙"的中轴线中心是宏伟的"大成殿"。殿中间竖立孔子的雕像，两边排列着孔门七十二贤和后代著名理学家如朱熹等的牌位。

　　大成殿的南面是半月形的"泮池"，夏天，一群小学生常常脱光衣服，跳进泮池中游泳；大成殿的北面是草地，往往成为我们踢小足球的练习场。

　　"大成殿"的周围，刻着宋儒的十六字"真言"——"人心惟危，道心惟微，惟精惟一，允执厥中"，表达的是孔子是"时中之圣"，我们的学校就

---

　　① 2020年10月25日厦门大学教育研究院邀请周洪宇教授在"厦大高教讲座"上做学术报告《我们今天该如何看待文庙、学庙与庙学》，潘先生在线与大家一起听了一个半小时，还兴致勃勃地与大家分享感受，事后先生又专门撰写了这份短文，托我转发给周洪宇教授。——郑宏补记

称为时中中学和附属小学。

"大成殿"的两廊，隔成许多房间，就是我们的教室。

"大成殿"的正南面，也就是泮池南面有一面巨大的照壁，照壁的东西两侧屹立着两座石门，上面刻的是"金声"与"玉振"。人们不能从"金声"与"玉振"的石门行走，只能从照壁后面开的两扇小门绕进"文庙"。

这座"文庙"新中国成立后仍保存着，只是时中中学是私立学校，归并到汕头市立四中。"文庙（孔庙）"仍存在，"十六字真言"仍存在，只是荒废了，杂草丛生，我还曾到此凭吊。但"文革"期间全被拆毁，后来另盖楼房，现在已无处可寻，不胜唏嘘！

（潘懋元在周洪宇教授关于"文庙"研究的讲座上的发言）

第十节　实践理性的美国300年高等教育史书

中国高等教育界，对美国高等教育的历史是比较熟悉的。这不仅由于我国已出版多部编著或翻译的美国高等教育通史或专史，更由于许多研究高等教育的著作，都会从不同的角度涉及美国高等教育的历史与现状。在众多有关史书中，亚瑟·M.科恩的《美国高等教育的历程》[①]却能以不同的风格，独树一帜。科恩教授在他50多年的美国高等教育研究和教学的基础上，采纳高等教育领域许多经典研究成果，融合自己亲身经验，编撰完成

---

①　[美]亚瑟·M.科恩、卡丽·B.基斯克：《美国高等教育的历程》（第2版），梁燕玲译，教育科学出版社2012年版。

了一部史实与史论结合、体现实践理性价值的美国高等教育发展史。

这部教育史著作，有以下特点：

一、把社会发展历程与高等教育发展历程结合起来，运用教育发展的内外部关系规律，分析历史现象，探讨历史问题。首先体现在将美国300多年的高等教育发展历程，按近现代美国社会发展历程，分成6个各具特色的阶段，符合历史与逻辑统一的原则。每个阶段作为一章。每章开始，比较客观地论述本阶段的"社会背景"。例如，把美国二战后1945—1975年的30年间称之为"美国霸权时期"，毫不隐讳地揭发当年美国操纵联合国，组建部队派赴韩国参战，坚持不把中华人民共和国加入联合国的议题排上议事日程；联邦以大量的军备研究经费左右大学及其科学家的研究方向；同时，也分析了这一时期，即战后30年间，美国人口增长了60%，对于社会消费与生产的影响，及其对学生数量、就业机会、学生运动的影响。如此紧密结合"社会背景"研究高等教育发展历程的著作，在美国学者的著作中是比较鲜见的。

二、每一个阶段的高等教育发展基本上分为院校、学生、教师、课程（教学）、管理、财政6个项目进行研究，以问题为主线，运用统计数字、报刊资料、教育政策、法庭判例，以及前人研究成果和本人所接触的实例，有血有肉地刻画了美国300多年的高等教育，尤其是近半个世纪来美国高等教育的演变。夹叙夹议，娓娓道来，引人入胜，生动而不失真。每个时期框架相同，便于比较，既显示了历史的连贯性，又可从比较中看到各种高等教育理念、模式、事件的盛衰兴替历程。

三、每个阶段的最后一部分为"成效"，概括本阶段高等教育发展变化的特点。例如1870—1944年的70多年间是工业化时期，后期还穿插两次世界大战。促进工业化、服务战争，是这个阶段高等教育的重要指向。前者要求高等教育培养各种专业人才，高等学校虽仍然重视人文通识教育，但专业教育课程，尤其是工程教育课程强势发展；后者使许多院校充当了军事训练中心，要求大学从事武器和工艺开发。在"成效"中，一般并不作简单的结论，而是提出若干有一定倾向性的问题供读者自己思考、讨论。有些问题，发人深省。例如，有一个时期，可以上大学的高中毕业生，却有1/3不想上大学，由此形成了一个悬而未决的教育问题："如果一个可以上大学的学生选择不去上学，这是谁的错？"这样的问题，是不是也是当前中国高等教育界和政府应当思考的问题？

科恩在《美国高等教育的历程》初版出版后，仍继续关注美国高等教育新的变化和新的研究成果。他同卡丽·B.基斯克一起，对初版做了修改，并增加了新的第六章，即第六个阶段，以私营化、公司化与绩效问责为新趋势，论述1994—2008年这15年间美国高等教育的变化。这是内容最为丰富的一章，其中所论述的某些现象与问题，可能也是中国高等教育面临计划经济向市场经济转型中可能出现的现象与问题。梁燕玲的中译本，所根据的就是《美国高等教育的历程》（第2版）。新的版本，是科恩教授主要的代表作，并已列入厦门大学"世界高等教育研究名著译丛"，由教育科学出版社出版。

对于这部著作，我最感兴趣的是本书第四章，也就是1945—1975年间的"美国霸权时期高等教育大众化"。

美国在二战之后，大批军人复员，涌进大学学习，开启了大众化之门。其后的"婴儿潮"，使美国人口在30年间增加60%，形成了后期大学生高增速的压力。更由于霸权主义在国力竞争和军备竞赛中对大学的科技需求和人才需求，使得这一时期，高校增加了600多所公立和650所私立。在校学生从200万人增加至1 100万人，30年间增幅达450%。虽然增速远低于中国在1998—2008年间从380万人增至2 021万人，10年间增幅达593%，但在大众化过程中所出现的变化上则有某些相似之处。如生均教育资源不足，质量下降，校际竞争激烈，传统的文理学院锐减而职业性的社区学院激增，高等学校类型多样化等。其中最显著的变化是教育政策与课程改革。

美国政府应对高等教育大众化的对策主要是增加投入。州政府大量投资建设社区学院，联邦政府则是增加对大学生的资助。按不变价值计算，

1945年的高等教育经费总额是17亿美元，1975年达144亿美元，增幅达847%，高于大学生人数的增幅。因而生均经费也能从850美元增至1 270美元，而中国在大众化初期，大学生生均经费却是逐年下降。

高校应对高等教育大众化的对策是分类发展和课程改革。除了州立综合大学有所增加，传统文理学院萎缩，职业性社区学院大发展之外，还有许多开放性的工人大学、联合大学以及营利性的私立学院，主要是提供职业培训。至于课程改革，明显地从纯学术追求转向人力资本开发。"所有的课程改革都有实用性。"哲学、神学等课程萎缩到一个很小的比例，而自然科学、工程技术、企业管理、医学、法学的课程都迅速增加；大学生也不再专注于一门学科的研究而是选修不同学科课程以扩大就业机会；同时，许多传统的"男性领域"如工程、建筑、法学、财经向女生开放，以便吸收更多的女性上大学；支持少数民族青年上大学；鼓励残疾人接受高等教育。

20世纪60年代中期开始，大规模学生运动从美国发端，席卷墨西哥、日本以及欧洲的一些国家。为了应对大众化时期高等教育问题和应对学生运动，高教立法、院校认证和高教研究也迅速展开。马丁·特罗有关高等教育大众化的理论，也是根据美国这一时期的实践经验形成的。

美国高等教育大众化的30年，发展迅速，改革创新，成绩巨大，问题也多。从20世纪70年代中期开始进入巩固期，增长有所缓慢，但保持了高等教育的多样性，更加重视高等教育机会公平，提高大学的教学质量和研究水平。中国的高等教育目前也正从快速增长期进入巩固期，同美国的历程有某些相似之处。正如科恩教授在本书中文版"前言"所说："希望这本书能够对中国大学校长、教师、管理人员以及相关社会人士在理解处于大众化转型时期的中国高等教育的发展变化有所助益。"

这部佳作内容具体而生动，梁燕玲博士的译文朴素而流畅。两者相辅相成，提高了中译本的可读性。

（原载《中华读书报》2013年7月31日23版，有改动）

第十一节　《韩山书院史稿》[①]序

　　屹立于笔架山麓、韩江水滨的韩江师范学院，远眺叠叠群山，俯瞰滔滔江水，是潮州市的最高学府。在汕头大学建校之前，也是潮汕地区的最高学府。人们知道这所师范学院的发展史，是光绪年间以来中国师范教育制度变迁的见证，却很少知道其前身韩山书院是中国书院制度变迁过程的缩微。韩山书院同中国历史上的四大书院同时兴办于北宋元祐年间。四大书院至今或仅存遗迹，或无处可寻。而韩山书院，受惠于潮州人对先圣韩公的崇拜，膏火相继，绵延至今，久而弥坚。吴榕青教授为考证史料，保存信史，旁征博引，缜密论证。近著《韩山书院史稿》即将出版，此书分正文与附录两部分：正文按年代顺序分四个时期考证韩山书院发展变迁的史实；附录为碑记、文约、课艺等文献的复核。一卷在手，可读可查。是为序。

2019年6月6日

---

① 吴榕青：《韩山书院史稿》，深圳报业集团出版社2019年版。

第二章

高等教育理论

第一节　论作为交叉学科的高等教育学

高度分化与高度融合是科学知识发展的常态。学科专业化导致科学知识高度分化，学科专业化在促进知识不断深化的同时，人为割裂了科学知识的内在关联，使得原本一体化的知识变得支离破碎、泾渭分明。交叉学科是科学知识发展的理性回归，让科学知识实现整合性发展。

一、交叉学科的兴起及其意义

交叉学科作为一个不断累积的知识传统，历经新旧迭代、分化融合、不断精进的发展过程。柏拉图曾将公民分成统治者、武士和生产者三等，并认为他们分别由金、银、铁制作而成，这被视为社会物理学思想之滥觞。现代意义上的交叉学科诞生于20世纪上半叶，它是人类认识世界的一次质的飞跃。交叉学科（interdisciplinary）作为一个专门术语，最早由美国心理学家伍德沃斯（R. S. Woodworth）于1926年提出，他倡导在两个或多个学科之间开展科学研究。①1930年，美国社会科学研究理事会在一份声明中正式使用了"交叉学科"一词。至20世纪中期，"交叉学科"作为一个科学概念开始广为流传。

尽管交叉学科作为一个科学术语已被学界普遍使用，但究竟何谓交叉

---

① National Academy of Sciences, National Academy of Engineering, Institute of Medicine: *Facilitating Interdisciplinary Research*, Washington, D. C.: The National Academies Press, 2005: 18.

学科却未形成共识。普朗克（M. K. E. L. Planck）将交叉学科形象地比喻为不同学科之间打不断的链条。[①]钱学森认为，交叉学科是"自然科学和社会科学相互交叉地带生长出的一系列新生学科"[②]。2005年美国国家科学院在《促进交叉学科研究》（*Facilitating Interdisciplinary Research*）的报告中指出，交叉学科作为一种科学研究模式，通常是两个或多个学科团体相互合作，将概念、理论、观点、方法、信息、数据等有效结合起来，帮助深化认识，从而解决单一学科难以解决的重大现实难题，并可能在相互作用过程中创生新的学科或领域。[③]王续琨认为，学科交叉具有严格的限定条件，是"存在于数学科学、自然科学与哲学科学、社会科学之间交汇区域的跨界学科"[④]。尽管关于交叉学科的概念见仁见智，我们认为交叉学科仍具有一些普遍性特征，包括研究对象的交叉性、研究方法的互补性、研究内容的整合性和研究能力的组合性。

科学的发展有客观的内在规律与机制，学科却是人类根据既有认知条件人为分割的结果。交叉学科作为联结不同科学领域的链条，有效打破了学科间的藩篱，弥合了不同学科的脱节现象，学科结构由单纯的横向分布向纵横交错转化，推动了学科的整体化发展。学科之间可以通过多种方式实现交叉融合，包括单向移植组合、双向交叉融合和多元学科混合。同时，学科交叉既可能存在于"近距离"学科之间，也可能存在于"远距离"学科之间，还可能存在于不同学科门类之间。[⑤]例如，近年来兴起的学习神经科学就属于典型的多学科交叉综合研究领域，它横跨自然科学与社

---

① 黎鸣：《试论唯物辩证法的拟化形式》，载《中国社会科学》1981年第3期。

② 钱学森：《交叉科学：理论和研究的展望》，载《光明日报》1985年5月17日。

③ National Academy of Sciences, National Academy of Engineering, Institute of Medicine: *Facilitating Interdisciplinary Research*, Washington, D. C.: The National Academies Press, 2005: 2.

④ 王续琨：《交叉学科、交叉科学及其在科学体系中的地位》，载《自然辩证法研究》2000年第1期。

⑤ 郑晓瑛：《交叉学科的重要性及其发展》，载《北京大学学报（哲学社会科学版）》2007年第3期。

会科学多个领域，涉及教育学、心理学、脑科学、认知科学、医学、遗传学、计算机科学和人工智能等多个交叉学科[①]，其中，教育学与心理学属于"近距离"交叉，与医学、遗传学等属于"远距离"交叉。我国著名地质学家李四光在评价地质力学时曾指出，"它的一条腿站在地质学方面，另一条腿站在力学方面"[②]。无论是自然科学或是社会科学，不同学科之间都存在典型的双重依赖性，不同学科只有打破学科疆域限制，在交叉基础上形成新的学科生命力，释放学科交叉能量，才能真正推动学科的整体性发展。交叉学科在当代科学发展中占有重要地位，是现代科学发展成熟的重要标志，它反映新的学科思想，呈现新的逻辑起点，诞生新的思维方式，发现新的研究对象，萌生新的术语概念，产生新的知识体系。[③]

2020年，国务院学位委员会和教育部联合印发通知，在原有十三个学科门类基础上增设"交叉学科"门类，"交叉学科"正式成为我国第十四个学科门类。"集成电路科学与工程"和"国家安全学"作为两个独立的一级学科收录于"交叉学科"门类之下。"交叉学科"作为一个正式的独立学科门类，不仅是简单的学科数量增加，它突破了传统学科设置类型，实现了学科划分的根本性变革。"交叉学科"纳入国家学科专业目录解决了交叉学科多年来备受争议的"合法性"问题，顺应了现代科技和教育发展的现实需求。

交叉学科对于促进科学整体性发展、推动人类知识更新、变革思维方式和解决重大现实难题具有重要意义。第一，有利于整合科学知识，促进科学整体发展。交叉学科有力消除了学科间的分裂与隔离，在不同学科间架起了桥梁，使得现代科学知识还原为一个完整的知识体系。第二，有利

---

① 王亚鹏、董奇：《学习神经科学：一门新型的交叉学科》，载《教育学报》2012年第4期。

② 炎冰、宋子良：《"交叉学科"概念新解》，载《科学技术与辩证法》1996年第4期。

③ 金哲：《论当代交叉学科》，载《上海社会科学院学术季刊》1994年第3期。

于增进人类认知水平，形成整合性思维。知识新旧交替与相互作用的过程，推动人类认识水平和思维方式不断深化、拓展，对培养人类创新思维具有重要的方法论价值。第三，有利于推动不同学科联合攻关，合力破解重大现实难题。人类科学面临从解决单一线性问题向高度复杂非线性问题的转变。科学问题的解决越来越依赖学科的交叉、渗透与融合，交叉学科为破解重大现实难题提供了新的思维方式、学科知识和研究方法。当前，人类在人工智能、集成电路、网络安全、空间科学、生物育种、脑科学等领域所面临的重大科学难题远非单一学科或某几个学科能够解决，它遵循社会需求与知识发展双重逻辑，必须联合多个学科协同攻关才能破解。①

二、高等教育学科属于典型的交叉学科

高等教育是一个复杂的、多层结构的开放系统，必须借助不同学科的力量，运用不同的学科观点和方法，才能全面深入理解高等教育，掌握高等教育的内外部关系及其规律。②有学者曾批评高等教育研究缺少独特的研究方法，学科门槛较低，学科边界模糊，导致高等教育学沦为其他学科的"殖民地"和"跑马场"。也有学者指责高等教育研究队伍"庞杂"，科班出身的少，"半路出家的多"，研究水平参差不齐，导致高等教育研究整体水平不高。

对前一个指责，我们认为属于标准误用，即用经典学科的学科范式与标准来衡量作为现代学科的高等教育学。高等教育学作为一门新建立的现代学科，具有强大的包容性与开放性，建成现代学科是中国高等教育学科建设的方向。③对后一个指责，我们认为其在逻辑上难以自圆其说，这一现象恰恰符合高等教育学性质的需要，与其说是缺点或困难，毋宁说是有

---

① 李立国：《设置交叉学科：打破科学割据，作彻底联合的努力》，载《光明日报》2021年2月27日。
② 潘懋元：《多学科观点的高等教育研究》，载《高等教育研究》2002年第1期。
③ 张应强、郭卉：《论高等教育学的学科定位》，载《教育研究》2010年第1期。

利于学科发展的优势。①高等教育学多学科研究范式的典型特征在于高等教育研究者学科背景的多样性。实际上，在美国、英国、日本和中国，高等教育研究队伍中有相当大比例的学者来自其他学科。日本广岛大学教育研究中心与英国兰卡斯特大学曾分别对812名日本高等教育研究者和17份高等教育研究国际期刊活跃学者进行了统计分析，其结果均证实高等教育研究跨学科范式的广泛存在。我们对厦门大学教育研究院2006—2020年硕士研究生的本科学历背景进行统计分析后发现，在近15年招收的517名硕士研究生中，本科为非教育学学士学位的有338名，占65%；本科为教育学学士学位的有179名，占35%。在非教育学学士学位中，获文学学士学位的有95人（18%），法学学士学位的有29人（6%），工学学士学位的有19人（4%），管理学学士学位的有90人（17%），经济学学士学位的有22人（4%），理学学士学位的有73人（14%），其他类型学士学位的有10人（2%）。

高等教育的本质是专业教育，其根本在于为社会发展培养专门人才。高等教育作为社会子系统之一，与政治、经济、文化等其他社会子系统之间存在内在的必然的联系，且彼此关联的复杂程度远非普通教育所能及。任何一门学科都应致力于探究其研究对象运行、变化与发展的规律。"高等教育作为一门学科，不仅要研究一般教育规律，而且应着重研究一般教育规律在高等教育实践中的运用。"②我们在开展高等教育研究过程中，首次系统阐述了教育内外部关系规律。针对少数学者对内外部关系规律存在片面理解和断章取义之嫌，我们认为，教育与社会各子系统之间的"适应"关系包含"受制约"和"起作用"双重关系，高等教育应主动适应社会各子系统的发展。教育内外部关系规律具有开放性、包容性和务实性特征，突破了"就高等教育论高等教育"的思维限制，拓展了高等教育学科研究

---

① 潘懋元：《高等教育研究的比较、困惑与前景》，载《高等教育研究》1991年第4期。

② 潘懋元：《关于高等教育学科建设的反思》，载《中国教育科学》2014年第4期。

视域，契合了以人为本的高等教育发展理念和建设高等教育强国的时代趋势。"教育内外部关系规律呈现了教育内外部各生态主体之间的生态平等关系或非线性平等关系。"①高等教育是社会经济发展的晴雨表，教育内外部关系规律因应了高等教育在社会发展中功能与价值的变化。当我们从高等教育与社会关系视角研究高等教育时，往往发现了普通教育看不到或不易发现的事实与规律。高等教育学的学科性质与任务决定了它必须走多学科研究的路径。

无论是宏观的高等教育政策研究，还是微观的大学课堂教学探索，无论是教育内部关系规律，还是教育外部关系规律，都涉及多门学科知识，须借助多门学科力量，才能避免学科的封闭僵化与自我垄断，才能深入理解高等教育的价值内涵，才能真正把握高等教育的内外部关系规律，才能有效解释和解决高等教育面临的诸多理论与现实难题。高等教育研究需要保持适度开放性，突破本学科的狭隘界限，选择性地汲取其他学科的养分，对多学科知识与方法加以整合。以课程设置为例，20世纪60年代，哥伦比亚大学教育学院作为美国最大的教育学院，其在高等教育学位项目中尤为强调职业导向与师资培养，开设的43门课程中涉及经济学、人力资源管理、艺术教育、会计教学和护理学等多个交叉学科。②又如，厦门大学教育研究院为优化研究生课程结构，相继开设了"高等教育经济学""高等教育社会学""高等教育史""高等教育与统计方法""高等教育哲学"等一系列交叉学科课程。

从研究方法来看，为打破高等教育研究在方法上过于封闭的局面，1984年克拉克（Burton R. Clark）在其著作中指出，没有任何单一方法能够解释一切，研究复杂的问题必须借助多学科的力量。教育学者可以在这些

---

① 李枭鹰、袁开源、唐德海：《教育内外部关系规律的间性思想及其理论价值》，载《江苏高教》2021年第1期。

② 莱斯特·古德柴尔德：《在美国作为一个研究领域的高等教育：历史、学位项目与知识基础》，载《北京大学教育评论》2011年第4期。

观点中自行切换，利用不同的观点解决不同问题或进行辩论。^①我们基于中国高等教育发展的历史事实和现实境况，提出了多学科观点的高等教育研究方法论，意图从多学科视角分析、解释和解决中国高等教育的现实问题，针对新形势提出新观点，拓宽了学科研究视野，多学科研究方法可能成为高等教育学的经典研究方法。^②我们组织团队从历史学、哲学、心理学、文化学、科学学等十一个学科视角开展高等教育研究。多学科观点的高等教育研究重视从不同学科观点分析高等教育现象与问题，克服了单一学科研究方法可能存在的以偏概全的弊端。多学科观点的高等教育研究为拓展研究领域、开拓学术视野、促进学科对话与融合提供了方法论基础。更重要的是，多学科观点的高等教育研究提供了一种新的思维方式，实现了"从单义性到多义性、从线性研究到非线性研究、从绝对性到相对性、从精确性到模糊性、从单面视角到多维视角、从单一方法到系统方法"^③的转变，彰显了思维的严密性与灵活性。

三、高等教育学应成为交叉学科门类下的一级学科

新的科技革命与产业革命催生了新的学科增长点，学科间的交叉与融合成为知识创新的必然趋势。"交叉学科"正式纳入国家学科目录意味着实质性的学科交叉融合已成为国家行动，有望在学科理论与研究方法上实现创新性突破。2018年，美国麻省理工学院启动"智能探索计划"（Intelligence Quest），融合了神经系统科学、认知科学、计算机科学等关键领域的学科，属于典型的交叉学科。交叉学科既可以隶属于"交叉学科"门类之下，也可以收录于"交叉学科"之外的其他学科门类、一级学

---

① Burton R. Clark: *Perspectives on Higher Education: Eight Disciplinary and Comparative Views, Journal of Higher Education*, 1986: 2.

② 潘懋元：《多学科观点的高等教育研究》，载《高等教育研究》2002年第1期。

③ 潘懋元口述：《潘懋元教育口述史》，肖海涛、殷小平整理，北京师范大学出版社2007年版，第207页。

科乃至二级学科之中。相较于纵向分布、学科界限清晰的传统学科，交叉学科大多为横向交叉融合结构，学科界限模糊，具有较强的成长空间。刘仲林根据交叉学科发展程度不同，将交叉学科分为探索性交叉学科、成长性交叉学科和成熟性交叉学科。[①]

　　交叉学科勃兴与发展的动力源自综合性理论的产生和解决复杂现实问题的需要，而解决现实问题是学科交叉的灵魂与生命力所在。[②]当前，中国高等教育进入普及化阶段，高等教育毛入学率高达54.4%，其发展的不确定性和复杂程度愈加凸显，需要多样化的教育理念、办学模式、投资体系、类型与层次结构。高等教育学作为一门典型的开放性社会科学，未来的发展方向应是主动纳入交叉学科门类，成为其下属的一级学科。今天的高等教育所面临的理论与现实问题已形成了极为复杂的"问题族"，远非作为二级学科的高等教育学所能解决，高等教育学必须成为一级学科[③]，从而加强学科间的互动，获得其他分支学科或相邻学科的承认与支撑，博采众长、整体突破。高等教育学只有以一级学科身份纳入"交叉学科"门类，才能有效避免"盲人摸象""一叶障目"，才能准确描述现状、解释现象、预测趋势、控制变量、切实解决现实难题，创造性地发展学科理论。高等教育学可以通过举办学术沙龙等非正式的多学科交流形式，强化学科间的有效互动。高等教育研究者应努力摒除学术惰性，充分认识到高等教育学与其他学科之间的密切关联性，即学科的主体间性，这是获得学术承认进而维系学科发展的符号资本。易言之，高等教育学只有纳入交叉学科门类之下以一级学科身份整合相关学科知识，才足以应对当前面临的高等教育复杂难题。

---

　　① 刘仲林、程妍：《"交叉学科"学科门类设置研究》，载《学位与研究生教育》2008年第6期。

　　② 金吾伦：《跨学科研究引论》，中央编译出版社1997年版，第116页。

　　③ 刘小强：《关于建设高等教育学一级学科的思考》，载《高等教育研究》2017年第1期。

没有什么智慧能被真正垄断，也不存在专属于特定领域的知识。[①]交叉学科生成于传统学科之间，是科学高度发展的产物，但要想促使交叉学科从"潜科学"状态发展为成熟的科学，需要具备三个条件。首先，不同学科之间必须存在实质性关联，学科交叉才可能对科学发展产生卓有成效的影响，否则只是不同学科的简单物理相加，难以产生真正的化学反应。例如，要解决大学生就业问题，就要求高等教育学借助经济学的人力资本、劳动力市场等核心概念和知识协同攻关；要破解高校行政化问题，就需要高等教育学与政治学共同协作，厘清学术权力与行政权力之间的复杂关系；要建构有序的高等教育生态，就需要在高等教育学、生物学、生态学等学科之间进行远缘"联姻"。其次，科研评价机制必须能为学者从事交叉学科研究提供最基本的制度保障，要打破学科壁垒，逐步探索跨学科的"双聘"机制，形成定量与定性评价相结合的融合评价。评判交叉学科研究成果质量的标准应是在交叉学科领域的贡献，而非对相关母学科的贡献。[②]同时，评价交叉学科研究只有认识到并充分发挥交叉学科中每一门学科的潜能与优势，才能充分彰显学科交叉的共鸣作用和共振效果，才能打造创造性综合体。当前，针对大学生学习情况调查、大规模在线教学等现实问题，如何从学科规划、资源配置、信息交流和成果评价等方面激发高等教育学、经济学、社会学、心理学、统计学等相邻学科的研究力量协同攻关，是个亟待解决的问题。最后，交叉学科对研究者的能力素养有较高的要求。开展交叉学科研究要求研究者必须全身心地投入其中，能够掌握交叉学科中的几个乃至全部学科的基本研究工作能力。

（原载《高等教育研究》2021年第4期，有改动）

---

① 华勒斯坦、儒玛、凯勒等：《开放社会科学——重建社会科学报告书》，刘锋译，生活·读书·新知三联书店1997年版，第106页。
② 赫尔伯特·A.西蒙：《科学中的交叉学科研究》，张铭译，载《中国科学院院刊》1986年第3期。

第二节 "双一流"为高等教育强国建设
注入强大动力

党的十九大报告将"双一流"建设作为"优先发展教育事业"的重要内容，吹响了新时代"双一流"建设的号角，意味着我国高等教育强国建设进入新时代。

一流大学不仅体现一个国家高等教育发展水平，而且象征一个国家科学与文化实力。在没有各种大学排行榜之前，一流大学或著名大学是社会对一所大学的整体评价，其根据是一些不成文的社会共识：一是有卓越的办学理念和办学实践，而且能够一以贯之，形成自己的特色，巴黎大学、牛津大学、剑桥大学、柏林大学等都是如此；二是教师水平高，有一批大师级教师，如美国加州理工学院虽然是一所小型学院，却拥有众多院士；三是学生整体素质高于一般大学，并且培养出一批有突出贡献的著名校友，如法国巴黎高等师范学院，这所小型师院就是因为培养出微生物学家巴斯德以及著名的文化总统蓬皮杜而受到世界关注。

由此可见，一流大学既可以是具有卓越科研实力的研究型大学，也可以是特色鲜明的行业型院校；既可以是学科齐全的综合性大学，也可以是"小而精"的学院；既可以是历史悠久、底蕴深厚的老牌大学，也可以是锐意变革、勇于创新的后起之秀；既可以致力于培养世界领袖，也可以专注于锻造工程巨匠。一流大学的精髓在于拥有一流的办学理念，而一流大学的个性则体现在使命担当、战略选择和发展目标的差异上。无疑，一流大学既有共性又各有特色，是普遍性与特殊性的结合。但是，自从西方国家的大学排行榜盛行以后，一流大学就基本被固化于若干所精英化的研究型大学。这是值得商榷的。

一个时期以来，我国建设世界一流大学主要也是以西方国家的大学排行榜为标杆。但随着我国高等教育向普及化阶段过渡和经济社会转型发展，建设世界一流大学更应注重从我国国情出发，紧密对接社会需求、科技前沿和产业发展。正如习近平总书记强调的，我国有独特的历史、独特的文化、独特的国情，决定了我国必须走自己的高等教育发展道路，扎实办好中国特色社会主义高校。因此，新时代加强"双一流"建设，要以建设高等教育强国为目标，既建设学术性研究型大学，又激发不同类型高校争创各种类型的一流。其实，不同类型的高校各有所长，都有争创一流的潜质。传统学术性研究型大学可以办成世界一流大学，在某些领域具有特色的应用型大学同样有望办成世界一流大学。因此，在"双一流"建设中，应坚持统筹兼顾、多元发展。

大学与学科休戚相关。一所一流大学必然拥有一个或数个一流学科。从世界范围看，多数世界一流大学都是学科齐全的综合性大学，但学科齐全并非一流大学的必要条件。不少高校从建校之初就选择有限的几个学科作为重点发展领域，并举全校之力将其发展成为优势学科、特色学科。如美国麻省理工学院，其创立之初仅创设土木系、机械系和化学系三个系，该校的办学目标定为在有限的领域培养引领世界科技变革的先驱者。同时，诸如加州理工学院、印度理工学院、巴黎高等师范学院，莫不是凝聚合力重点发展有限的几个学科，据此成为闻名于世的一流大学。从这个意义上说，一流大学的根基在一流学科。一流学科不应局限于研究传统的"高深学问"。"双一流"建设以"中国特色，世界一流"为根本指向，所谓"中国特色"就是立足中国具体国情、直面中国现实问题。因此，一流学科建设应立足现实问题，有自己的价值标准。

"双一流"建设需要多样化的高等教育发展生态，而多样化的高等教育发展生态必须辅之以多样化的发展标准。一个合理的高等教育系统犹如一支乐队，既要有钢琴的演奏，也需要大、小提琴等的参与，如此才能奏出完美的乐曲。每一种类型的院校和学科都各有所长，都可能成为世界一流。从大学演进史看，几乎没有一所世界一流大学是依照固定的模式发展起来的，无一不是在漫长的探索中实现个性与共性的统一。在"双一流"建设过程中，应积极引导有实力的地方院校根据自身特色和区位优势，设定差异化战略目标，激发地方政府、行业参与"双一流"建设的积极性，实现大学、政府与社会的动态联合，促进高等教育形成多元发展态势。

竞争是高校实力提升的基础。"双一流"建设应打破身份固化，打破一劳永逸的"标签化"思维。一流的身份并非终身享有，而是可进可退、动态调整的。"双一流"建设应辐射全国不同类型、不同层次的高校，所有有实力、有特色的高校和学科，不论出身都应有机会跻身"双一流"。只有这样竞争，才能通过"双一流"建设促进我国高等教育质量整体提升，为我国高等教育强国建设注入强大动力。

（原载《人民日报》2017年11月19日05版，有改动）

第三节　大学教师发展论纲

——理念、内涵、方式、组织、动力

提高教育质量的任务，最后要由教师承担，教师队伍建设，是办学的基本工程。

建设教师队伍，通过招聘工作，选拔优秀人才很重要，在职教育提高更重要。

教师教育，以前称为教师培训，现在称为教师发展。

一、理念

大学教师发展（Faculty Development），同一般所说的教师培训，是两个有密切联系的不同概念。

（一）发展与培训

教师培训着重从社会或组织的要求出发，大学教师被要求接受某种规定的培训；教师发展着重从教师的主体需要出发，教师自我要求获得某些知识、技能，达到某种自定目标。

教师发展往往要借助某种形式的培训，但所重视的是教师的自主性、个性化，促进教师自主学习、自我提高，而不是为了应付被检查、被评定。

从教师培训到教师发展，体现了"以人为本"，尊重教师的自主性；体现了教师教育的个性化、现代化。

（二）一般与特殊

一般大学教师发展，涵盖所有在职大学教师，是指通过各种途径、方式的理论学习与实践活动，使教师在专业化水平上持续提高，不断完善。相当于让大学教师群体置身于终身学习体系之中——大学教师是社会中的优秀群体，应在构建学习型社会中起带头和引领作用。

特殊的大学教师发展，特指初任教师的教育，能帮助初任教师较快、更好地进入角色，适应教师生活与工作，并且敬业、乐业。

当前中国大学教师发展，应当着重初任教师的教育，这是因为大学教师队伍扩大快、初任教师人数多。但也不应忽视一般大学教师的发展、提高。

即使是任职多年、经验丰富、学术造诣甚深的老教师，由于科学理论、信息技术的发展，高等教育理论和大学教师角色、地位、功能的变化，也需要不断地跟踪科学前沿，更新教育理念，提高自我水平，与时俱进。

数以百万计的新老大学教师的发展工作，是当前保障和提高教育质量、教学水平、为国育才的基本工程，也是每所高校的战略任务。尤其是当前正在转型发展的应用型院校、地方新建本科院校和高职高专，建设"双师型"（"双能型"）教师队伍，是这些院校的特殊任务。

二、内涵

大学教师发展内涵包含三个组成部分：学科专业水平——基本理论、专业知识、实践能力；教师职业知识与技能——教育理论、教学能力；师德——一般学者的人文素质、教师的职业道德。

（一）学科专业水平

大学教师是一种学术职业，处于学科的学术前沿。要掌握所从事学科的学术新动向，不但要掌握科学知识，而且应负起创新知识和应用知识解决实际问题的任务。

任何学科专业都不是封闭自足的，它必须植根于基础理论，同时与有关学科专业交叉、互动。因此，除自己所从事的学科专门知识之外，还必须有坚实的基础理论与广阔的跨学科、跨专业知识。这些都是大学教师在学科、专业发展上所需要的。

应用型院校和高职高专，除一定的基础理论外，对实际知识和实践能力有更高的要求。即使是高水平的行业特色型大学，也应当重视实际知识，发展实践能力。

（二）教师职业知识与技能

大学教师不只是学者、专家，而且是教师；不只是要学习知识、掌握技术、研究学问，而且要把所拥有的知识、技术转化为学生所能掌握的知识、技术。这就需要懂得教育理论、掌握教学技能。

一个可喜的现象是，近20年来，大学教师的学历、学位越来越高。但是，为什么具有高学历学位的新教师，教育、教学效果往往不如有经验的教师？有的（不是所有）老教师，通过职后教育，或在长期的教育、教学实践中，通过不断的自我提高或多次的"尝试错误"，也能摸索出一些符合教育规律与教学原则的经验，但很难及时掌握新的教学方法（如案例教学法、翻转课堂教学法等），而且往往正确的与错误的经验并存。

对于非教师系列的领导管理干部来说，也必须掌握教育理论、知识，并有更高的要求。

（三）师德

大学教师是一种学术职业，大学教师是学者，首先应当受过良好的人文素质教育，具有良好的学术道德素养。

大学教师是教师，还应具有高尚师德，即教师特殊的职业道德：

1. 服务精神——循循善诱、诲人不倦、敬业、乐业、爱护学生、热爱教师职业……

2. 自律精神——以身作则、"行为世范"……

3. 创新精神——以自己的创新精神和创造能力来引领大学生成为创新型人才，以大学的文化科学创新引领社会的文化科学发展。

三、方式

中国传统的大学教师教育方式比较简单，主要依靠进修和培训：派出进修有利于集中时间精力，提高学科专业水平。但在当前教师数量不足的情况下，只有少数青年教师能获得脱产进修机会。应当以组织教师在职进修提高为主。

集中设置的培训班，指定教师参加培训，有利于集中优势培训资源，或借助校外培训资源，加强统一管理。作为初任教师的岗前培训较为合适。也可根据新情况、新问题，进行专题培训。但教师处于被培训地位，效果欠佳，往往是"走过场"。

除上述两种传统方式之外，根据各地及国外经验，下列方式可供参考。

（一）围绕课堂教学基本技能开展的方式

模拟教学（试讲）——在初任教师发展中，模拟课堂教学形式和氛围，让初任教师练习基本教学技能。这是20世纪50年代教学改革时普遍采用的方式，有的高校至今仍在小范围中经常使用。

教学观摩课（授课示范）——可以观摩优秀教师教学，也可以互相观摩，让教师在真实情境中体会教学技能的运用并交流教学经验。

课堂录像——借用现代音像技术，将课堂师生活动录下，可以帮助教师易位观察，自我分析，自我提高；也可以传播优秀教师的课程教学。

教学咨询——请有关的专家或有经验的老教师帮助初任教师解决教学中所遇到的问题。

编写课程教材——集体或个人编写教学大纲（课程大纲）、教材、讲义等，有利于大学教师的思维能力、文字水平的提高，以及专业上的全面发展，尤其是编写实践性课程教材，能促使教师深入实际。

（二）有针对性地组织教学研讨活动

主要是各类学术研讨会和教学研讨会。一般针对教学中出现的学术问题或教学问题来组织。例如：如何理解课程中的某些学术观点，如何讲授某门课程的重点与难点，如何评价学生的学习成绩，如何指导学生的实训活动等。

多种多样的研讨活动，有利于在高校中形成关注教学问题的良好气氛，激发教师探索教学问题的热情，在活动中自我提高。新的教育理念和技能也常常在这种场合得到传播。

（三）"双师型"教师的发展方式

带领学生到实训基地，不只是作为带队者，而且同学生在实训基地一起参加实训活动。

到合作单位接受培训，最好是挂职工作，既获得实践锻炼，又深入了解运营机制。

从企事业单位引进的专、兼职技术人才或管理干部，要帮助他们学习教育知识与教学技能，并通过具体教学工作提高其教学能力。

（四）国外大学教师发展方式

国外大学教师发展方式多样化，各国不同，一校之中也不同。一般来说，针对性与自主性较强。例如：鼓励教师开展改革试验，提供小型场所，给予小额资助，鼓励教师开设工作坊（work shop），经常开展小型研究会、讨论会，或设置创作室、读书室，开展多种小型活动，如讨论创新性教学实验，宣读并讨论教学论文等。

许多高校除了校设教师发展机构之外，还设立各种附属单位，如咨询室、实验室，提供教师发展平台，起交流与指导作用。

四、组织

教师发展虽强调教师的自主性，但学校的组织作用是必要的。

（一）中国大学教师教育，传统上是由行政部门组织的（大多数由人事处主办）

学校行政部门一般办理：1. 招聘及入职考核；2. 新教师集中培训；3. 派出进修（国内或国外）；4. 业绩考核与评优评奖。

经常性的教育教学提高活动，由各院系自主组织，因为并无明确要求，往往形成自流现象。

（二）成立大学教师发展中心

2012年，教育部指定30所部委所属大学建立大学教师发展示范中心，从事"培训、教学咨询、教改研究、质量评估"工作。非部委所属的高校也纷纷成立大学教师发展中心（名称不完全相同）。

许多（不是所有）大学教师发展中心，采取多种方式，进行各种活动，在教师队伍建设上起了一定的促进作用。大学教师教育进入了一个新阶段。

从组织结构的角度来看，大学教师发展中心，只在全校层面的平台上开展活动，而教师的活动在院系以下的基层，教师发展中心缺乏基层组织的支持，难于深入，无法扎根。因此，如何建设基层组织，是大学教师发展取得成效的保障。

（三）重建教研室（组）

在20世纪50年代初，中国大中小学均建立集体教学组织——教研室（组）。

中小学的教研组（学科教研组、年段教研组）仍坚持至今，在发挥集体作用、保障和提高教学质量、提高教师教学水平上，起了重要的作用。

高等学校的教研室（组）趋于式微：

1. 从学习苏联到效法美国；

2. 从重视人才培养的教学工作到重视科研工作——从教研组（室）到课题组、科研中心、研究所；

3. 有的院校虽名义上仍存在，也是似有若无，或蜕变成基层行政组织。

重建教研室（组），首先要回归"大学的根本"（培养专门人才）；其次，可借鉴国外教师工作坊的经验，建设中国特色的工作坊。

从国外的经验来看，学校提供条件（经费、场所、设备等），教师个人或群体自主选择学习内容和方式，更能体现大学教师发展的自主性、自觉性，效果较佳。问题在于要有发展的动力。

五、动力

大学教师发展方式及其活动的有效性，取决于教师发展的动力——外部动力与内部（自我）动力。

（一）外部动力

物质与非物质的奖与罚；行政上所制定的业绩考核与评估，职称（学衔）的晋升，工资及其他待遇的提高，优秀教师的评奖；社会声誉的提高……

外部动力既起推动作用，往往也起导向作用。外部动力的有效性取决于导向的正确性，必须慎重运用，要发挥其积极作用而避免其消极影响。如：

1. 重科研轻教学的业绩考核；

2. 只对少数教师起作用而与一般教师无关的奖励；

3. 引发内部矛盾的排名；

4. 过于烦琐的量化考评，等等。

（二）内部动力

1. 自我价值追求——马斯洛"需求层次理论"的最高层次；

2. 发展性的自我评估——不是与他人作比较的横向评比，而是对自身成长进步的自我反省；

3. 最后，进入"敬业""乐业"的境界。

大学教师发展的内部动力，来自自我价值的追求，在自主性、自觉性与持续性上，无疑优于外部动力。因此，应当避免用简单的外部压力，甚至用行政手段作为主要动力，要通过激发教师的内在自我价值追求来调动教师发展的积极性。

但是，大学教师生活于现实的社会中，外部动力是现实的激励机制。

应当协调外部动力与内部动力，通过恰当的外部激励机制，激发教师追求自我发展的内在热情与需要，逐渐将外部动力转化为内部动力，"不待扬鞭自奋蹄"。

这是大学校长的艺术，也是大学教师发展研究中有待深入研究的问题。

（原载《高等教育研究》2017年第1期，有改动）

第四节　教师发展与教师教育

习近平总书记说："一个人遇到好老师是人生的幸运，一个学校拥有好老师是学校的光荣，一个民族源源不断涌现出一批又一批好老师则是民族的希望。"[①]实现中国梦需要优质的教育，而优质的教育有赖于一支高素质的教师队伍，成为一名卓越教师更是众多教师的职业理想和目标。新时代教师应该具备哪些素养？如何才能培养出卓越教师？我们有幸访问到全国教书育人楷模潘懋元老师，老师曾深情地说："我一生最为欣慰的事，是我

[①]《习近平在北京市八一学校考察时强调全面贯彻落实党的教育方针，努力把我国基础教育越办越好》，载《中国教育报》2016年9月10日。

的名字排在教师的行列里。"根据多年从教经验，潘先生阐述了教师职业发展的动力、教师素养以及我国教师教育过程中存在的问题，并提出采用开放式模式培养教师。

一、教师职业的动力

访谈者：潘老师，我们都知道您担任过小学老师、中学老师、大学老师，对教育事业充满了热爱之情，是当之无愧的卓越教师。在您多年的从教生涯中一定有许多深刻的体会，您认为做教师辛苦吗？促进教师发展的动力有哪些？

潘懋元：我认为做教师虽辛苦但幸福。因为教师面对的是天真活泼的儿童、渴求知识的少年和热情好辩的青年，和他们在一起能够体会到教师职业带来的幸福感。比如每周六的学术沙龙，大家就一个主题共同讨论、集思广益，既帮助学生解决他们在学习中遇到的困惑，我也跟着他们一起交流情感、更新知识。

促进教师职业发展的动力可分为外部动力和内部动力。外部动力包括物质与非物质的奖与罚，行政上所制定的业绩考核与评估，职称的晋升，工资及其他待遇的提高，优秀教师的评奖，社会声誉的提高，等等。外部动力对教师的发展起推动作用，倘若使用不当也会引起消极影响，例如重科研轻教学的业绩考核，引发内部矛盾的排名，过于烦琐的量化考评，以及只对少数高水平教师起作用而对一般教师来说是无关的评优，等等。

内部动力有三个要点。第一，自我价值的追求，即马斯洛"需求层次理论"的最高层次；第二，发展性的自我评估——不是同他人作比较，而是对自身成长进步的自我反省；最后，进入"敬业、乐业"的境界，也就是教师的职业幸福感。

二、教师的职业素养

访谈者：我们都知道您每周六的学术沙龙活动深受师生的喜爱，此活动享誉厦门、中国乃至世界。作为全中国教师的楷模，您认为想要成为一名卓越教师需要具备哪些素养呢？

潘懋元：我认为教师的职业素养包括三部分内容，即学科专业水平、教师职业知识与技能和师德修养。第一，学科专业水平。学科专业水平是指教师的教学和研究要处于学术前沿，要掌握所从事学科的学术新动向。大学教师不但要掌握科学知识，而且应负起创新知识和应用知识解决实际问题的任务。这就要求大学教师除自己所从事的学科专门知识之外，还必须有坚实的基础理论与广阔的跨学科、跨专业知识。另外，应用型院校和高职、高专院校还需要"双师型"教师，他们除了应有一定的学术水平外，还要具备更高的实践知识和能力，需要重视实践知识，发展实践能力。第二，教师职业知识与技能。具有了学科专业水平可以是学者，却未必是教师。教师不只是要学习知识、掌握技术、研究学问，还要把所拥有的知识、技能转化为学生所能掌握的知识、技能。教师的专业性体现在其懂得教育理论、掌握教学技能。现代的教育教学已经是科学性、技术性很强的活动，教师教学已经不能通过浪费大量时间不断"尝试错误"去摸索教育规律与教学原则，需要接受科学知识和教学方法，要培养教师的职业知识与技能。第三，师德修养。学科专业水平和教师职业技能固然必不可少，但更为重要的是要具有良好的职业道德修养。具体来说有三点。一是服务精神——循循善诱、诲人不倦等；二是自律精神——以身作则、行为世范等；三是创新精神——以自己的创新精神和创造能力来引领大学生成为创新型人才，以大学的文化科学创新引领社会的文化科学发展（第三点主要是针对大学教师）。具备以上三种素养才有可能成为一名卓越教师。

三、教师培养方式改革

访谈者：教师教育是关乎民族兴衰的课题，您认为目前在教师教育方面还存在哪些问题亟须我们去关注？

潘懋元：上面谈到教师需要具备的三方面素养——学科专业水平、职业知识与技能、师德修养。以师范院校为例，教师教育在三个素养的培养上还存在以下两方面问题。一方面，重学科专业知识轻教师职业技能。师范院校的各院（系）在进行人才培养过程中，重视专业知识教学，忽视教师职业知识和技能的培训。虽然也开设职业技能方面的相关课程，例如教育学原理、心理学、学科教学法等，但其地位类似于公共课，不受重视，学生一般是为了学分才修这些课程。如果职业知识、技能的培养没有得到足够的重视，将会导致中小学教师、职业学校教师、普通高校教师缺乏科学、专业的训练，走上教学岗位后教学能力有限，从而影响教学质量。另一方面，师德修养缺乏考核标准。师德修养的评价标准是尚未解决的难题。之所以难，一是因为道德修养的培养需要长期的教师教育环境的熏陶；二是在现有教师招聘过程中，笔试和试讲都无法考评出一个教师是否具有诲人不倦、以身作则等品德。所以制订出可操作的师德修养评价标准是当前教师教育亟待解决的重要问题。

访谈者：您认为师范院校教师教育应当如何改革才能培养出卓越的教师呢？

潘懋元：现行教师教育体制确实需要改革。随着评价和考核手段的多元化，优秀教师的评估标准反而越来越模糊，是需要广博的学科知识还是教育教学的能力和谆谆教诲、循序善诱的师德？师范教育的改革要从制度上着手。

师范生刚进入高校学习，将来未必选择教师作为职业。因为18岁刚上大学的青年很难理性地对人生进行规划。师范院校可以采取国际通用的开放式教师教育培养模式。此模式的特点是职前师资培养实行分阶段模式，如"3+1""4+1""4+2"等。为什么要分两段，因为学生18岁步入大学，对自己未来的职业生涯还缺乏设计能力，很难下决心一生从事教师职业，学习一段时间之后，到了20岁以上，眼界开阔了，对未来的职业生涯比较清楚，再选择是否当教师。即首先进行学科知识的学习与研究，确定要以教师为职业，再集中进行教育理论与能力的专业性培养，学科学习与专业性培养是"继时性"进行的。如英国伦敦大学教育学院"3+1"的研究生教育证书课程（PGCE course），学科课程与教育专业课程先后进行，学生毕业后授予研究生教育证书。这种模式一方面能使学生集中学习教育课程；另一方面，学历层次较高（英国学制中，本科一般为三年），一年时间集中学习教育学、心理学等课程，其效率远高于分散在三四年间作为公共课的学习，所以很受欢迎。

我国的师范教育也可以采用"3+1"模式，所有学生用三年时间学习专业知识，最后一年再确定是否要从事教师职业。选择做教师的学生学习教育学、心理学等课程，不想做教师的学生继续学习本专业的其他课程和撰写毕业论文。当然，这种模式与国外也是有所区别的，国外大学毕业一年后进入教育学院进行类似研究生的学习才具备做教师的资格。如果我们现在还不能采用国外的这种培养模式，也可以先采取师范专科"2+1"，师范本科"3+1"的模式。学生在大学获取了更多有关专业知识，变得更加成熟和理性时再来选择是从事专业领域的工作还是当教师。以前我们不能施行这样的培育模式，是因为20年前教师的社会地位、待遇很低，学生认为做老师会屈才，毕业后不愿意从事教师工作。现在情况发生了变化，中小学、职业学校的教师需求量大增，教师的待遇和社会地位有所提高，教师已经不是没有吸引力的职业了，完全可以让学生自主选择是否要从事教师职业。

"师范"是个古老的名称，是培养学生作为模范，在奏定学堂章程、钦定学堂章程中都有师范院校的重要位置。我们师范院校的办学者和教师们，要转变思想，要以办师范教育、当师范教师为荣，而不是老想把"师范"两字拿掉，大量办非师范专业。所以师范院校的优秀传统不能丢，并且要在传统的基础上不断创新，紧跟时代需求，培养出适应新世纪发展的教师。师范教育是一种专业、职业教育，师范院校应该有"双师型"教师，他们一方面具有扎实的理论基础，另一方面具有丰富的教学实践能力和经验。学校要采取保障教师职业发展的措施，为教师提供理论和实践两方面的平台以供其学习和锻炼，提高专业水平和职业技能。最重要的是教师应有荣誉感和幸福感。

访谈者：谢谢潘老师。感谢您在百忙之中接受我们的采访，您对于教师及其培养的深刻见解来自您多年的从教经验，让我们感受到了卓越教师的标准简单却又不易达到，最重要的是要有诲人不倦、热爱学生的心。作为教育工作者，我们再次感受到了教育的初衷！

（原载《当代教师教育》2018年第1期，有改动）

第五节　在接受荣誉博士仪式上的发言稿①

尊敬的迪尔克思（Dilks）副校长阁下、尊敬的来宾、女士们、先生们：

今天，我非常荣幸地接受英国赫尔大学颁发的荣誉博士学位。同时，我也对赫尔大学在中国培养的在座各位学士表示祝贺，并对赫尔大学多年来关心和支持中国高等教育事业以及在这方面所做的努力和贡献表示衷心的感谢！

高等教育是一个有别于基础教育的领域，它有许多一般教育学所未涉及的理论和实践问题需要研究。1873年，英国教育家约翰·亨利·纽曼（John Henry Newman）出版了《大学的理想》（*The Idea of University*）一书，首

---

① 本文是1999年2月22日，潘懋元教授发给英国赫尔大学时任助理教务长方晓博士的传真，由方晓博士整理提供。

先对这一领域进行哲学的研究，其后各国教育家又有许多研究专著问世。我所做的工作仅仅是在前人的研究基础上，根据世界高等教育发展的新趋势，结合中国国情，提倡在中国建立一门高等教育学新学科。并主编了中国第一部《高等教育学》，论述了高等教育的基本原理，并运用教育基本规律以研究中国高等教育实践问题。这一学科建立以来，得到高等教育界广泛支持，并在政府制定高等教育政策和战略上发挥了作用。由于高等教育改革与发展的需要，20年来，中国高等教育学已经发展成为一个庞大的学科群，拥有一支数千名从事高等教育研究的专业队伍，有四所大学培养博士生和近三十所大学培养硕士生。更多的大学为青年教师和干部开设高等教育学、高等教育管理学等课程，以提高他们的教学水平和管理能力。如果说我对高等教育学科在中国的创立和发展作出了一些贡献的话，应该完全归功于国家的改革开放政策和广大高等教育界的支持。今天赫尔大学授给我荣誉博士学位，这是对中国高等教育学这一新学科的认可与支持。为此，我谨代表中国高等教育理论界的同仁再一次对赫尔大学表示衷心的感谢。

中国高等教育在过去的20年中，取得了瞩目的成就，规模有了很大的扩展，结构与布局更加合理，多种形式办学取得了很大的成绩，留学教育和国际交流也有了迅速的发展。为了满足当前和未来的进一步发展，还有许多理论和实践的问题需要解决。为此，我正同一批青年学者和研究生，从多学科的角度研究高等教育的理论，研究知识经济时代高等教育的地位与作用；研究可持续发展的高等教育发展战略，包括私立高等教育的发展和高等教育通向农村的问题；研究以素质教育为中心的教学改革等等问题。

我工作的厦门大学和赫尔大学有不少相似之处。两校都创办于20世纪20年代，都位于国家东部著名的海滨城市并以该城市命名，学科齐全，环境优美，都属于国家重点大学。更为重要的是厦门大学和赫尔大学都非常重视海外留学生教育，并拥有大量的海外的大学生。我希望通过这次集会，加强两校、两国的文化交流与合作。

最后，让我对精心安排这次集会的所有中外有关人员表示诚挚的谢意。

谢谢大家！

1999年2月9日

第六节　扎根中国大地的教育研究

——《愚生论教》序一

2022年初，豫生同志专程到厦门来访，并送上《愚生论教》一书清样，邀请我代为作序，欣然命笔。

初识豫生同志，还是在20世纪70年代末期。那时他风华正茂，青春焕发，充满活力，时常随同张格心、黄明、汪志馨等领导到厦门大学调查研究。为加快福建高等教育的发展，在共建厦门大学艺术教育学院、经济学院、政法学院、台湾研究所等事务及土地征用以及后来的教育部、福建省、厦门市共建厦门大学等方面做了许多具体工作。在此后30年间，特别是在其任职福建省教委副主任后，更是每年都要到厦门大学听课、开座谈会，解决一些实际问题。直至2010年，在福建省人大常委会工作期间，他还带领福建省终身教育促进会的同志们，专门到厦门大学教育研究院，共同商讨终身教育的推进和拓展工作。那时其虽已显沉稳睿智，但仍不失敏锐与进取。半个世纪以来，豫生同志始终活跃在福建教育的战线上，令我印象深刻的是，在其烦冗的行政工作之余，还笔耕不辍，著书立说。他撰写的70万字通史性《福建教育史》和数十篇论文，充满思辨，文采焕然，令人敬佩，思绪良多。

收录在《愚生论教》一书中的文章，从《二十四个大学生是怎么失足的？》到《新情势下福建省县域中小学高品质发展对策研究》，历经近50年，凡60余篇，涵盖了豫生同志从事教育事业半个世纪以来绝大部分公开发表的论文。其中不乏基于当代中国教育改革开放的大政方针的宏观研究，如《关于普及九年义务教育若干问题的思考》等；还有基于中国东南部福建省经济欠发达地区向小康蜕变发展中的区域性教育建设与发展的中观研究，如《福建省相对优质高等教育资源发展的主要任务》等；更多的则是基于学校管理诸方面的微观研究，如《健全和完善高校党委全委会机制的若干探讨》等。文中所言对我国教育的认识，不乏真知灼见，对福建省教育改革的推进有独到之举，许多见识与做法在地方教育和地方院校中推出与实施是需要胆识与智慧的。数十篇的论文真实地表达了他对教育的深入思考，生动展示了他管理教育的精神风采。文章内外，字里行间，集中表达了豫生同志的教育理想、教育理念与教育理论思考，也鲜明地流淌出豫生同志的教育情结、教育情怀和教育情愫。当然，这些伴随着改革开放进程而发表的教育文章，现场感强，从一个侧面反映了福建教育在改革、建设、发展过程中的多彩风貌，是福建教育发展的一轴历史画卷，也是福建教育改革的一个历史诠释。

尤其值得一提的是，豫生同志带领福建农林大学团队在江苏昆山与香港庄启程先生的维德集团共同创办了维德学院。这个自2001年始进行的校企合作办学机制的研究与实践，是我国改革开放以来早期开展实验教育的有益尝试和有效探索，历时4年，完成了一个集实验性、实践性、综合性、整体性、群体性于一体的研究项目，体现了豫生同志对教育改革理解的深刻和对实验教育改革的深入，与今天正在大力推行的产教融合改革异曲同工，只是这个改革进行得更早，实践得更完善，成效更明显，值得总结、借鉴与推广。

豫生同志的文章立足于福建教育的现实和基础，立足于教育发展的矛盾和困难，立足于教育改革的求索和探讨，以工作中的实际问题为导向，以马克思主义思想为武器，体现了一种"从实践中来到实践中去"实事求是的研究精神，一种从面对问题到解决问题积极进取的研究态度，一种从实验探索到有序推行科学思维的研究方法，从点上的总结推动面上的进展，从面上的思考推进点上的深入，形成了一种从行到言及思的"行知"思维方式和一种由思而言至行的"知行"工作方法。在今天，契合时代的脉搏、跟上时代的步伐，在构建新中国教育体系的伟大进程中，要"扎根中国大地办好教育"，就要扎根中国大地做好教育研究。

愿豫生同志及其同业者共同努力，再接再厉！

2022年10月

第七节　潘懋元先生教育访谈录

写在前面：2016年12月27日，《河北师范大学学报》编辑部霍素君到厦门大学专诚拜访了著名学者潘懋元先生，二人对几个备受关注的教育问题进行了交流，潘先生朴素的谈话中，体现了他的教育思想，让人感受到教育家的眼界和智慧。下面是二人的交流实录（有删改）。

霍素君：潘先生97岁高龄，还坚守在教育第一线，带学生，参加学术会议，思维敏捷，精神矍铄，是我们后辈的人生楷模。潘先生一生奉献于高等教育研究，对中国高等教育事业的建立和发展做出了不可磨灭的贡献，对于中国的教育理论研究也有独到的见解，请潘先生对我们的教育研究者提供一些研究思路。

潘懋元："论从史出"，教育理论的主要源泉之一就是教育史。作为教育工作者，从事教育研究主要应从下面几个方面进行：

第一是探讨教育规律。任何事物都有规律，但不是就事论事地谈论就能找出规律，要从长远的角度来看待事物的变化。从长期的变化里面才能找出规律来。我们要研究的就是这样的规律。我们的前人就是这样做的，在历史的长河中发现规律。

第二是从比较的视角来研究教育。就是看外国人对教育的看法和经验。不同的文化领域，对待教育问题的认识就会不同，我们要进行比较，这就是比较教育，外国人的经验，外国人的认识能够共享，从他们的视角所总结出来的教育经验和理论，就会成为我们理论研究的间接经验。

第三方面是直接的经验，即中国人自己的实践经验。自己的经验包括两个层次，一个是大家的经验，一个是研究者的个人实践经验。就是说，只有别人的经验还不行，还要有个人的实践经验。学习教育理论的人，自己要有一些教育实践经验。比如说学习教育管理理论的人，自己从来没有做过管理工作，没有直接的经验，在学习研究过程中就会有欠缺，就不全面。

所以说教育研究的三大来源，一是历史的长期的经验，二是外国的广泛的经验，三是本国的经验，其中包括个人实践经验。因此教育史研究非常重要，因为他是教育理论三大源泉之一。"论从史出"，我是这样看的。《河北师范大学学报》的文章，着重教育史研究，对教育理论做出了重要贡献。

霍素君：当前教育领域很重视学生核心价值观建设，我国各级各类学校，也都有自己的校训，如何看待校训的育人功能，又该如何确立校训呢？

潘懋元：首先要去思考，这个校训在学校建设与发展上起了什么作用。现在许多学校校训雷同，都是把一些崇高的理想、美好的意愿、空泛的嘉言，凝练为四个字或八个字，对仗工整，却缺乏特色、缺乏针对性。这些相互抄来的校训，对师生员工缺乏指向和激励的作用，你如果问某校在学的学生，你们学校的校训是什么意义，他可能记不清楚，甚至可能不知道。因为太一般化了。校训，最重要的是贴切地体现本校的特色，对培养人才的企望。周恩来当年为外交学院所提出的校训是"站稳立场，掌握政策，熟悉业务，严守纪律"；朱镕基为国家会计学院题写的校训是"不做假账"；上海外语大学校训是"格高志远，学贯中西"；中国海洋大学的校训是"海纳百川，取则行远"；等等。我在一所教会学校工作时，这所学校的校训是"非以役人，乃役于人"，就是说，学生读书不是为了当官发财，而是为更好地为社会服务。国外许多知名大学也有很好的校训，如哈佛大学的校训是"与柏拉图为友，与亚里士多德为友，更要与真理为友"；斯坦福大学的校训是"让真理之风劲吹"；柏林大学的校训则是马克思的名言"哲学家们只是用不同的方式解释世界，而问题在于改变世界"。所以，校训应该有它的针对性，特殊性，而且需要贯彻在学校教育工作中。

霍素君：现在很多学校师生关系出现了问题，过去讲师道尊严，强调老师的不二地位，但身为老师，也确实应该把学生当自己的孩子一般管教。而今天，强调学生个性发展，强调师生平等，学生出现了问题老师听之任之，学生因被管教而逆反，学生抗挫性差，极端的行为也时有发生。刚刚谈到的校训"非以役人，而役于人"还可以以此看待师生关系，我们可不可以这样来理解：教师是为学生服务的，而不是役使学生，使唤学生的。您认为学校师生关系该是怎样的？

潘懋元：我们现在有很多正确的认识都被错误地理解，师生关系中，教师还应起主导作用。教师是知者，学生是未知者。学生还是需要引导的，而不是说学生想干什么，就干什么，教师只能按学生的指示办事。教师不是当教仆的。在古希腊的时候称教师为"教仆"，那是为贵族子弟服务的。但在教学时，"教仆"还是要起主导、启发作用的。教师和学生一样都应该是主体，教学过程当中有两个主体，一个是教师，一个是学生，这两个主体共同处于教学过程，共同作用于教育媒介。教育媒介有很多，比如教学使用的教材课本，就是教育媒介。教师通过教育媒介去引导学生，学生通过教育媒介把教师所传授的知识转化为自己的知识，并发展成为自己的能力。所以在学校里教师应该起到主导、引导的作用，而不是说学生爱干什么，而你就只帮助他干什么，这样理解以生为主是错误的。在这方面有很多失败的教训。"文化大革命"以前搞过一次叫作"教育大革命"，这次大革命就是学生爱读什么就读什么，学生叫老师去教什么老师就去教什么，甚至由学生自己来编教学大纲。这场教育革命没有结果，因为搞不下去。"文化大革命"的时候，学生搞"上管改"，工农兵学员上大学管大学改大学。即上大学、管大学、改大学都是由学员说了算，教师就是为学生帮忙，工农兵学员要你教什么，你就教什么，要你怎么教，怎么服务是学员说了算，教师就失去了指导、引导作用。所以说，这样的"以生为主""学生中心"是失之偏颇的。以人为本，就是以师为本，以生为本，这是两个本、两个主体，都要互相尊重。而且教师这个主体起的是引导作用、主导作用。而学生这个主体指的是主动地接受知识，而不是被动的。主动地把教师传授知识转化成为自己的知识、自己的能力。

对于学生的管理，也看怎么管，我们对待学生，要注意听取家长意见，但也不能说，家长说什么就听什么。各个家长都有不同的认识和价值观。对于"师道尊严"的提法也不能一概否定，如果教师有威信，有权威，学生信服，对学生的引导效果就好；如果教师没有学问，没有权威，而且道德修养也不够，学生就不信服，心中抵触，就学不好。所以说师生应该和谐相处。

后记：和潘懋元先生半个小时的交流，时时感受到了老先生的感染力，从老先生身上，我看到了老一代教育家的风貌，他们严谨治学，热爱学生，把自己的一生完全奉献给了他所热爱的教育事业。在交谈中，老先生让自己的博士生在一旁倾听，让他们不放过任何学习机会——这就是最朴素的教育情怀，为学生着想，关注学生的成长。当谈到用"抱诚守真"形容潘老时，他很同意用此来形容师生的关系：怀抱一颗赤诚之心，守住教师学生生命的本真，启发学生生命智慧。这就是师生生命的本真情怀，是生命本质。潘先生自称是高等教育理论工作者，97岁高龄仍然身体健康，和他博大的胸怀，纯粹的精神坚守，有直接的关系。祝愿潘老先生身体安康，生活愉快！

（原载《河北师范大学学报（教育科学版）》2017年第1期，有改动）

第八节　现代终身教育的内涵价值与实践探索

　　中国自古就有终身教育的意蕴，如"吾生也有涯，而知也无涯"，又如"活到老学到老"。而现代终身教育理论的产生，最初是一个欧洲现象，经过持续发展，终身教育的概念内涵不断得到丰富。现代终身教育思想最初是在欧美成人教育实践发展过程中孕育产生的，并随着时代的变化不断发展。它是和经济发展、政治变革、文化提高等交织在一起向前发展的过程。现代终身教育体现了教育平等、教育民主、教育自由的价值理念，具有理论价值和历史意义。

一、现代终身教育的含义与价值

终身教育这个概念并不是我国的本土词汇，而是在联合国教科文组织召开的第三届成人教育促进国际会议上，由时任联合国教科文组织成人教育局局长保罗·朗格朗提出来的，在随后的几十年里通过联合国教科文组织的大力推广，影响着世界各国的教育发展。

（一）现代终身教育理论的缘起

保罗·朗格朗（1910—2003），出生于法国，大学毕业后在中小学做文学教师，在教学之余，还在法国的公民服务组织里负责成人教育事务。第二次世界大战爆发后，保罗·朗格朗被委派建立一个工人教育中心，开始了他称之为"法国几乎从未有过的成人教育实验"。1948年，保罗·朗格朗进入联合国教科文组织工作。在1965年的联合国教科文组织会议上，他基于自己丰富的成人教育实践经验，首次阐述了"终身教育"的概念和内涵，率先提出了现代终身教育体系建设的构想，因而被许多人誉为"现代终身教育之父"。

1970年，保罗·朗格朗出版了专著《终身教育引论》，再一次阐述了他的观点。他提出"终身教育"的核心要义在于两个方面：一方面，终身教育即教育，终身教育是现代教育的代名词。他认为："终身教育包括了教育的各个方面、各个范畴，包括了从生命开始到生命结束的不断发展，也包括了在教育发展过程中的各个点与连续的各个阶段之间的紧密联系。"另一方面，发展终身教育，首先要优先考虑成人教育的地位，成人教育应该成为终身教育发展的"火车头"。因为成人教育具有"自足、自主、平等、自由、个性化、与生产生活紧密联系"等真正的教育的先进特征，只有先建立一个发达的成人教育体系，并将其与青少年学校教育体系联系在一起，才能形成一个完整的终身教育体系。

（二）现代终身教育的深层含义

现代终身教育思想是一个不断发展的思想理论体系。保罗·朗格朗的

《终身教育引论》为后来在全球范围内兴起的现代终身教育思潮奠定了基础。而由联合国教科文组织编写的《学会生存：教育世界的今天和明天》和《教育：财富蕴藏其中》这两本经典著作，则开启了现代终身教育理论研究与实践发展的新方向。随着各国终身教育实践的发展以及学者们的研究总结，终身教育的概念内涵不断得到丰富。

目前一般认为，终身教育的基本含义包括以下六点：第一，终身教育是面向所有人的教育；第二，终身教育是每个人一生持续不断的教育和成长过程；第三，终身教育包括了人一生可能经历的所有教育和学习形式，既包括家庭教育、学校教育、社会教育等各种教育类型，也包括读书看报、听讲座、体育运动等促进身心发展的各种学习形式；第四，终身教育是与社会生产、生活紧密联系的教育；第五，终身教育是学习者自主选择、自主支配、自主学习的个性化教育；第六，终身教育是为了人的全面、自由、充分发展的教育。

终身教育提倡"人人、时时、处处、自主、自由学习"，强调教育和学习的终身性、全民性、广泛性、灵活性和实用性。它不仅是一个持续不断的学习过程，更为重要的是它在深层意义上表达了面向所有人的教育平等、教育民主、教育自由，以及通过教育和学习不断完善自我、共创美好生活世界的理想诉求。

（三）现代终身教育的理论价值和历史意义

现代终身教育背后包含了教育平等、教育民主、教育自由的价值理念。50多年来，现代终身教育理论和实践发展之所以在世界范围内影响深远，很大程度上也是因为其背后的这些教育价值理念得到了弘扬。在西方发达国家，这些理想能够在今天逐渐变为现实，是在西方工业社会生产力日益发达的基础上，经过100多年的阶级、性别、种族权力斗争甚至流血冲突才换来的。正是由于现代终身教育打破了人们对传统教育观念的很多固有认识，以及现代终身教育思想对于改造传统教育、改造传统社会的历史意义如此重要，因此，瑞士查尔斯·赫梅尔在《今日的教育为了明日的世界》一书中，把现代终身教育的产生称为"可以与哥白尼日心说带来的革命相媲美的、教育史上的惊人事件之一"。

作为现代教育发展的理想或指导原则，终身教育在教育使人之为人的培养目标上，主要是强调人的全面而又有专长、民主而又有理性、自由而又有责任，充分而又脚踏实地的发展；在教育与社会的关系上，它期待教育能成为促进社会文明进步的一种正能量，强调通过终身教育和终身学习，使人认识自己，理解他人，理解人与社会、人与自然的关系，学会与自己的过去和未来、与他人的过去与未来、与自然界的现在和未来和谐共存，和谐发展。

二、发达国家的终身教育实践掠影

目前，在世界各地终身教育的理想和现实之间的差距很大。一般来说，经济越发达、人民物质生活水平越高、社会民主化程度越高、越重视教育民族传统的地区，终身教育的发展情况会越好。欧洲的发达国家非常关注终身教育发展，因各个国家的政治体制、文化传统和教育传统不同，形成了各具特色的实践。丹麦和德国的民众学校、瑞典的回归教育制度和成人学习圈活动、英国的开放大学、法国以普通学校教育和职业技术教育为依托的终身教育实践等都比较有代表性。在北美地区，美国和加拿大的终身教育发展情况也比较好。美国比较有代表性的终身教育实践形式是社区学院，加拿大比较有名的终身教育实践形式有"农场节目"等。在亚洲地区，日本、韩国、新加坡、以色列，终身教育发展情况较好。而在南美、非洲、南亚等贫穷落后地区，终身教育发展程度总体偏低。很多国家还在为普及义务教育、改善社会底层受教育状况、改善女性受教育状况而努力，尤其是撒哈拉以南的非洲众多贫困地区，教育发展水平极低，甚至在一些最贫穷的地区，很多人连基本的生存条件都无法保证。

（一）丹麦、德国的民众学校

丹麦近代史上著名的启蒙思想家、教育家葛伦特维（1783—1872）被认为是丹麦民众学校的开创者。第一所民众学校创建于1844年。这些学校由私人办学，政府提供财政支持，不设入学门槛，随时可入学，也没有考试、分数等硬性要求，而是通过培养人的兴趣爱好、娱乐休闲和生活技能，让人学会如何做人、如何与他人共处，实现自我提升和自我完善。民众学校受到丹麦广大人民的欢迎，并迅速扩散到周边国家。

1878年，德国效仿丹麦民众学校开展农村成人教育，民众学校在德国得到了较快发展。与丹麦有所不同，德国的民众学校既开办职业教育，也开办普通教育，而且很早就被政府当作公立教育来发展，地方公共团体是其经费的主要来源，地方当局也会提供一定的财政资助。目前，民众学校是德国规模最大、最受重视的成人教育机构，也是德国实施终身教育最重要的载体。

（二）瑞典的回归教育和成人学习圈

瑞典最早提出回归教育思想。到1980年，瑞典已经在中等教育、高等教育、成人教育等方面形成了随进随出的回归教育制度，同时大学实行开放的入学制度，只要有高中毕业证书，无须考试就可以进入大学学习。另外，学习圈（或称学习小组）是瑞典最常见、最流行的成人教育活动形式，5~10人自愿组成小组定期聚会，围坐一圈，讨论、分享，力求共同进步。每个学习圈在完成基本的学习任务后，能够从政府那里直接获得财政支持。瑞典政府支持民间学习圈活动的原因，除了希望提高国民文化素质以外，更重要的是学习圈活动能推动社会民主的发展。在瑞典政府看来，学习圈成员平等对话，理性商讨文化，是一种防止集权主义危害的有效措施。

（三）英国开放大学

英国开放大学成立于1971年，虽然创建过程历时8年，经历了很多曲折，但取得了很大成就。目前，英国开放大学每年有20多万学生注册，毕业生已达数百万人，不少其他国家的学生也利用其先进的网络技术和资源，进行注册学习。开放大学的四大办学理念"向所有成人开放、学习地点的开放、学习方法的开放、教育观念的开放"，打破了传统教育专门化、特权化的束缚，课程设置灵活多样，既有学士、硕士甚至博士学位的学历课程教育，也有各类职业证书培训和继续教育等非学历教育，体现了现代教育大众化、民主化、平等化、人性化、终身化的发展趋势。在普及成人高等教育方面，英国开放大学为世界各国的成人广播电视教育树立了榜样。

（四）美国的社区学院

美国社区学院在终身教育的发展中发挥着主导性的作用。社区学院起始于20世纪初的两年制初级学院，至今已有100多年的发展历史，可以称得上是传统高等教育机构和社区教育相结合、开展终身教育实践活动的典范。社区学院对大众开放，具有高中学历的人无须考试即可入学。社区学院无处不在，能够满足各地、各类人群对终身学习的需求，提供普通教育、职业教育、继续教育、补偿教育、信息咨询、技术指导等服务，主要承担着转学教育、职业教育和社区教育三大职能。由于多元化的教育功能及其对社区发展的积极推动作用，社区学院逐渐成为终身教育的重要场所。

（五）日本的社会教育和老年教育

日本是目前世界上极少数几个实行社会教育制度的国家和地区之一。日本充分利用公民馆、文化馆、体育馆、博物馆、公共图书馆、电影院及广播电视等开展有计划、有组织的社会教育活动。日本高度重视老年人的生活与教育问题，文部省为此采取了一系列措施，包括委托公民馆开设高龄者学级教育，举办高龄者教室活动，资助老年大学和长寿学院等，尤其注重唤起老年人的自立性、主体性及自我实现精神。

以上发达国家的终身教育实践各有特色，但共同点在于，这些实践不只是流于大力发展成人教育和各级各类教育普及化、民主化的表面形式，也得益于教育平等、教育自由、教育民主观念的支撑，在其背后还有科技进步、社会生产力发展、教育资源供给和社会阶层关系结构变化等诸多复杂因素在起作用。

三、我国的终身教育实践探索

西方现代终身教育思想中所蕴含的教育平等、教育民主、教育自由的价值理念，在我国教育理论中并不缺乏，但现代终身教育发展不仅仅是一个教育问题，也是一个政治问题，还是一个经济问题。对于正在努力追赶发达国家工业文明脚步的我国来说，终身教育的发展过程有阶段性和特殊性。

（一）我国终身教育政策的形成与发展

我国对西方现代终身教育思想的引入，是从改革开放以后开始的。1993年，"终身教育"第一次出现在国家教育政策《中国教育改革和发展纲要》中，《纲要》指出："成人教育是传统学校教育向终身教育发展的一种新型教育制度，对不断提高全民族素质，促进经济和社会发展具有重要作用。"1995年，我国颁布的《中华人民共和国教育法》首次以法律的形式对终身教育体系建设做出了明确规定。2010年，《国家中长期教育改革与发展规划纲要（2010—2020年）》把"基本实现教育现代化，基本形成学习型社会"作为2020年的战略目标，提出"要构建体系完备的终身教育。学历教育和非学历教育协调发展，职业教育与普通教育相互沟通，职前教育和职后教育有效衔接"，并强调"构建灵活开放的终身教育体系"，"搭建终身学习'立交桥'"。进入21世纪，学习化社会、终身教育、终身学习等词汇经常同时出现在各种政策文件中，显示出在我国经济发展具备一定基础以后，面对知识经济时代的到来，党和政府在积极推进终身教育与终身学习方面的决心。

（二）我国部分地区的终身教育实践探索

目前，我国各地区的终身教育发展程度并不相同。经济水平较高、相对发达富裕的沿海地区，终身教育发展得较好，比较有代表性的，如中国台湾地区的终身教育体系较为完备，上海已经初步建成了覆盖各类人群的终身教育体系，福建则通过"立法先行、组织引领"形成了自己的特色。

1. 台湾的终身教育实践

目前台湾的终身教育体系大多是20世纪90年代以来的发展成果。台湾的正规学校教育和非正规教育在参与社会成人教育工作方面发挥着积极的作用。正规学校在成人教育方面主要经历了语文扫盲教育、基本补习教育、进修推广教育和终身回流教育四个时期。尤其在终身回流教育阶段，中国台湾高校在终身教育体系建设中的地位和作用日益突出。许多高校都自觉把终身学习列为学校发展的目标理念之一，并进行相应的制度革新：在宏观层面，设立高等教育与其他类型教育的沟通衔接机制，形成多元化招生制度等；在微观层面，涉及高校内部教学制度改革、课程改革、回归教育体系建立与发展、教师培养与终身进修制度改革等。这些高等教育制度改革成为推进终身教育体系构建的重要路径，也是中国台湾地区终身教育实践的重要经验。

在非正规教育中，空中大学与社区大学是台湾终身教育的两大支柱。1977年，台湾开始利用广播电视开展成人高等教育，为公务人员、企业人士以及失学青年提供学习进修的机会。1986年，第一所远程开放大学——台湾空中大学成立，通过网络、广播及电视等远距离教学方式推动终身教育发展。社区大学是公办民营的终身学习机构，利用当地中小学现有场地和设备办学，开放给18岁以上的民众，采用不限修业年限的学分制，完成学习后由地方行政部门和社区大学发给毕业证书。2003年，台湾发布了非正规教育学习成就认证办法，并成立非正规教育课程认证中心，使民众在正规学校以外的非正规学习体系中所取得的学习结果，可以通过认证制度获得认可，这成为正规教育和非正规教育之间的沟通桥梁。目前，台湾已形成了较为完备的终身教育体系和深入每一个社区的终身学习网络，并且正向着融入全球终身学习体系的方向发展。

2. 上海的终身教育实践

上海的终身教育实践几乎包括了目前已知的我国各地终身教育的实践形式与实践内容。2010年，全国首家开放大学——上海开放大学成立，进一步推进了全市终身教育资源的整合，成为上海构建学习型社会的重要途径。2011年，上海颁布《上海市终身教育促进条例》，通过人大立法的形式，为终身教育发展提供了法律依据。目前，上海已经初步建成了覆盖各类人群的终身教育体系，包括社区教育、民办非学历教育、农村成人教育、继续教育、老年教育、职业培训以及包含外来务工人员培训在内的各级各类教育和培训，初步形成了多模式、广覆盖的学习型组织建设格局。学习型机关、学习型企事业单位、学习型家庭和学习型社区等四类学习型组织创建工作成效显著，上海书展、上海科技节、东方讲坛、全民终身学习活动周、学生与市民网上读书论书活动等一大批受欢迎的市民学习品牌项目蓬勃开展，上海已经形成了较为成熟的终身教育工作机制。

3. 福建的终身教育实践

福建近十余年来的终身教育实践，走的是一条"立法先行、组织引领"的道路。2005年颁布的《福建省终身教育促进条例》是我国最早制定和颁布的地方终身教育法规。为了做好条例实施的日常工作，福建于2006年初成立了福建省终身教育促进委员会，全省各市县也成立了终身教育促进委员会，每年开展多形式、多门类、多层次的教育培训活动，年培训人员在100万人以上，各级委员会为推动各地终身教育发展发挥了重要作用。2008年，民间发起成立了福建全民终身教育促进会，该组织通过其主办的中国终身教育网、《终身教育》杂志、终身教育论坛、海峡中心学习大讲堂、海峡终身教育学院等，在终身教育调查、学术研究与交流、终身学习、终身教育思想宣传、终身教育专业人才培养、政策咨询建议等方面发挥作用，与政府组织一起推动福建终身教育发展。

福建省终身教育事业有两大特色：一是老年大学已形成省、市、县、乡、村五级办学网络，全省老年大学的学校总数、在校学员数以及老年人入学比例在全国位居前列；二是与台湾终身教育界保持密切联系，已经形成了两岸终身教育交流合作的成熟机制与合作平台。

四、结束语

经过改革开放后几十年的努力，我国正规国民教育体系的规模得到了快速扩张，非正规教育迅速发展，教育普及化、教育民主化的进程日新月异，已经初步构建起了一套比较完整的现代终身教育体系。从我国社会和教育发展的未来趋势看，除了巩固现有教育发展成果外，还需从以下两个方面着手，进一步深化现代终身教育体系和学习化社会建设工作。

（一）深入、全面地理解现代终身教育思想

首先，终身教育在本质上是一种以人为本或为了让人成为人的教育。在学习化社会时代，终身学习也是人的一种很自然的生活方式，而教育平等、教育民主、教育自由将作为终身教育体系的基本价值观念，贯穿在各种教育和学习形式之中。其次，客观理解这些基本理念。教育平等、教育民主、教育自由都是针对某种不合理的教育现象提出来的，因此，教育平等、教育民主、教育自由必须要针对某种现实情况，有所指才能存在，无所指则只能称之为空想。最后，还应该认识到我国终身教育发展的阶段性和特殊性。从经济社会与终身教育发展的联动性来看，西方各国基本上是在进入工业社会发展的高级阶段，有发达的经济基础作为支撑，才开始推动全民福利性的终身教育事业发展的。我国目前的社会经济发展虽然具备了一定基础，但要让各级各类教育向着人本主义的、全民福利性质的终身教育转变，还需要经济社会得到进一步发展后，才能逐步形成。

（二）终身教育体系平台上的各级各类教育协调发展

随着我国国民经济发展、人民群众生活水平提高以及社会主义民主政治的有序推进，在经济基础、政治体制和教育资源方面，制约我国终身教育发展的各种社会因素正在逐渐改善。目前，我国终身教育体系和学习化社会建设面临的重要问题之一是正规教育、非正规教育、非正式教育之间的脱节和割裂现象还比较严重。所以，以终身教育理念为支撑，推进普通教育、职业教育、正规教育与非正规教育的"立交桥"建设工作，打通各

级各类教育之间的界限与壁垒，是逐步建设和完善现代终身教育体系的重点工作。总体来看，我国各级各类教育和社会文化教育活动都达到了一定的繁荣程度，但在各级各类教育文化活动协调发展、形成合力等方面，还存在很多需要解决的问题。我国完善现代终身教育体系框架、建设学习化社会的任务，依然任重而道远。

（原载《两岸终身教育》2022年第1期，有改动）

第九节　《高等教育社会学》①序

　　教育是培养人的社会活动，它的基本功能是促使个体社会化；教育又是一种传承文化的社会现象，是整个社会大系统中的一个重要的子系统。教育外部关系规律揭示：一定的教育必须与一定的社会相适应，受社会大系统以及其他子系统所制约，并为社会的发展与进步服务。这些基本原理，都说明研究教育问题，不论是关于教育的本质、功能、规律、价值等基本理论问题，或者是关于教育体制、教育管理、课程建设、教学组织，以及教育运行机制、教育发展战略等教育改革与发展的现实问题，都要摆在一定的社会背景中，运用社会学的理论与方法进行研究。因此，广义的教育社会学，可以说同教育学的产生与发展同步展开。而狭义的教育社会学，在西方也深受重视，并已形成教育科学中一门独立的学科。但在中

---

① 张德祥、周润智：《高等教育社会学》，高等教育出版社2002年版。

国，由于众所周知的原因，社会学的研究在相当长的一段时间中断，从而教育社会学的研究也迟迟未能启动。改革开放以来，社会学的研究解禁了，教育社会学的研究也开始为人们所关注，但进展缓慢。如果说，教育经济学的研究，随着商品经济、市场经济进入教育领域而成为教育科学研究的热点，并已成为大学中一门热门学科，那么，教育社会学的研究则滞后得多。一般只是在师范院校教育系开设一门必修或选修课程。我所见到的寥寥可数的几本教材或专著，范围不同，内容互异：有的分别论述教育与经济、政治、文化、科技、人口、职业、社会道德、生态环境……的关系；有的着重对学校、班级、家庭、社区的教育，进行社会学角度分析；有的则以教育机会均等、教育体制改革、学生就业问题、青少年犯罪者教育、独生子女教育等社会性教育问题作为研究对象。内容分歧错杂，说明这一学科很不成熟，研究对象尚不明确，从而与教育学及其各门分支学科颇多重复。

至于高等教育社会学的研究，就只见到一些就某一高等教育的社会性问题所作的调查报告或论文，如讨论高等教育机会问题、大学生社会道德与社会行为问题、作为社会问题的高校招生与考试、大学毕业生就业问题以及女子高等教育问题等。张德祥、周润智两位博士的《高等教育社会学》，在中国可能是第一部这一学科的专著。

这本专著的基本框架，虽参照了若干教育社会学著作的体系与内容，但有自己的特点：除"概述"和"高等教育社会功能"两章外，其他各章各节，大多是从高等教育现实中重大的社会性问题出发，运用社会学的理论与方法进行分析研究，包括高等教育与社会分层和社会流动的关系、高等教育机会与高等教育大众化、高等学校的权力结构、高等学校教学过程的社会学分析、高等学校师生交往、大学校园文化、高等教育的社会病理、高等教育与社区的关联与互动等。特别是最后一章高等教育与网络社会的关系，提出了网络社会使人类生活方式转型，从而推动高等教育文化理念变化和知识观念变革，这在高等教育科学领域是一个刚开辟的前沿阵地。

作者张德祥博士，从80年代开始就研究和讲授教育社会学。在攻博期间，参加了我所主持的国家"九五"社科重点研究项目《多学科观点的高等教育学研究》，承担《社会学的观点：社会分层与高等教育机会》和《政治学的观点：高等学校的二元权力结构及其运行》两个子课题的研究。作为研究成果的专著出版后，这两个子课题的观点，受到广泛的重视，被许多论文所引述；周润智博士则是在南京师大师从吴康宁教授专攻教育社会学专业，对教育社会学的研究有素。这部专著，虽"还不能提出一个逻辑严密的理论体系"，但已迈出了坚实的一步，我期望他们以及其他高等教育理论工作者，能不断地推动这一学科进一步发展，在高等教育科学与社会学的交叉点上，做出更多的贡献。

2002年6月25日

第十节　《学科建设：元视角的考察——关于高等教育学学科建设的反思》[①]序

中国高等教育理论研究，不同于西方许多学者只是将高等教育理论研究作为一个特殊的研究领域进行若干现实问题的研究，而是以构建学科为

[①] 刘小强：《学科建设：元视角的考察——关于高等教育学学科建设的反思》，广东高等教育出版社2011年版。

己任。一开始，就是现实问题的研究与学科基本理论的研究同时并进：从问题研究中探讨学科基本理论，以学科基本理论指导并深化现实问题的研究。这一研究的方式及其初步取得的成果，得到当年深受违反教育规律办学之苦的大学校长们和许多高等教育实际工作者的欢迎，从而顺利获得了学科外部建制的支持：高等教育学作为教育学二级学科进入学科目录，以高等教育为专门研究对象的研究所（室）、专业、学会、刊物如雨后春笋般地产生与发展，培养了数以万计的研究与管理人才，中国成为世界高等教育研究大国。

30多年来，中国高等教育领域的现实问题研究，对推动高等教育的改革与发展起了重要的作用。与此同时，学科基本理论的研究也在持续不断地深化：不论是高等教育的本质、规律、结构、功能的研究，课程与教学的原理，德育与美育、体育的内涵，社会、政府与高校的关系，教师与学生的关系，还是高等教育的价值观、质量观、发展观、方法论的研究，都有许多创新性的研究成果。尽管中国的高等教育学科建设缺乏西方的学科理论可以"依附"，受到一些有意无意地持"西方中心论"的中外学者的质疑、非议，但学科的发展仍持续不断，学科建设也从不成熟到比较成熟。尤其是一批中青年高等教育理论工作者，不迷信"依附理论"，坚信中国高等教育研究应当借鉴西方某些先进的理论和方法，而不必要也不应当亦步亦趋地依附西方，可以走出一条中国特色学科建设道路。《高等教育学的建构》一书的作者王建华博士是一位，本书的作者刘小强博士也是一位。

这本《学科建设：元视角的考察——关于高等教育学学科建设的反思》，是在作者的博士学位论文的基础上形成的。论文的选题，是试图解决学科建设中一个令人困惑的问题，即如何构建高等教育学学科的理论体系。传统观点认为，理论体系的建立与否，是学科能否成立的最主要标志。而中国高等教育学学科的理论体系，尚待建立。

现在中国已经出版了许多高等教育学的系统专著，除个别专著涉及理论体系的设想外，绝大多数只是根据高等教育工作经验所提升的理论知识的积累与系统化，也就是在高等教育工作层面将所积累的知识分成若干章节，构成高等教育学的知识体系（经验体系），而非作为一门学科的理论体系。

如何构建学科理论体系？按照传统的范式，首先要在复杂的事物现象中，抽象概括出反映该事物本质的核心概念，然后以核心概念作为逻辑起点，通过中介环节，逐步展开，从抽象上升为具体，形成逻辑严谨的理论体系。因此，确定核心概念——逻辑起点很重要，它是构建理论体系的决定性的第一步。例如：传统的生物学认为其逻辑起点是"细胞"（现代生命科学也可能是"基因"），古典经济学的逻辑起点是"价值"，《资本论》的逻辑起点是"商品"，数学的逻辑起点是"公理"，几何学的逻辑起点是"点"或"点和线"，如此等等。高等教育学理论体系的逻辑起点是什么？全国高等教育学研究会（现称为中国高等教育学会高等教育学专业委员会）成立之初，连续三届年会都以构建高等教育学理论体系为研讨主题，并且召开了几次中型讨论会，专门讨论逻辑起点与中介环节等问题，在逻辑起点上提出种种言之成理的概念，如"高深学问""专门知识""学科""专业""专门人才"，等等，但都难以获得大家的认同。例如，"高深学问"，可以作为传统大学的价值追求，但是否能概括大众化、普及化阶段的本质特点，存在疑义。总之，按照传统的"范式"，企图以唯一的逻辑起点、单向度的逻辑推理，构建学科理论体系，是否符合今天大众化高等教育多元发展的现实，人们开始提出质疑。

为了探索走出这一困境的道路，刘小强博士在其博士论文中，提出"以元视角来考察高等教育的学科建设"，认为"当前科学已经或正在转型，科学转型带来了学科框架的转变，学科框架的转变为高等教育学的学科建设提供了新的目标和方向，这要求高等教育学必须树立新的研究对象观、研究方法观和知识体系观"。论文的基本体系，就是按此展开：从第一章到第四章，论证现代科学转型带来学科框架转变的必然性；从第五章到

第八章，分别论述研究对象相对性、研究方法的多元化和知识体系的多向度的转变以及学科组织、学科文化的改造。

刘小强博士所提出的这一高等教育学学科建设的思路，在理论论证上可以成立，但在未经实践检验，未能提出最优化的学科理论体系并被证实其具有普适性之前，只能认为这是一种假设。假设只要言之成理，持之有故，就可以成立，就应当予以支持。刘小强的博士论文获得中国高等教育学会2009年度优秀博士论文一等奖，就证明专家们对这一创新性假设的充分肯定与支持。我认为，肯定、奖励是支持，持积极态度的质疑、批评，可能是更重要的支持。希望本书的出版能引起读者的重视、质疑，从而引来更多的高等教育理论工作者参与到学科建设工作中来。

是为序。

2010年11月8日

第十一节 《中国大学科技体制改革论》①序

培养人才与发展科学，是现代大学两种主要的职能。在知识经济社会，培养具有创新精神与实践能力的高级专门人才和知识的创造、分配、传播、应用的两大任务，都将落在大学的肩上。人才与科技，将在大学校园交汇、融合，实现产学研一体化，建立高科技产业，从而使大学从经济

---

① 吴岩：《中国大学科技体制改革论》，京华出版社2000年版。

社会的边缘走进经济社会的中心。

大学以其学科齐全、人才荟集而在科技活动中占优势，尤其是在从事基础科学研究和跨学科研究上，占有不可代替的优势。但是，这种优势却往往受制于落后的科技体制，不能充分发挥其应有的作用。先进的体制，能够促进科学的繁荣，而落后的体制，却成为科技发展的绊脚石。中国的科技体制，包括大学科技体制，是在计划经济体制下，按苏联模式而形成的。这种体制，在60年代初，就已暴露其不符合科技发展规律的缺点。《自然科学十四条》《高教六十条》的有关部分，就是企图改正科技体制、大学科技体制若干明显的缺点而制定的。但在当时情况下，即使只是一些小修小改也很难行得通。改革开放以来，在经济与科技发展的推动下，在社会主义市场经济的影响下，大学的科技体制，在引进竞争机制、改变投资结构、提高成果转化率、重视人才的培养与使用诸多方面，进行了一系列的改革，也收到一些成效。但由于行政体制改革的滞后、传统思想的阻力，以及市场经济负面的影响，无论在政策导向上、教学与科研的关系上、人力与财力的投入上、人事制度的改革上，都存在许多不合理之处。同时，为了迎接21世纪知识经济时代的来临，实施"科教兴国"战略和《教育振兴行动计划》，又有许多新的问题有待研究解决。例如，关于教育产业化与科技产业化问题、培养高层次创造性人才问题、实施"211工程"问题、建设高科技园区问题等，都与科技体制密切相关。因此，通过大学科技体制改革研究，改革旧体制，建立新体制，将有利于发挥科技工作者的积极性与创造力，有利于科技开发与转化，有利于增加科技的战略准备，使大学能成为科技的知识库、思想库、人才库、"孵化器"。一句话，有利于加强与发挥大学在"科教兴国"战略上的地位与作用。

本书作者吴岩博士，曾在大学里从事科技管理工作多年，并参加过一些全国性的科技体制改革设计工作，有丰富的实践经验和深刻的酸甜苦辣的体会。这本书是在他的博士论文基础上完成的。在攻读博士学位期间，他对世界各国尤其是美日英德等国的科技体制及其改革动向，查阅了大量的文献资料；对于中国大学科技体制的现状与改革，从国家主管部门到大学教师和科技管理人员，进行了广泛的调查与专访。在占有大量实际资料的基础上，做全面的整理与深入的分析研究。全书大体分为两大部分：第一至第三章，是中外科技体制的比较研究；第四至第七章，分别研究大学科技体制中的管理体制、投资体制、机制设置、人事制度的改革。由于作者对科技体制的掌握较全面，对存在问题看得较准较深，因此，所提建议比较中肯。例如，关于建立国家科技决策组织，以统筹包括大学科技在内的科技政策、规划与资源分配；建立二级三类大学科技评估体制，变单向指向式为双向反馈式；改革科技投资结构，认为国家科技经费应主要投向大学等，都是有理有据的见解；其次，能提出一些精辟的论点。例如，提出"基础性研究的直接性效益理论"，论证邓小平的"科技是第一生产力"包含基础科学在内，从理论上纠正了基础科学无经济价值，从而重应用技术、产品开发而轻基础研究的偏向；论述大学科技开发的本质是加快科技的转化速度，提高科技转化的比率，批判"只管耕耘，不问收获"的错误；提出教学只能培养一般人才，只有与科研结合才能培养高层次创新人才的论点，阐明教学与科研在培养人才上的统一性。这些建议与理论，无疑对科技决策与科技体制改革都有重要的意义。

如果说1978年中国大地迎来了第一个科学的春天，那么，世纪之交，中国正迎来第二个科学的春天。我希望这本书的出版，能为第二个科学的春天增添一点春色。

1999年6月10日

第十二节 《高等教育学学科建设丛书》①序

我国的高等教育学自20世纪80年代创建以来，经过近40多年的建设与发展，已经形成以高等教育学为主干的学科群。但总体来说，高等教育学还不是一门成熟的学科，我们需要进一步加大力度，推进高等教育学的建设与发展。

高等教育学走向成熟需要加强多层次的高等教育研究。高等教育学应高等教育的发展需要而诞生，但高等教育作为一种社会活动不会自动转化为高等教育"学科形态"。高等教育学的诞生、发展、壮大和繁荣，离不开高等教育科学研究。因为离开了高等教育科学研究，就不会有任何关于高等教育的学问，自然也就不会有高等教育学的诞生、发展、壮大和繁荣。从高等教育学学科建设的角度看，本套丛书倡导加强元高等教育学研究、高等教育学原理研究、高等教育学子学科建设研究和高等教育重大理论问题研究，这是中肯的和值得肯定的。

高等教育学走向成熟需要加强高等教育学子学科建设。学科不断分化又不断综合是学科发展的基本趋势，而分化又是综合的前提和基础。一般来说，学科分化以子学科的形态呈现，即子学科的繁荣程度可以反映学科的分化程度，任何一门学科走向成熟，都离不开该学科各子学科的支撑。高等教育学的建设与发展，一方面需要社会学、政治学、经济学、文化

① 张德祥、李枭鹰主编：《高等教育学学科建设丛书》，广西师范大学出版社2022年版。

学、管理学、政策学等学科的参与和支持，这些学科发展得越好，为高等教育学提供的启发和借鉴就越多；另一方面更需要高等教育学各子学科的支撑，这些子学科发展得越好，高等教育学就越能横向拓展和纵深推进。目前，高等教育学各子学科发展态势良好，但总体上还不充分、不平衡，高等教育学、高等教育管理学等子学科发展得好一些，其他子学科发展相对滞后，需要我们花更大的力气去耕耘、播种和浇灌。

高等教育学走向成熟需要出版社、学术期刊等各种学术成果之孵化平台的大力支持。目前，国内创办了不少专门的高等教育学术刊物，各出版社也大力支持高等教育学学术著作的出版。一直以来，广西师范大学出版社对高等教育学著作出版的支持力度很大，除了出版大量的单本专著，该出版社在21世纪初出版过由薛天祥教授主编的"高等教育理论丛书"，这套丛书对高等教育学学科人才培养的影响很大，师生从中获益匪浅。如今，广西师范大学出版社又联合大连理工大学高等教育研究院，策划、组织和编写"高等教育学学科建设丛书"，以专题形式研究高等教育学各子学科中的经典问题、前沿问题、热点问题和难点问题，这对我国高等教育学的学科发展和人才培养意义重大。

高等教育学走向成熟需要高等教育学学术共同体的共同努力。任何学科的成熟都是一代又一代研究者艰苦耕耘的结果，而且一代人有一代人的责任和使命，高等教育学的成熟也不例外。多年来，大连理工大学张德祥教授潜心于高等教育科学研究，带领学术团队勤耕不辍，在高等教育多个研究领域取得了可喜的成就，如今又带领学术团队立足于各自的研究生课程教学，恪守"经典性、学术性、前沿性、教育性和可读性"的原则，采用灵活性较强的"讲义"形式，以高等教育学子学科为核心和重点，编写和出版"高等教育学学科建设丛书"。本套丛书涉及多个高等教育学子学科，充分展现了新一代高等教育学研究者建设与发展高等教育学学科的责任感和使命感，用两位总主编在前言中的话说就是，"进一步促进高等教育学学科建设，为高等教育学学科建设和高等教育学学科人才培养提供必要支撑，并为新时代中国特色社会主义高等教育理论体系的丰富完善增砖添瓦"。

对于本套丛书的策划、组织、编写和出版，我由衷地感到欣慰。最后，我真诚地希望参与这项工作的老师们不辞辛劳、不畏艰难、努力工作，高质量、高水平地把这套丛书呈现给读者。

是为序。

2022年3月19日

第十三节　《探索新时代"双一流"建设的中国道路》[①]序

统筹推进世界一流大学和一流学科建设，实现我国从高等教育大国到高等教育强国的历史性跨越，是以习近平同志为核心的党中央准确把握世界创新经济发展的新形势和全球高等教育发展格局的新变化，高瞻远瞩、审时度势做出的重大战略决策，必将为提升我国高等教育发展水平、增强国家核心竞争力奠定长远发展基础。

是否拥有世界先进水平的大学，是一个国家高等教育发展水平的重要标志。在日趋激烈的国际竞争中，世界发达国家都将追求大学卓越、

---

① 刘承波：《探索新时代"双一流"建设的中国道路》，中国财政经济出版社2019年版。

创建世界一流大学，作为提升国际竞争力、确保国际竞争优势的重要战略举措。我们国家也一向重视高等教育重点建设，发挥制度优势，实施了一系列旨在提高质量、追求世界一流的"工程"和"计划"，最引世人瞩目的就是20世纪末以来相继实施的"211工程""985工程"。通过实施"211工程""985工程"以及"优势学科创新平台"和"特色重点学科项目"等重点建设，一批重点高校和重点学科建设取得重大进展，带动了我国高等教育整体水平的提升，为经济社会持续健康发展做出了重要贡献。

但由于这些"工程""计划"在实施过程中逐渐暴露出缺乏竞争、身份固化、重复交叉等突出问题，迫切需要创新实施方式，激发活力，加强资源整合。正是在此背景下，国家提出了进一步实施"双一流"建设这一全新的计划。从公布的首批"双一流"建设名单看，有世界一流大学建设高校42所（A类36所，B类6所），世界一流学科建设高校95所，共计高校137所，大多数是"211工程""985工程"以及"优势学科创新平台"和"特色重点学科项目"等重点建设高校，还有25所学科特色鲜明的非"211""985"等高校。可以说，"211工程""985工程"等为实施"双一流"建设奠定了主要基础。但正如陈宝生部长所指出的，"双一流"不是"985""211"的翻版，要在继承好已有建设成效基础上，在加强系统谋划、加大改革力度、完善推进机制上下功夫，努力形成总量控制、开放竞争、动态调整的高校重点建设新格局，开辟高等教育强国建设的新道路。

同时，"双一流"建设还被赋予了"引领性工程""示范性工程"的新使命。即"双一流"建设要引领高等教育内涵式发展，提升高等教育的整体水平。这是建设高等教育强国的必然要求。目前我国有普通高校2 631多所，其中大量的是不同层次、不同类型的地方院校，建设高等教育强国同样离不开它们。新时代的"双一流"建设，既要建设学术性研究型大学，又要激发不同层次与类型的地方高校，争创各种层次、类型的一流。要看到，不同层次、类型的高校各有所长，都有在各自层次与类型中争创一流的潜质。传统学术性研究型大学可以办成世界一流大学，在某些领域具有特色的应用型大学同样有望在该层次与类型中办成世界一流大学。"双一流"建设要积极发挥好示范引领作用，引领和带动地方高水平大学建设，促进中西部高校综合实力提升和基础能力建设。要坚持统筹兼顾、多元发展，把"一流"的精神推进到高等教育各个层次、各种类型的高校与学科，以此引领高等教育的多样化发展，防止"双一流"的高校和学科成为天马行空的"独行侠"。

正是由于"双一流"建设被寄予厚望，因此一经提出便引起社会各界的广泛关注，成为一段时间以来高教界研究的热点问题。我所指导的研究生刘承波博士的新著《探索新时代"双一流"建设的中国道路》，正是在这一研究热潮中出版的一本对"双一流"建设进行较系统全面研究的专著。专著立足新时代，遵循扎根中国大地办大学的原则要求，对"双一流"建设的历史使命、推进策略、制度建设等进行了全面系统的研究，在国内走在前列，不仅有学术水平，而且有政策参考价值。作者所在单位——国家教育发展中心，是专门从事教育发展和改革的宏观决策研究与咨询机构，为开展国家教育发展战略和体制改革的重大决策研究，为制定教育重大文件发挥了重要作用。我和顾明远、吕型伟等一些老同志也曾长期参与发展中心专家咨询委员会的专家咨询工作。刘承波博士2002年在厦大获得博士学位后，即到教育发展研究中心，从事教育理论与政策研究。在发展中心的十几年间，他在高等教育大众化、高等教育重点建设、高等教育治理等方面取得了较为丰富的研究成果，学术研究能力不断提高；在围绕国家教育改革发展任务，承担服务重要决策项目方面，发挥了一定的作用，体现出较高的政策研究水平。他的这本专著，正是得益于他多年来的研究积累。

概览全书，站位较高，视野宽阔，内容丰富。专著首先从战略高度分析了"双一流"建设的历史使命，对"双一流"建设服务国家战略、引领高等教育内涵式发展、推进构建人类命运共同体等都有深入探讨，有独到的见解。例如，专著紧紧把握时代主题，提出"双一流"建设要为推进世界文明进步，推动构建人类命运共同体做出新贡献。党的十八大以来，我国提出"一带一路"倡议、推进构建人类命运共同体、支持多边主义，在世界舞台发挥着更大作用，赢得了国际社会普遍赞誉。"双一流"建设以构建人类命运共同体的理念深化教育改革，进一步发挥大学的功能与作用，为中国特色社会主义事业发展和人类社会进步做出新时代的贡献，正是反映了新时代的新要求。其次是对推进策略的研究。从"211""985"到"双一流"，高等教育重点建设在完善推进机制方面做出新的努力。对此，专著提出要发挥制度优势统筹推进，在借鉴国外经验做法基础上建立健全"双一流"建设的动态调整推进机制，植根本土在有关学科领域实现超越，社会评价助推"双一流"建设等。最后，专著提出要加快中国特色现代大学制度建设，为"双一流"建设提供制度保障。要在借鉴发达国家高等教育治理的成功经验基础上，改变传统的高校管理理念，坚持体制机制创新，完善高校治理体系、提高治理能力。

这本专著，逻辑严谨，思路清晰，站在中国特色社会主义进入新时代这一新的历史方位，探索当前"双一流"建设"中国特色、世界一流"的发展道路，对于新时代加快推进"双一流"建设具有重要理论与实践价值。当然，正如专著中所指出的，"双一流"建设作为我国高等教育改革发展的重大战略决策，必将主导今后较长一个时期我国高等教育发展的走向。新时代有关"双一流"的研究与实践，也必将长期处于进行时，处于探索推进当中。随着"双一流"建设的不断推进，许多理论和实践问题还需要逐步深化研究。期待作者能在对"双一流"建设的理论和实践问题的后续研究中有新的成果和收获。

2019年1月10日

第十四节 《文化视野中的高等教育》[①]序

研究高等教育的历史与现状，瞻望高等教育的未来，都不能只看到经济、政治与高等教育的关系，而不对文化与高等教育的关系有深入的理解。否则就会对许多高等教育现象迷惑不解，对许多高等教育问题思考不周，对高等教育发展的预见简单化，从而对21世纪高等教育所面临的挑战，也就难于提出周详准确的对策。因此，从文化的视野研究高等教育很有必要。但是，文化与高等教育之间，存在复杂的、潜在的关系，因而这一视野，往往显得扑朔迷离。为了理出一个头绪，我曾把它简约为两重关系、两种作用、两大功能。

两重关系——外部关系与内部关系：作为社会子系统的文化系统，如同经济系统、政治系统一样，对高等教育起外部的制约作用；同时，文化又以知识为形态，以课程为载体，进入教育过程中，构成教育内部的基本要素。

两种作用——直接作用与中介作用：无论外部关系或内部关系，文化都对教育起直接的作用；同时，它又是经济、政治对教育起作用的"中介"，即经济、政治对高等教育的制约作用一般要通过文化的折射。

两大功能——传承与创新：普通教育对文化一般只有选择与传承的功能，而高等教育则还具有批判与创新的特殊功能。

[①] 张应强：《文化视野中的高等教育》，南京师范大学出版社1999年版。

简约的概括，并不周详，只是有助于理解复杂的关系。对于文化与高等教育复杂、潜在的关系深入的理解，还必须进行系统的研究。张应强的博士论文《文化视野中的高等教育》，正是对文化与高等教育的内在关系进行系统研究的尝试。

全书分为三个相互联系部分：一是从文化视野出发，对高等教育几个基本概念重新探讨，对教育本质与功能提出了新的认识；二是系统地指出了文化与高等教育的相互关系及其内在机制；三是运用文化与高等教育关系的规律，探讨中国高等教育改革与发展以及现代化建设的理论、实践问题。

这本著作的理论价值与实践意义在于以"文化、教育、人"的内在联系作为研究框架，揭示文化与高等教育间复杂的、潜在的、深层次的本质联系；从文化的国际性与民族性论证不同国家高等教育现代化的共性与特性，为建立有中国特色的高等教育体系提供理论依据。同时，对21世纪高等教育的多样化、人文化、大众化的发展趋势，以及传统文化与现代化，市场经济与文化功能，文化转型与社会进步诸多关系，进行深入的探讨，做了较好的诠释。这些都对高等教育的改革和实践有一定的参考价值。

当然，作为系统研究的尝试，远不是成熟的理论。但不论成熟与否，都对进一步的研究有所启发。正是在这个意义上，我认为有必要向读者推荐这本值得一读的新著。

1998年12月

第三章

高校人才培养

第一节 "互联网+教育"是高校教学改革的必然趋势

1946年，世界上第一台电子计算机问世。在人类文明史的长河中，仅用了70年时间，计算机就从重达30吨、占地10间房子的庞然大物发展到如今的掌上电脑，且在软硬件方面还在持续变革。电脑的诞生，不仅使人的思维得以扩展，而且在现实世界之外创造了另一个世界。以信息技术为核心的技术革命方兴未艾，人类社会实现了从工业社会向信息社会的转变。移动互联、人工智能、云计算、大数据等互联网技术取得突破性进展，而虚拟网络世界与现实世界深度融合的物联网更是催生了日新月异的"互联网+"时代。技术更新速度之快、应用范围之广、影响程度之深，令人难以置信，亦难以预测。

如今，互联网已冲击到社会的各个领域，教育更是首当其冲。2015年3月，李克强总理在《政府工作报告》中提出了"互联网+"行动，旨在推动新的信息技术与各行业实现深度融合，以此创新发展生态。同年，联合国教科文组织和中国教育部在青岛联合举办了首届国际教育信息化大会，以"信息技术与未来教育变革"为主题，探讨了教育与信息技术的深度融合，并发布了《青岛宣言》。可见，"互联网+教育"引发了教育的历史性变革，这场变革至今仍在如火如荼地开展。

一、从教育关系规律看"互联网+教育"的必然性

作为苹果公司的灵魂人物，乔布斯在逝世前内心一直深藏着一个巨大的困惑与遗憾——教育如何走出工业文明、步入信息化时代？有学者将其称为"乔布斯之问"[①]。信息技术逐步取代工业文明，人的肢体得以解放、能力得到发展，与此同时，由于生产效率的提高和社会节奏的加快，人的大脑超负荷运转，超越生理极限。为解决该问题，人类创造了计算机和互联网，以便帮助自己存储和处理信息。这一以解放人脑为旨归的智力革命开始辐射诸多领域。近年来，互联网的深远影响已被越来越多的教育战略家、教育管理者和教育工作者所认知和接受，并逐步转化成冲破工业文明桎梏的时代潮流。

从教育外部关系规律来看，教育同社会存在必然性关系，必然性关系就是规律。对整个社会系统来说，这种关系存在于社会系统内部；对于教育系统而言，它所指的是教育与社会其他子系统之间的关系，即"教育必须受一定社会的经济、政治、文化所制约，并为一定社会的经济、政治、文化的发展服务"[②]。教育要受哪些社会因素制约？首要因素是生产力和科学技术的发展水平，两者直接影响教育发展的规模与速度、培养目标和规格、专业设置和课程，以及教学技术和方法等。教育技术历经了从竹简到造纸、从造纸到印刷、从刻版到活字排版、从活字排版到打字机、从打字机到互联网等的变革发展。这一系列技术变革推动了教学方法的改革，促进了教育效率的提高。

教育系统通过培养德、智、体、美全面发展的人才为社会发展服务。也就是说，教育外部关系规律必须通过教育内部关系规律起作用。"互联网+教育"必须有利于人的全面发展。

---

① 桑新民、李曙华、谢阳斌：《"乔布斯之问"的文化战略解读——在线课程新潮流的深层思考》，载《开放教育研究》2013年第3期。

② 潘懋元：《理论自觉与实践构建》，北京师范大学出版社2014年版，第151—161页。

就互联网进入高等教育领域而言，高校师生必须创造性地利用互联网的优势，主动变革传统教学模式，提升大学师生学习生活质量，着力实现从传统灌输式课堂向互动式课堂转变。在"互联网+"大背景下，各国高校教师、教育管理者、企业和个人依托互联网在教育领域不断进行尝试，包括慕课、可汗学院和翻转课堂等。在信息技术时代，如何利用信息技术改革教学方式、提高教学效率、扩大教学规模、实现学生自主学习等，是高等教育教学改革发展的必然趋势。

二、准确把握"互联网+教育"的本质内涵

基于"互联网+教育"的在线学习无疑对大学生学习产生了深远影响，打破了高校的传统制度藩篱，使人才培养模式更加灵活、个性和多样。大学生可随时、随地、随意获取信息，更重要的是，互联网技术推动了高等教育生态格局的变革，让更多非高等教育机构的社会力量参与在线课程的制作与运营，并由此推进高等教育民主化进程。

（一）"互联网+教育"是一个秉承开放理念的教育新模式

在线网络课程之所以能获得广泛的社会认可和较高的价值，关键在于秉持开放的理念。它打破了地域、学校、专业和课程的限制，让世界一流大学的课程资源变得触手可及，优质教育资源不再为一流大学所独有。学习者可依据个人兴趣和需要，自主选择学习内容。开放理念让教育资源尤其是优质教育资源实现共享成为可能。不少高校通过网络平台，实现了大数据和海量信息的即时共享，让学习者足不出户便可知晓最前沿讯息。互联网资源只有突破高等教育制度障碍和高校区隔，才能实现教育资源在世界范围内的共建、共享，从而推动信息时代高等教育全方位、深层次的变革。

（二）"互联网+教育"是一种对师生能力要求更高的教学模式

互联网对大学教学的影响随处可见，无孔不入。这不仅仅体现在时兴的网络在线课程，还包括教师利用互联网在线指导学生学习、学生借助

互联网检索文献以及基于互联网大平台的实验展示和互动讨论等。在互联网时代，学生的学习不再受限于既定的物理时间与空间，除正规的学校教育之外，还广泛涉及非正规、非正式的教育，学生的学习方式更灵活、自主和多元。如今，越来越多的大学生使用博客、维基、播客和其他工具进行学习，斯坦福大学和麻省理工学院的教师更是将游戏和视频整合到课程设计中，以此模拟真实世界的活动，这些技术逐步成为深化学生学习的媒介。然而，无论何种学习方式，都需要借助"个性化脚手架"，即教师适时提供个性化、灵活性的指导。因此，在互联网时代，大学教师需具备包括网络课程设计、学习效果评价、信息技术支持、人工智能开发等诸多技能。

与此同时，"互联网+教育"不啻为一次学习革命。美国学者阿兰·柯林斯（Alan Collins）和理查德·哈尔弗森（Richard Halverson）认为，信息技术时代教育的重心正在"从教学转移到学习，从说教转向创造性探究"[1]。大数据时代，学习者不再仅仅对信息进行存储，而是透过海量数据有效甄选、分析和运用，以此解决现实问题。更重要的是，学习者能够根据自我需要进行自主学习。随着新兴技术的变革，学习者的信息素养也必须与时俱进。美国纽约州立大学的米歇尔·佛特（Forte M.）针对社交媒体的特征，提出了"元素养"（Metaliteracy）概念模型，包括批判地评价信息内容、理解环境中的道德规范、参与信息共享与协同合作和发展终身学习能力[2]。当然，强调学习者的自主学习并不意味着否认教师的重要性。尽管教育者不能代替学习者，但教育者同样必须在场，"如果没有他者的参与，学习者也是无法学习的"[3]。《学记》中所讲的"不愤不启，不悱不发"，即

① ［美］阿兰·柯林斯、理查德·哈尔弗森：《技术时代重新思考教育》，陈家刚、程佳铭译，华东师范大学出版社2012年版，第9页。

② *Goals and learning objectives*, https://metaliteracy.org/learning-objectives.

③ ［法］安德烈·焦尔当著，杭雯译：《学习的本质》，华东师范大学出版社2015年版，第152页。

是强调学生的学习需要教师实时引导和启发。

（三）"互联网+教育"有利于实现智慧教育目标

2009年，IBM公司首次提出智慧教育理念，认为智慧教育涵盖五大元素，包括学习者的技术沉浸、个性化和多元化的学习路径、服务型经济的知识技能、系统与文化和资源的全球整合以及21世纪经济发展的关键作用[①]。由此可见，智慧教育的根本在于借助信息技术构建学习环境，推动教师教学变革，满足学生个性化学习需求，以此培养学生良好的价值取向、较强的行动能力、较好的思维品质和较高的创造潜能。联合国教科文组织2015年发布题为《反思教育：向"全球共同利益"的理念转变？》的报告，对"学习"做了进一步解读，指出"学习是由环境决定的多方面的现实存在。获取何种知识以及为什么，在何时、何地、如何使用这些知识，是个人成长和社会发展的基本问题"[②]。智慧教育旨在将学习者所需的物理环境与网络环境有机结合，更好地适应学习者个性化特征和满足学习需求，有效实现学习者自主、轻松、有效和持续地学习。

（四）"互联网+教育"有利于推进教育民主化进程

当前，各国高等教育相继步入大众化乃至普及化阶段，接受高等教育将从最初的一种特殊权利变成基本义务。然而，优质高等教育资源仍属于稀缺资源，这些稀缺资源往往集中于少数世界知名大学，这些大学大多具有高被选择性，入学门槛之高让多数学生望而却步。"互联网+教育"打破了传统以纸质为单一媒介的思维习惯，使教育由单线平面结构向立体网络结构转变。知识的呈现方式已不再局限于文字符号，图形和影像因其直观、方便、可读性强而广受欢迎。受惠于"互联网+"，教育资源实现了数字化，打破了教育的时空限制，让优质教育资源广泛共享成为可能。同时，

---

① 祝智庭：《智慧教育新发展：从翻转课堂到智慧课堂及智慧学习空间》，载《开放教育研究》2016年第1期。

② 联合国教科文组织：《反思教育：向"全球共同利益"的理念转变？》，http://101.96.8.164/ unesdoc.unesco.org/images/0023/002325/232555e.pdf。

越来越多的高校管理者意识到跨院校协作的重要性。由此，院校间以整合资源或调整战略为目的开展协作，大学合作与联合行动随之与日俱增，而信息技术基础设施和IT服务的配套升级是集体行动可持续发展的基础。高校管理者基于互联网的协作有利于推动全球高等教育的高入学率、高质量和低成本发展。

三、理性审视"互联网+教育"对大学生学习的挑战

基于互联网的教育伴随着网络课程的勃兴，出现了许多质疑乃至反对的声音：有的认为基于互联网的在线学习存在着难以克服的弊端，不应盲目乐观；有的认为碎片化的学习方式导致学生学习不系统，学生最终会沦为信息的搜索者；有的认为学生学习网络课程时，自主学习和自我控制能力较差，加上缺乏必要的师生互动和有效的监督、管理机制，导致学习完成率低，学习效果不佳。概言之，"互联网+教育"将对大学生的学习带来四个方面的挑战。

（一）个性化学习质量难以保障

个性化学习是学习者根据个人学习的兴趣、需求和意愿自主决定学习策略和进度的一种学习方式。尽管个性化学习理念备受推崇，但基于互联网的个性化学习要求教育者在设计和提供个性化的学习场景之前，必须准确把握学习者的既有水平和个性特征，以保障学习的灵活与高效。显然，这需要教师投入更多的时间和精力。不仅如此，目前针对大学生个性化学习的评估标准和模式亦尚未建立，个性化教学的实际效果如何殊难定论。

（二）复杂性思维教学难以实现

当前，面对愈加复杂的现实世界，我们迫切需要具备能够识别、理解和解决复杂现实问题的能力。尽管互联网作为一种技术可以有效解决不少现实问题，但是计算机自身作为一种复杂性系统，存在多样性和复杂性。操作计算机需要一种高阶思维技能，作为使用者的个体必须具备复杂的、跨学科的思维能力。同时，大多数学科在人才培养方案中要求学生习得复

杂性思维，包括抽象概括能力、系统性思维和批判性思维，只依托互联网平台尚难以实现预期目标。

（三）在线学习成果认证依旧艰难

尽管基于互联网的非正式学习有效弥补了传统教育的不足，但非正式学习自身也备受争议。其中，最大的问题就是非正式学习的学习成果如何认证。例如，作为高度分权的国家，美国同样要对高等教育实施有效监管，但是，在诸如在线学习认证、各州远程学习授权规定和联邦财政援助资格等方面仍偏向于传统高校，因为未建立或未完善基于网络的非正式学习的监管和认可机制。在我国，如何将网络课程有效融入高校人才培养体系，实现网络课程与高校课程"等价交换"，还需要解决一连串的实际问题。

（四）网络资源可能沦为"数字废墟"

21世纪以来，我国政府和高校围绕教育信息化进行了有效探索，动员大量的人力和财力，以项目或工程的形式，建设了大量的网络课程资源，包括学习专题网站、网络课程、精品课程、教学视频库、开放在线课程等。然而，既有的网络课程建设遵循"自上而下"的逻辑，缺乏对学习者真实需求的认知，缺乏科学、系统的设计，致使利用效率低下、使用效果不佳，网络资源难免沦为"数字废墟"。

此外，在"互联网+教育"时代，我们要谨防大学生在信息超载时代陷入信息迷航的困局。信息超载（Information Overload）最早可追溯到20世纪70年代托夫勒（Toffler）的《未来震撼》一书。嗣后，沃曼（Wolman）在《信息焦虑》中进行了系统论述。他认为，信息焦虑源于我们既有的学习内容与预期的目标之间存在一定的差异。再加上面对海量信息，缺乏及时反思与理性甄别，学习者最终只能成为信息检索者。毋庸置疑，信息超载会对大学生在线学习带来负面影响，引发学习者信息焦虑和信息迷航，甚至对大学生的心理和生理产生负面影响。

四、大学生在线学习的未来趋势及其保障机制

新的信息无孔不入，作为与互联网朝夕相处的新一代大学生，他们的学习生活已无法规避互联网带来的影响，他们也在信息时代的裹挟下成长，这是不可逆的趋势。我们必须直面这一新的形势，探索和实施"互联网+教育"战略。这是个极其复杂的教育创新工程，更是复杂的社会变革工程。针对大学生在线学习的未来趋势来构建相应的保障机制，应从以下几个方面着手。

（一）注重虚实结合

从慕课以及其他网络教学的实践经验看，网络上的学习必须同学校里的教学，特别是课堂教学相结合，才能收到较好的效果。广播电视大学的经验就是如此。如果学生的学习只是收视、收听，很难达到预期的学习效果。因此，各地的广播电视站，都要求学生在一定的时间到站上课，有的干脆像全日制高校一样，为学生提供宿舍、图书馆、实验室等。慕课要能让学生坚持学习、收到实效，也要同课堂教学相结合。要让学生走进校园，还要有一定的制度保障，让"学生"遵守一定的课堂秩序，才能切实收效而不至于"虎头蛇尾"。翻转课堂之所以从慕课中脱颖而出，并成为一种广泛接受的教学方式，也就是能把课堂外的学习和课堂上的师生互动、生生互动结合起来。

（二）加强制度保障

设计网络课程不仅要关注学习者的参与性和积极性，还应提升其保持率和完成率。巴特查里亚（Bhattacherjee）在研究信息用户体验时发现，信息技术能否成功的关键仰赖于用户的持续使用，并据此提出了信息系统持续使用理论——期望确认模型（Expectation Confirmation Model）[①]。巴氏在此后的研究中发现，感知有用性和满意度是影响信息系统用户持续使用

[①] Bhattacherjee A. : An empirical analysis of the antecedents of electronic commerce service continuance, *Decision support systems*, 2001: 2.

意愿的关键。目前，各国在推行学习成果认证制度上对每个资格类型都进行了学习量的规定，如获取一个学习证书按要求至少要修习50学分，一个学分至少需要10个学时，那么获得该学习证书就必须修满500个学时等。当然，依据"成效为本"的学习理念，学习者为获取学习证书所投入的学习时间，既包括由教师指导的学习时间，也包括学习者自主学习和独立完成作业的时间，还包括学业考试的时间。要实现学分互认和转化还需借助学分银行。

（三）倡导人际互动

无论未来教学以何种形态呈现，教学活动中的人始终是主体。正如马克思所言，作为个体的人，在其根本上是社会关系的总和。因此，在教学活动中，无论是先教后学，还是先学后教；无论是教师主导，还是学生主体；无论是主动学习，还是被动学习；无论是工业社会的班级授课制，还是信息社会的混合式学习，究其根本，都是基于人与人之间互动（师生互动、生生互动）的结果。从孔子的"不愤不启，不悱不发"、苏格拉底的"产婆术"，到夸美纽斯的"大教学论"、杜威的"在做中学"，无论教学形态如何变迁，人与人的互动始终存在，也始终需要。同时，互联网时代，应当更加注重对学生情商的培养，包括团体协作、善于倾听、尊重他人等。

"互联网+教育"是高校改革的必然趋势，符合教育发展规律。我们不讳言它在实施中的困难与问题，但有信心在改革实践中逐步解决问题，在不断克服困难中前进。

（原载《重庆高教研究》2017年第1期，有改动）

第二节　论大学与校友的互动关系

校友之于大学发展意义重大。世界一流大学均在开展多姿多彩的校友活动，大学与校友的互动影响着大学的未来发展。互动是彼此联系、相互影响、相互作用的动态过程。近年来，随着我国高等教育内涵式发展及一流大学建设的推进，大学与校友的互动关系日益受到大学管理者的高度重视。当前我国大学在校友资源开发方面已经取得一定进展，大学校友活动越来越频繁，校友成为大学捐赠资金来源和外部支持的重要力量。本文试图对大学与校友产生互动关系的根本因素及互动关系的发展阶段进行梳理，使二者关系趋向良性互动。

校友与母校认同

"校友"的英文alumni源自拉丁文alumnus，意为"学生或养子"。与之相关的词是"母校"，其英文是almamater，alma也是拉丁语，意为"哺育的"，mater即"母亲"的意思。《现代汉语词典》对于"母校"的定义是：自己曾经从那里毕业或肄业的学校。也就是说，相对母校而言，校友只包含在校学习过的人，并不包括与学校有非学习关系的对象，如教职员工。本文为便于讨论，将校友概念限定为与学校有教育与被教育关系的人群，具体来说，凡是曾经在这所大学有过学习经历的人均可称为该大学校友，包括研究生、本科生、专科生、交换生等，其主体是全日制学生，特别是本科毕业生。

从词源上看，校友作为大学人才培养的成果，其与大学之间的教育与被教育关系（又称学缘关系）是本质关系。这种关系一旦建立，就不再以学生的意志为转移，并成为终身刻印在其身上的文化烙印。校友身份只有入学先后之别而无尊贵卑微之分。

中世纪大学的教学语言是拉丁语。university来源于拉丁语universitas，在中世纪意思是stadium generale，即"一个接纳来自世界各地学生的地方"。中世纪大学通过各种仪式，如初入大学、授予文凭、纪念会等，加强师生、校友的凝聚力。

母校认同是校友的一个重要特征。有意思的是，认同一词也起源于拉丁文idem（即相同，the same）。认同指个人以群体（或组织）中的一分子的身份来界定自己。对于校友个人而言，母校认同代表着一种自我的社会界定和归属，是自我意识的延伸，是形成个人社会态度的重要基础之一。母校认同指校友对母校所产生的正向精神体验和积极行为表现。校友的母校认同是大学保持长久和旺盛生命力的重要因素。对于校友群体而言，母校认同反映的是校友整体上对大学的心理依恋感和文化归属感。母校认同既表现为校友的一种社会心理，即作为某所大学成员所具有的自豪感、对大学发展的信心，也表现为一种公共理性，即全体校友自觉遵守、共同维护的大学文化以及大学精神与大学规章。对不同大学而言，校友的母校认同之内容、特点，因大学历史文化传统、教学科研模式、校园生活方式、成员综合素质的差异而不同。母校认同正是对大学独特价值、生活方式、文化气质的体悟、反思、模仿、内化。

校友的母校认同主要表现在两方面：一方面是内在的精神体验，如情感归属、思想依恋、文化亲近等；另一方面是外在的行为表现，如持续关注、积极评价、踊跃反哺等。因二者紧密相关，相互转化、互为因果，因此，母校认同常常融情于理、理中含情，既饱含着校友对母校培养哺育的感恩情怀，又闪烁着校友身心成长的理性光辉，表现出情理交融的教化特征。母校认同是促使校友与大学互动的根本因素。近年来，随着大学招生规模扩大，校友数量急剧增加，校友与校友之间、校友与大学之间产生了各种各样的关系，各种类型的大学校友组织应运而生。校友组织形成后，校友的母校认同形成组织合力，发挥了更大的社会作用。

大学的教育责任

大学从其诞生的那一天起，就开始承担培养人的使命。一般来说，大学时期是一个人世界观、人生观、价值观的形成时期。大学教育对一个人的人生成长和理念形成具有重大意义。大学不断地输出毕业生。毕业只代表大学特定阶段学业的暂时结束，毕业后大学经历对毕业生产生的教育影响才刚刚开始，并且这种影响会随着毕业时间的延长而更加深远。正如怀特海在《教育的目的》中说，当一个人忘掉他在学校里学到的具体知识，那么留下来的才是教育。

对于大学而言，学生毕业，培养任务只是告一段落，但并未完成。也就是说，大学的工作在学生毕业时"了犹未了"：了，毕业了；未了，大学还有继续教育的任务。毕业前，大学系统培养人才；毕业后，大学通过校友组织帮助校友继续成长与发展，负起继续教育、终身教育的责任。国学大师钱穆曾说，学问和事业，人格和修养，总是无止境的。他曾对新亚书院的校友说："同学们在学校里求学，正如一粒粒种子受到灌溉和培育。四年后毕业了，等于长成了一棵棵的幼苗，要拔出来分别栽种在社会上的各部门里去，待到他成材，可以大树成荫，到那时，这所学校的成绩才算真表现出来了……把教育置于社会中进行检验，母校对校友希望无尽，责任无尽。"历史证明，正是因为大学对人才培养责任具有无尽的理想主义情怀，大学方能"本立而道生"，成为迄今为止最为特殊而持久的组织之一。

创办于1921年的厦门大学，迄今已培养了近45万校友。厦大对校友的教育责任融入在学校开展的众多校友活动中。厦大校友可以通过校友组织办理专属的校友卡，到厦门大学图书馆借书，可以到校内师生餐厅用餐，可以免费使用校内体育设施，享受与校内老师同等待遇。厦大之于校友，不只是一所学校、一段经历，更是滋养生命、愉悦心灵、培养利他精神的力量之源。巴黎高等师范学校校友在回忆这所学校时说，"位于巴黎深处的高等师范学校好像一个度假者的隐修院，那些随意挥霍的时光随着岁月流逝变得如此宝贵。岁月的长河会重新赋予高师一种神奇的、微笑的生动形象，年少时他们很难发现，再回到这里才怦然心动"，"如同在欧洲大陆上有一种'法国式风景'一样，在知识界存在着一种'高师精神'，它是清晰可辨的"。理想主义是大学不可或缺的对组织及其成员具有深度影响的文化精神，理想主义使得大学主动担负更大的责任，包含对校友的终身培养教育责任。教育责任是促使大学与校友互动的根本因素。基于教育责任开展交往，方能为二者的良性互动关系打下坚实基础。

大学与校友的互动关系

大学是一个有生命有灵魂的学术组织。因对校友的认识和理解不同，大学与校友的互动关系可分为不同发展阶段。概略而言，大学与校友的互动关系可大致分为四个阶段：利用阶段、关心阶段、反馈阶段、研究阶段。四个阶段之前，还有一个二者无互动关系的自发阶段。

自发阶段。这一阶段，大学对于曾经在校学习过的学生缺少关注和主动联络，没有成立专门组织与校友建立联系，大学与校友之间偶然性地发生联系。自发阶段多出现在大学建校初期。

利用阶段。近年来，高等教育进入大众化阶段，规模扩张导致高校办学资源日益紧缺，校友中蕴藏的巨大财力、物力资源以及社会关系资源有待挖掘，大学将校友看成重要的外部支持力量。利用阶段，大学主动与校友建立互动关系，利用校友群体缓解大学资源紧张状况，为大学争取更多社会支持。相比自发阶段，此时大学不再没有目的、被动地开展校友活动，而是积极拓展校友资源，成立专门校友机构，配备专职人员，为大学争取更多现实利益。大学依据贡献度，将校友划分为重要校友和一般校友，重要校友常常获得大学特别优待，校友活动主要围绕他们展开。大学通过与少部分校友群体互动，获得数额不菲的捐赠。当大学遇到棘手问题，重要校友会主动请缨帮助协调。利用阶段最显著的特征是大学举行校庆庆典或一些大型活动时，坐在主席台前排的多为重要校友。在利用阶段，大学虽然主动开展校友工作，但与校友互动面较窄，局限于开发和利用校友资源。

关心阶段。此时，大学与校友的互动进入更高一层的新阶段。在此阶段，大学对校友的认识进一步提高，认识到大学对校友负有更多的教育责任，大学需要从关心校友、服务校友出发，建立更有效的互动关系。大学管理者认识到，校友是曾经的学生，大学要持续关心其成长，给其帮助，做好服务，大学应该保护他们的母校认同，给予他们持续的关心。现在许多大学与校友的互动关系已经进入这一阶段，一些大学建立校友之家，校友回到母校，可以在校友之家放松身心、交流思想、体验成长；有的大学为年轻校友聘请职业导师，指导他们正确面对职场障碍；大学在各地召开校友迎新会，指导新校友进入社会后顺利适应新环境；大学为校友举办各种讲座、论坛和继续教育课堂，校友仍然可以不时回到母校继续充电进修。在关心阶段，大学不仅在理念和行动上平等对待每一位校友，而且通过多种途径持续关注、培养、教育更为广大的校友群体，将大学教化功能延伸至校外。关心阶段与利用阶段的区别在于大学的出发点或者说动机不同。关心阶段，大学更多从尊重校友平等身份和保护校友的母校认同出发，希望达成人才培养质量不断提高的长远目标。这一阶段，大学虽然乐见少数"成功"校友的巨额回馈与反哺，但也能够在与校友的互动关系中坚持一视同仁，不会只关注"成功"校友。大学奉行有教无类、因材施教等育人理念并一以贯之，甚至当少数"成功"校友的需求与校友群体的权益发生冲突时，大学愿意放弃自身当下的利益，追求和维护多数校友群体的利益。在关心阶段，大学的价值理念和实践行动真正成为学生和校友的德行表率。例如，某大学95周年校庆时，在学校校庆主席台上入座的既没有官员校友也没有捐款校友，而是所有返校参加校庆的85岁以上老校友，学校认为他们的社会贡献和母校认同是大学文化及大学与校友互动关系的最好诠释。

反馈阶段。比关心阶段更高层次的是反馈阶段，这一阶段大学更注重倾听校友的声音，会主动向校友征求办学意见。为什么说反馈阶段高于关心阶段？在此阶段，大学不仅尊重校友的母校认同，坚守自身的教育责任，还能够跳出大学局限，站在校友的视角，根据校友评价，重新认识或者反思大学自身。相比于在校学生，校友反馈更加直接客观且没有顾虑。校友反馈有助于大学清醒地认识和了解自身教学及育人的真实情况。

研究阶段。在研究阶段，大学对自己所培养的校友进行广泛调查研究，了解学校教育与社会需求之间的真实差距，总结需要解决的问题。相关研究显示，大学对毕业五年以上的校友开展调研，一方面有助于大学深入了解校友所受教育与社会需求的匹配度，另一方面有助于大学提出符合自身特色的教育教学改革方向，做好未来校友的培养工作，激发出大学提高人才培养质量的内在动力。

南开大学原校长张伯苓曾言，"今后之南开，确惟出校生是赖"。梁启超更将清华毕业同学会定于"监督大学的地位"。面向未来，大学需认识到，大学与校友的关系不能只停留在联络、利用阶段，也不能满足于对校友的关怀和反馈，大学更重要的任务是通过与校友的互动，研究校友在社会上发挥了什么作用、是不是符合社会需求、是不是能够引领社会发展。通过做好校友调查研究，推动大学教学改革、落实立德树人根本任务、形成大学与社会深度有效互动，这是大学与校友互动的深远意义所在。

（原载《中国高等教育》2020年第9期，有改动）

第三节　"潘懋元之问"：高考有利于培养个性化创新创业人才吗？

2021年11月27日，在第二届潘懋元教育思想研讨会上，厦门大学教育研究院名誉院长、著名教育学家潘懋元教授发问："高考有利于培养个性化创新创业人才吗？"潘先生之问语惊四座，让线下线上600多位参会者陷入了沉思。

过去潘先生也认为，全国统一高考是中国一道特殊的风景线。每年到了高考的时候，全国各高考考点附近都要禁行，到处都是警察维持秩序，以保障考生能顺利参加高考，为了防止作弊，连考场附近的网络都关闭了。在高等教育精英化阶段是这样，大众化阶段还是这样，到了普及化阶段，还应该这样吗？

按照世界公认的马丁·特罗高等教育发展阶段理论，毛入学率在15%以下，上大学是特权；毛入学率从15%上升到50%，上大学是学生的权利；毛入学率达到50%以上，上大学是学生的义务。马丁·特罗还特别提出，在高等教育普及化阶段，学生受教育的形式是多种多样的，高考制度也应该适应多样化的高等教育发展要求。

我国高等教育发展形势已经发生了深刻的变化，实施全国统一高考的条件已然有了重要改变。高等教育毛入学率已经超过了50%，2020年达到了54.4%，2021年虽然还没有具体数据，但还会更高。接受高等教育已经成为青年和成年人的义务，是他们必须要完成的义务。但是，我们也知道，完成义务并不是许多年轻人想要的，因为读书毕竟是很辛苦的事情，有许多年轻人并不想上大学，而是想去打工，因为打工可以早有收入。高考制度导致了中小学的应试教育，孩子们从小学开始，一天到晚学习。孩子们完全没有办法按照他们的天性去玩耍、去发展，在小学学算术、学语文，到中学学数学、物理、化学，考什么就要学什么。这种考试制度落后了，阻碍了中国青少年的发展，使得我们的孩子从小就不能够很好地按照他们的天性，快快乐乐地去玩，快快乐乐地成长。现在，我们提倡教育要发展孩子的天性，培养人的个性，统一高考不是与教育的要求背道而驰吗？

高考曾经是一种先进的高等教育招生考试制度，特别是改革开放以来曾发挥了重大的历史性作用。但是，现在是普及化阶段了，高等教育毛入学率还会不断提高，环境条件变了，还搞"唯分数论"就不合适了，中央要求的"破五唯"就为高考改革指明了方向。

我们的教育要把年轻一代培养成为个性化创新创业人才，在他们的人生道路上，教育要发展学生的高级智能，要培养他们成为创新创业型全面发展的人，曾经是靓丽风景的高考是不是应该顺应时代要求而有所改变，而不是背离新形势、墨守成规呢？

讲话中，潘先生戏称自己的想法是"胡思乱想"。他希望抛砖引玉，就进高校还要不要高考的问题请教大家。

"潘懋元之问"振聋发聩，发人深思。

（原载《河北师范大学学报（教育科学版）》2022年第2期，有改动）

第四节　高等教育普及化时代高考改革走向①

全国统一高考是中国一道特殊的风景线，曾经是一种先进的高等教育招生考试制度，特别是改革开放以来发挥了重大的历史性作用。高考对于国人来说，其重要性不言而喻。每年到了高考的时候，全国各高考考点附近都要实行交通管制，到处可见警察在维持秩序，为高考保驾护航。但是，现在高等教育已经进入了普及化阶段，未来毛入学率还会不断提高。环境条件变了，全国统一高考是否能够很好地适应新时代创新人才培养的需要，需要理论工作者加以认真研究，进行深刻思考：统一高考是不是在很大程度上唯分数论？如果是，那就不能很好地适应创新人才的培养。中共中央、国务院高度重视创新人才的选拔与培养，为此先后出台了多项相关政策进行引导，特别是《深化新时代教育评价改革总体方案》对"破五唯"提出了具体要求，也为高考改革指明了方向。

一、改革背景

我国的高等教育已经进入普及化时代，接受高等教育已经不再是少数人的事情，而是广大适龄青年甚至任何一个公民的基本权利。普及化时代的高等教育使命也不再只是培养高新尖人才，而是提高公民整体素养。进入新时代，我国的高等教育要担当新使命，要扎根中国大地培养全面发展

---

① 本文系车如山整理，潘懋元先生审定。

的社会主义建设者和接班人。这不仅是时代的召唤，更是中华民族的长远利益所必须考量的事情。面对这种新形势，我们应该认真思考和深入研究。目前的统一高考该何去何从，社会各界认识不一，学术界的观点也是不尽一致。无论人们对于统一高考的看法如何，有一点必须要引起重视。我们已经拥有了全世界最大规模的高等教育，不再只追求高等教育数量发展，我们必须走内涵式高质量发展道路。那么，如何实现这一宏伟目标呢？我们认为，需要重新审视高考改革问题。要从大局出发，全球着眼，就会有不同的选择。

高考历来受到党和国家的高度重视，高考改革是牵一发而动全身的大事，其改革必须慎之又慎，时至今日，我国现行的统一高考也到了需要重新审视的阶段。我们面对创新人才培养的需要和统一高考的稳定器作用，该做何选择，是时代向我们提出的课题，这既是一项理论课题，又是一项实践课题，需要理论工作者做出超前的理论判断，引领实践向前发展，更需要实践工作者们勇于探索，积极实践，探索一条改革之路。

2003年7月11日，时任浙江省委书记的习近平在《浙江日报》的"之江新语"专栏发表《路就在脚下》一文。文章中写道："考上大学固然可喜，但没考上大学也不用悲观，更不能绝望。路就在脚下。一个人能否成才，关键不在于是否上大学，而在于他的实际本领。社会本身就是一个大学校，留心处处皆学问。只要你肯学习、能吃苦，没有读过大学，照样能成才。""一定要从社会、学校和家长等多方入手，千方百计把孩子从分数中解放出来。要让他们明白，人生道路千万条，各行各业都能成才。只要矢志追求、努力拼搏，照样可以实现人生抱负和目标。"可见，人生成功之路绝非高考一个渠道。党的十八大以来，以习近平同志为核心的党中央把创新摆在国家发展全局的核心位置，高度重视科技创新，围绕实施创新驱动发展战略、加快推进以科技创新为核心的全面创新，提出一系列新思想、新论断、新要求。强调要在全社会积极营造鼓励大胆创新、勇于创新、包容创新的良好氛围，既要重视成功，更要宽容失败，要坚持竞争激励和崇尚合作相结合，促进人才资源合理有序流动，完善好人才评价指挥棒作用，为人才发挥作用、施展才华提供更加广阔的天地。再次印证了人才成长的多元化。

二、正确认识高考的历史地位

高考制度本身最终看的是总分。日常生活中发现，有很多偏科现象的学生，在某一学科非常具有天赋和特长，但部分科目却惨不忍睹，在高考总分计算的情况下，对这样的学生存在着"不公平"的情况。这也直接导致了这类学生没办法到大学继续学习、挖掘自己的特长与天赋。

统一高考制度在我国教育改革和发展历程中发挥了举足轻重的作用，影响了我国几代人的人生轨迹，对于特定时期的社会发展产生了深刻的推动作用。然而，当我们进入新的历史时期，高等教育已经进入普及化阶段，按照马丁·特罗高等教育发展理论，毛入学率在15%以下，上大学是特权；毛入学率从15%到50%，上大学是学生的权利；毛入学率达到50%以上，上大学是学生的义务。马丁·特罗还特别提出，在高等教育普及化阶段，学生受教育的形式是多种多样的，高考制度也应该适应多样化的高等教育发展要求。同时，面对实现中华民族伟大复兴的中国梦的现实需要，我们需要更具创新、更有质量的教育，而这样的教育则需要与之相适应的人才培养和选拔机制，站在教育改革转型发展的十字路口，我们该思考如何改革，统一高考影响了基础教育的创新发展，也不利于高等教育选拔人才和创造性培养人才。

三、创新人才培养呼唤高考改革

高考虽然只是一种人才选拔形式，但如何考却事关人才培养质量、规格和层次，也就是说高考改革应当符合人才培养的需要。进入新时代，创新人才培养成为时代主题，我们的教育要把年轻一代培养成为个性化创新型人才，教育要发展学生的高级智能，要培养全面发展的人，曾经是靓丽风景的高考是不是应该顺应时代要求，而不是背离新形势，墨守成规呢？

要从招生考试制度改革入手，彻底扭转忽视应考者的主体性、自主性，不利于人才选拔的多元化，不利于培养具有创新能力的人才等倾向。进入新时代，人才评价发生了明显变化，评价标准、评价理念、评价方式都在快速发生着革命性变化。

40多年来，我们一直沿着统一高考的公路笔直地行驶，由于没有学会拐弯，形成了越来越严重的"应试教育"。应试教育制约了高中、初中，甚至小学教育，现在还制约了我们的大学本科，许多本科生的学习是为了考研。应试教育不利于儿童、青少年的健康成长，不利于素质教育实施，有违德、智、体、美、劳全面发展的教育方针。我们现在正处于一方面在批判应试教育，实际却在助长应试教育的怪圈之中。怎么办？对此，我曾提出一个简单而难办的办法，就是把高招和高考剥离开来。高招和高考剥离，就是说招生就是招生，招生可以通过考试，但不一定非要通过考试，尤其是不一定要跟全国统一高考捆绑在一起。要让高校招收与专业所要求的知识、能力、素质适应的学生，让学生选择与自己的兴趣、能力、理想适应的高校和专业升学，这就是高招的目的与任务。考试只是招生的方法之一。多元化的高校要有多元化的生源，要用多元化的标准和多样化的方法来达到招生和升学的目的。在全国统一高考中，我们没有这种经验，现在把考试和招生分开，为招生工作松绑，问题就解决了。当然，在大学本专科的招生上，我们还没有这种经验。但是，一些发达国家的大学招生就是不需要统一考试的。你要去这些国家留学，并不需要先参加统一高考，而是将有关资料寄到所申请的高校，高校审查有关资料和外语水平就决定录取与否。

综观世界各国情况，大多数国家都已实行灵活多样的高招制度，不管是我们的近邻日本、韩国，还是欧洲国家，抑或是美洲国家，全国实行统一高考的已经非常少见了，即便是有统一高考的存在，但只是将统一高考作为环节之一，并非决定因素。经过改革开放几十年的不断探索和实践，我们的高等教育已经形成了一套具有中国特色的人才培养体系，包括人才选拔制度，高等教育已经进入多样化发展阶段，我们已经拥有40多年的人才选拔经验，完全具备自主选拔人才的能力。如自主招生，单独招生，分省招生等，元培计划、求实计划、创新学院等。

四、多元考试将成为高考改革的总体目标

我们习惯上认为统一高考是最公平的，因为人人在分数面前平等。实际上是表面的公平掩盖了实质的不公平，结果公平掩盖了过程的不公平。为什么高考的高分者，大多数是城市中上层家庭的子女？为什么"985工程"高校来自农村的学生很少，不得不用加分、规定名额等等办法照顾来自农村的学生？那么，我们应该如何在考试命题、招生方法等方面进行改革和尝试，树立正确的人才观，体现出社会主义核心价值观导向，更好培养具有社会责任感、创新精神、创新思维、终身发展、适应时代进步的关键能力？我们不能简单地说考试招生制度与立德树人根本任务没有关系，不仅有关系，而且是有很紧密的关系的，还要把这种导向贯穿在考试招生制度的始终，就不难设计出更加合理的高招制度了。

只要我们观念领先了，认识到位了，有了决心和定力，我们经过深入研究，一定能够使高招这个很复杂的事情变得简单一些。我们经常说复杂事情简单化，也是很高的领导艺术。比如，多次考试的等值问题、不同科目难度把握问题，等等，都需要研究；对学生的个性分析以及与专业匹配问题也需要探索，让学生接受"适合的教育"。抓住若干关键技术使复杂问题简单化，这种简单化也是科学化，让老百姓听得懂、看得清、走得通，使制度设计更好地服务于民众，使招生工作做得更好。

（原载《内江师范学院学报》2022年第1期，有改动）

第五节　从选拔性考试到适应性选才

——高等教育普及化阶段试行"套餐式"招生模式的设想[①]

一、推动高等教育发展的两个重要理论基础

20世纪以来，有两个理论对推动世界高等教育发展发挥着关键作用：一个是由舒尔茨提出的人力资本理论，一个是由马丁·特罗提出的高等教育发展阶段理论。

20世纪60年代形成的人力资本理论以大量的统计数据证实了人的因素在推动经济社会发展过程中发挥着至为关键的作用。舒尔茨在长期关注"增长剩余"问题的基础上首次提出了人力资本理论。他认为，"人口的质量和知识投资在很大程度上决定了人类未来的前景"[②]。舒尔茨通过分析1929—1957年间美国教育投资与经济增长之间的关系发现，各级教育投资的平均收益率为17%，教育投资增长的收益占劳动收入增长的比重为70%，占国民收入增长的比重为33%。[③]由于人力资本作为一种"活的资本"具有典型的创新性、可迁移性和广泛收益性等特征，该理论提出后陆续受到世界各国政府和教育部门的关注，有力推动了世界各国教育事业的发展。

我国拥有14.4亿人口，是典型的人口资源大国，但仍算不上人力资源

---

① 本文由潘懋元先生口述，陈斌副教授整理完善。

② Theodore W. Schultz: *Investment in Human Capital*, The American Economic Review, 1961. 5.

③ Theodore W. Schultz: *Education and Economic Growth*, University of Chicago Press, 1961. pp. 46-88.

强国。相关资料显示，2020年我国就业人员总数达75 064万人，其中农民工总量28 560万人，而拥有各类专业技术人员资格证书的为3 588万人[①]，占比仅为12.6%。我国要从人力资源大国向人力资源强国转变还有较大的发展空间。根据人力资本理论，实现转变的关键在于增加对正规学历教育和在职培训的投入，让更多的人有机会接受高等教育和职业技能培训。毫无疑问，单纯依靠自然资源和体力劳动是难以实现现代经济创新发展的，必须努力提升劳动者的受教育水平。

据此，高等教育必须转变教育发展理念，调整学术标准，丰富高等教育入学机会，改变过去单一的学术型录取标准，不断强化应用型导向的招生模式和招生标准，服务于应用型人才的录取和培养。尤其是要不断扩大在职人员等"非传统学生"接受高等教育的机会，满足他们对高等教育的特殊需求。在普及化阶段，高等教育的专业链与社会产业链之间的关系将更加密切，社会需要更多受过高等教育的人才以实现产业转型升级。产业对人才的多元需求决定了高等教育的入学标准和招生录取方式必须更加灵活多元。因此，为了让更多的人有机会接受高等教育，尽可能增加更多人的人力资本，高等教育普及化阶段的招生录取方式需要更加多元、开放，放开年龄限制。

马丁·特罗于20世纪70年代提出的高等教育发展阶段理论，从历史演进的视角将高等教育发展过程划分为精英化、大众化和普及化三个阶段。当一国上大学的适龄青年的规模保持在15%以内时，属于精英化高等教育阶段；当高等教育毛入学率超过15%时，高等教育进入大众化阶段，高等教育结构开始发生变化；当高等教育毛入学率超过50%时，高等教育进入普及化阶段，高等教育将在诸多方面发生明显改变。马丁·特罗认为，当高等教育从精英化阶段向大众化阶段乃至普及化阶段转变时，高等教育将由量变

[①] 中华人民共和国人力资源和社会保障部：《2020年度人力资源和社会保障事业发展统计公报》，http://www.mohrss.gov.cn/ SYrlzyhsbzb/zwgk/szrs/tjgb/202107/ W020210728376021444478.pdf。

引起质变，高等教育的观念、功能、课程与教学形式、入学条件、学术标准、管理模式和利益相关者的关系等都将发生显著变化，其中，最重要的是教育观念的变化。[1]在高等教育精英化阶段，接受高等教育是少数精英群体的特权；在大众化阶段，上大学逐渐成为人们的一种权利或资格；进入普及化阶段，接受高等教育将成为人们普遍的义务。接受高等教育从特权演变成权利，再由权利转化为义务，是高等教育量变引起质变的具体体现。

教育观念的转变必将影响高等教育入学标准和招生录取方式的改变。相较于前两个发展阶段，普及化阶段高等教育将面向所有希望入学或有资格入学的学生，其录取标准是学生的上学意愿。在普及化阶段，高等教育遵循包容教育理念，能够容纳规模庞大的受教育者，使教育基础和背景各异、求学动机各不相同的受教育者都能得到接受高等教育的机会，更使社会各方面对高等教育的需求都能得到满足。在精英化或大众化阶段，高等教育大多关注个体受教育机会的平等，到普及化阶段，高等教育关注的重心将转向群体成就的平等。故此，高等教育招生录取方式必须做出相应的改变——从单一、统一的考试转向多元录取，可以通过考试选拔，也允许申请入学，即各种各样的招生方式并存。换言之，当上大学成为每个人的基本义务时，高等教育的大门应向全社会开放。

二、高等教育普及化阶段亟须改革高校招生录取方式

过去，我国高等教育长期处于精英化阶段，高校根据全国统一高考的分数择优录取，高等教育始终面临入学机会供不应求的矛盾——招生名额有限而有意愿上大学的高中毕业生数量持续攀升。进入高等教育大众化阶段，随着高等教育规模不断增长，高等教育入学机会的供需矛盾有所缓解，

---

[1] TROWM: *Problems in the Transition from Elite to Mass Higher Education*, Johns Hopkins University Press, 2010. pp. 86-142.

上大学不再限于少数优秀高中毕业生，高等教育系统可以为适龄青年提供更多的接受高等教育的机会。教育部最新统计数据显示，2020年我国高等教育毛入学率达到54.4%，已进入高等教育普及化阶段。在普及化阶段，上大学不仅仅是选拔优秀生源的问题，而是学生如何选择符合个性需求的高校、专业与高校、专业如何选拔契合自身办学特色的生源的双重问题。

根据教育内外部关系规律，教育既要主动适应政治、经济、文化等社会各子系统的发展需求，也要兼顾教育对象的身心发展、个性特征和人的个性的全面发展各个部分的关系。[1]高校招生录取制度作为教育制度的重要组成部分，其改革既需要遵循教育外部关系规律，也需要遵循教育内部关系规律。一方面，高校招生录取制度需满足经济社会发展的现实需求，为经济社会实现转型发展、创新发展选拔和培养有用人才；另一方面，培养人才是高校的基本职能，包括招生录取在内的各个环节都应以教育内部关系规律为理论基础，坚持"以生为本"的教育理念，引导学生在基础教育阶段形成合理的知识能力结构、在高等教育阶段选择适合个性发展的专业方向。

自1977年以来，全国统一高考制度为高校选拔人才、维护社会稳定和推动社会主义现代化建设发挥了积极的作用。但当高等教育进入普及化阶段后，全国统一高考制度可能会放大"以分数论英雄"的弊端，忽视学生的兴趣爱好、能力素养和个性专长，有违"以生为本"的教育理念。

统一高考实现了分数面前人人平等的目标，从这个意义上讲，它是迄今为止最公平的考试制度。然而，这种公平只是以结果的公平掩盖了过程的不公平，更是忽视了教育的本质，即让每个学生都能享有适合自己个性发展的教育，充分激发学生的内在潜能，使其成为有益于社会发展需求且个性得到尊重的专门人才。2014年出台的《国务院关于深化考试招生制度改革的实施意见》启动了新一轮高校招生考试改革。但客观而言，无论是

---

[1] 潘懋元、刘丽建、魏晓艳选编：《潘懋元高等教育论述精要》，福建教育出版社2015年版，第21页。

"上海方案""浙江方案"，还是其他省市的新高考改革方案，都只是对统一高考制度中的考试科目、考试内容、考试次数、计分方式、志愿填报方式等环节进行调整，其本质仍是维持统一高考制度，没有从根本上改革，难以真正适应高等教育普及化发展的需要。

要改革高校招生录取制度并非易事，其中有理论问题、政策问题、方法问题，更重要的是如何转变人的观念问题。过去统一高考的考试观主要是通过考试考查学生对知识的记忆能力；现在高等教育普及化阶段的考试观应充分尊重学生的个性需求，全面发展学生的兴趣爱好，培养能够适应社会主义现代化建设需要的各种有用人才。也就是说，人的个性是各种各样的，社会发展需要的人才也是多种多样的。统一高考制度为实现统一、公平的目标，在一定程度上制约了学生的个性发展，使得青少年没有自由探索的时间，缺少个性化发展的空间，也就难以培养个性化的创新人才。

三、以"套餐式"招生实现从选拔性考试向适应性选才转变

马克思强调人的全面发展，是指实现人的个性的全面发展。在高等教育普及化阶段，高校招生录取方式必须从选拔性考试向适应性选才转变。全国统一的大规模选拔性招生考试的突出问题主要表现为两个不适应：一是没有适应学生的个性特征；二是没有适应各高校各专业的办学特色。如果说在高等教育精英化阶段和大众化阶段，用高考分数满足民众对公平的基本要求有其合理性的话，那么，当高等教育进入新的发展阶段后，就要贯彻新的发展理念，遵循教育内外部关系规律，改革统一高考制度，使高校招生录取制度发挥它应有的作用。

在高等教育普及化阶段，高校招生要适应学生个性特征，满足学生对个性发展的要求。高考分数固然是学生考出来的，不可否认，就学生个体而言，它在一定程度上反映了学生在知识、能力和素质方面的某些表现，但数字是冰冷的，特别是在不同学生之间进行比较的时候，更显得单调而苍白。高考分数并不能代表学生全面发展的情况，更不能代表学生的人生选择和社

会理想，但学生的高考分数却可以决定他的命运，影响他的人生轨迹。高考分数的作用被夸大了，高考是为学生服务的，不能成为制约学生个性发展的障碍。十七八岁的学生充满朝气，可塑性强，不能让学生们为了分数而"往死里学"。普及化阶段高校招生录取制度要适应学生个性发展的需要，要引导中小学教育发展学生的个性，激励学生全面、主动、创造性地发展。

在高等教育普及化阶段，高校招生要适应各专业办学的需要，促进高校各专业有特色发展，办出水平，实现高质量发展。现行高考制度把高校办学差异简单化到高考分数段上，方便了管理，保证了所谓分数公平，却模糊了不同高校、不同专业教育教学的特点，也导致各高校只关注学生的分数，不能全面考查学生的素质能力。普及化阶段高等教育更具多样性，国家高等教育政策积极鼓励高校办出特色、办出水平，当各高校所招收学生的差别只是体现在分数高低上的时候，办出特色和办出水平的政策要求就丧失了最根本的基础。普及化阶段高校招生录取制度要适应高校高质量发展需要，为高校实施个性化教育、走特色发展之路奠定坚实的基础。

那么，如何才能更好地契合学生个性发展的需求呢？我们的初步设想是实行"套餐式"的招生录取方式：高校根据各个学科、专业设计并提供不同类型的套餐，学生根据自身的个性特征、能力基础选择适合自己的套餐。这也是高等教育普及化阶段发达国家的经验。例如，在法国，高中毕业会考是高校录取学生最重要的依据，毕业会考共设有12组考试科目和若干选考科目，学生通过了相应科目的考试即可在相应高校申请入学。日本的高考叫作"大学入学共通考试"，科目共设有5类19科，由学生自选若干科目应试。我们所设想的"套餐式"招生录取方式与之类似，但更加强调高校各专业与学生的双向适应。高校根据不同专业的特色和要求提供多样化的套餐供学生选择，套餐的设计应基于中学的教育教学内容，考试科目应是与中学对接的高校专业所需的基础知识与相关知识的科目。例如，经济学专业的套餐，主考科目为数学，相关科目可以是英语；土木工程专业的套餐，主考科目为物理，相关科目可以是数学和美术，等等。

　　"套餐式"招生录取方式可由高校自主命题或不同高校联合命题，也可由中介考试机构根据不同高校的教育目标和培养规格进行命题。同一门科目根据不同高校专业的特殊需求，可设计难度和重点不一的考题。例如，语文科可以有难度不一的语文Ⅰ、语文Ⅱ，数学科可以有数学Ⅰ、数学Ⅱ，等等。通过实行"套餐式"招生录取方式，高校各专业可根据自身的办学定位和发展特色，对所需人才的知识、能力和素养提出有针对性的要求。上大学选专业是青年的义务，可以不依据高考成绩，而是基于自己的能力基础、兴趣爱好和个性专长，以完成自身的义务，有利于实现主动学习，最终实现高校各专业与学生的双向自主选择。

　　在目前情况下，试行"套餐式"招生录取模式可能存在一定的风险，如学生在对自我职业发展不够明确的情况下容易出现偏科现象，高校在缺乏自主办学意识和能力的前提下容易走向趋同化发展。因此，推动"套餐式"高校招生改革需具备两个前提性条件：一是高校应在招生录取过程中享有充分的招生自主权，并有意识地提升招生能力，成为真正的招生主体；二是要不断强化高中教育阶段职业生涯规划指导，增强学生对高校和自我的认知能力、选择能力。就高校而言，推动高校招生录取制度改革的关键在于切实推动政府下放高校办学自主权，尤其是招生自主权，鼓励各高校根据自身的办学定位和发展优势制定招生方案和具体录取方式。当然，高校自主发展必须以满足社会发展需求为前提，尤其是对公办高校而言，更应该承担社会责任。就高中生而言，既需要努力夯实知识基础，也需要通过职业生涯规划有效提升自我认知水平，增强对高校和专业的了解，努力在社会需求与个性发展之间寻求平衡。换言之，高校专业想要招收具备什么样素质的人才，应从社会发展需求和本校办学特色出发；哪个专业更符合学生的个性需求，应充分考虑学生的自主选择权、能力基础和兴趣爱好。

　　上述所谈只是一种设想，或者说是未来改革的方向。至于具体的理论探索、政策制定、方式选择，可能存在的问题、面临的挑战，尚需在改革实践中不断摸索、完善。高校招生录取制度对学生、基础教育和高等教育都有重要的影响。40多年前恢复高考制度时的教育基础已发生了重大变化，经济社会发展也取得了举世瞩目的成就，修修补补的高考改革不能满足新的需要，要以建设高质量教育体系为指南，在全面系统研究的基础上进行整体性再造。让高校各专业招收具备办学所要求的知识、能力、素质的学生，让学生选择与自己的兴趣、能力、理想相匹配的高校和专业，应成为今后我国高校招生录取制度改革的方向。

（原载《高等教育研究》2021年第9期，有改动）

第六节　要勇于面对一流本科教育这个世界性难题

一流本科教育：世界性难题

一流大学，要不要拥有一流本科教育？能不能建设一流本科教育？如何建设一流本科教育？这是一个世界性的难题。在美国，一流本科教育并不在世界大学排行榜居于前列的一流大学，而在专门培养本科生的文理学院；在中国，过去的重点大学、"211工程"大学、"985工程"大学以及现在的"双一流"建设大学，所重视的都是科学研究和研究生教育。虽然教育部门已经强调"双一流"大学的建设应当"以本为本"，许多教育专家也呼吁高等教育的建设应当"回归本科"。但是，如果高等教育的评估制度与评估标准不改变，"以本为本"与"回归本科"还是很难落实。

本科教育是培养高层次人才的根本，也是培养高级创新型人才的起点。一流大学，应当担负起建设一流本科教育的责任，也拥有建设一流本科优势。因为一流大学具有理念先进、师资水平和生源质量较高等优势，能够较好地承担这一责任。

有鉴于此，希望通过中外专家学者交流经验、研讨理论，共同出谋划策解决这一世界性的难题。

（原载《教育科学》2019年第5期，有改动）

第七节　以创新文化养人　以创业实践育才

我国正处于社会转型和高等教育转型的关键时期，开展高校创新创业教育有助于促进产业升级的高素质人才的培养、凸显高等教育的应然价值、推动"建设创新型国家"发展战略的实现。如何通过创新创业教育，激发大学生的创新意识，提升创新精神和创业能力，成为高校面临的重要课题和紧迫任务。

一、解读创新创业教育的内涵和价值

毫无疑问，创新创业教育成为我国当前高等教育理论研究与实践探索的双热点。一方面，创新创业教育的实践活动具有丰富的价值意蕴，对国家战略制定、高校创新式发展、学生综合能力提升都具有现实意义。另一方面，创新创业教育是一个复杂的系统性工程，创新创业教育的基本内涵还没有为学界所公认，仍然是一个处在讨论中的新概念。

作为教育领域的全新理念，创新创业教育是知识经济时代教育的引领性价值观。世界高等教育普遍重视开展高校创新创业教育，服务于建设创新型国家的重大战略。早在1995年联合国教科文组织发表的《关于高等教育的变革与发展的政策性文件》就呼吁，高校毕业生不仅仅是作为一名求职者的角色走向社会，还应该争取成为一名创造者，引领行业的发展。1998年，联合国教科文组织更加明确提出："高等学校，必须将创业技能和创业精神作为高等教育的基本目标。"如今，欧美等发达国家的高校围绕创新创业教育开设了系列的课程，形成了比较成熟的体系。

创新创业教育不仅是时代发展的需要，也是高等教育发展阶段性产生的结果。后大众化高等教育时期，制约教育教学质量和办学效益的深层次矛盾和问题不断凸显，推动高等教育实现内涵式发展、坚持规模扩张与质量提升协调发展成为当前高等教育发展的需要。能否顺利解决系列矛盾和问题是高等教育证明其合法性的关键。从微观层面而言，创新创业教育是高校在推进人才培养理念、模式等方面改革的途径之一，其首要职能与核心价值必然集中在高素质创新人才培养上。以培养学生的创新精神和创业能力为抓手，创新创业教育革新了高等教育传统的人才培养方式、回归了高等教育发展的根本，契合了《中华人民共和国高等教育法》（2015修正）的规定："高等教育的任务是培养具有社会责任感、创新精神和实践能力的高级专门人才"。

创新创业教育不同于传统的应试教育的理念和模式，也并不以培养企业家为导向，而是一种传播理论知识为辅、营造文化氛围为主的综合教育。创新创业教育以理论探讨、实践探索为主要内容，以教师和学生共同参与为实现形式。从某种程度上来说，创新创业教育是一种动态的场域，或者说是不同文化主体相互作用、相互影响的过程。具体来说，创新创业教育融合了学生的校园生活体系与社会生活体系、教师的知识传授与实践学习、高校的教学科研成果与社会服务意识等。从场域的形成条件来看，创新创业教育环境的搭建为学生的创新创业创造了基本条件，开展的创新创业主题活动激发了大学生创新创业的意识，团队合作与交流的经历培育了大学生创新创业能力，塑造了大学生的人格。

在创新创业教育如火如荼地开展之时，准确地把握其本质和内涵是理论和现实需要解决的问题。从经济发展的角度来看，在知识经济时代，科学技术日益发达，发明创造日新月异，这样一个大变革的时代呼唤创新创业型人才，助力产业结构调整、经济发展方式转变。从文化创新的角度来看，现代商品社会、信息高科技扰乱了传统文明的发展节奏，功利主义、快餐文化、山寨文化等对传统文化造成了一定程度的冲击和影响。"大众创业、万众创新"则成为一种新的社会思潮，激发了人们对优秀传统文化以及国外优秀文化的甄选和吸收。从教育发展的角度来看，我们认为，创新创业不是少数人的专利，也不是普通人的妄想，而是受教育个人改变命运、追求卓越的一种方式。由此，创新创业教育是一种面向所有学生、面向未来的教育思想，根本出发点是培养学生的事业心、创造与创业精神。

二、依托校园文化进行创新创业教育

在调研中发现，以办学定位为指导、以校园环境为载体、以科学研究为依托，泉州理工职业学院积极营造创新文化，实现"润物细无声"的文化熏陶式育人效果，构建创业课程、搭建创业平台、明确服务地方策略，紧密结合创业理论与实践，达到"即学即用"的育才目的。

（一）营造创新文化，力求"润物细无声"的育人效果

创新文化作为一种文化"软实力"，既是在精神、理念和价值观层面上提升主体自主创新能力的前提，又是从制度、环境角度提高区域自主创新能力的基础。泉州理工职业学院以学校的发展需求为根本出发点，通过多种途径和方式营造浓厚的创新文化，为培养学生创新意识奠定基础。

首先，以办学定位引领学校创新的方向。对于高职院校而言，创新创业教育目的在于培养具有创新精神、创新思维、创新意识和创新能力等应用型人才，直接服务于社会生产与生活。长期以来，民办高职院校的状况

是"基础差、底子薄、资源少、矛盾多"，为了改变这种不利的发展状况、开拓更广阔的发展空间，泉州理工职业学院确立了"产业伙伴型大学"的办学定位。"伙"代表的是合作、交流；"伴"指的是共同进步、发展。正是这种创新式的发展思路和独特的办学定位逐步引导学校形成一种特定的文化氛围，或者说"求变"思维贯穿到学校的发展理念中。

其次，以校园环境搭建学校创新的载体。创新意识、创新思维的培育不仅仅需要一定的精神环境，同样需要特定的物质环境。泉州理工职业学院在传承地方历史文化与完善校园功能设施的同时，十分重视并努力实践"生态和谐、绿色循环"的理念，创新校园建设，打造"绿色区域""绿色建筑""绿色消费"与"绿色技术"融为一体的生态校园园区，特别是建筑废渣、生活污水、地沟油等处理技术的应用，让校园循环经济、节能减排、全面清洁校园水源从蓝图变成了现实，以实践推动创新，把"环境育人"的理念融入校园建设中，让每一扇墙壁、每一处景致都成为能传情、能说话的"活教材"。

最后，以科学研究贯穿学校创新的过程。由于资源配置以及政策引导等原因，科学研究成为研究型高校的"专利"。然而，以科学研究推动学校创新发展、培养创新人才理应成为每所院校的共识。泉州理工职业学院获得了多项充分体现循环经济理念的国家专利技术均具有很好的推广价值，如"非承重墙体机器成型方法""新型绿化墙体""新型循环水箱""制造混凝土墙的模板"等，根据学校建设的过程中的实际需要，以一系列科学研究的成果应用到学校创新的全过程，以事实改变人们对于民办高校科研能力差的偏见。

（二）注重创业实践，贯彻"知行合一"育才方式

为了进一步完善学校人才培养战略规划，全力打造"创业者的摇篮"，培养具有"晋江模式"基因和泉州理工特质的"创业型"人才，泉州理工职业学院围绕学校"创业者的摇篮"育才定位，为地方产业输送"去得了、用得上、留得住、发展好"的复合型人才。

一是推进通识教育改革，构建创业实践课程体系。在专业教育的同时补充创业知识，了解企业创办、管理和运营的基本技能，更符合现阶段学生认知和社会需求。为此，泉州理工职业学院大力推进通识教育改革，构建创业实践课程体系。其一，泉州理工职业学院设立了专门的机构——通识教育改革委员会，学校党委书记担任主任。其二，制定"通识教育改革实施方案"，构建通识教育课程体系。由教务处牵头，统筹公共基础课与公共选修课，打通两类课程；由学生处和团委牵头，开展创新创业第二课堂教育，通过特色校园文化活动、社会实践（服务学习）、情满校园主人周、创新创业讲座、创新创业竞赛等活动，对学生进行隐性的创新创业教育；由就业处牵头，开展创业教育和创新创业研究工作。根据学生特点和需求，分阶段地开展职业生涯规划、职业素质培养、创业意识和技能、就业创业准备等富有针对性的教育内容，并开展各种创业教育活动。

二是深化创新创业改革，打造创业者的摇篮。泉州理工职业学院立足地方发展的需求、精心打造创业者的摇篮，采取了多种方式方法。第一，形成"1-2-3-4"创业培育模式。传承"敢为人先、爱拼敢赢"，激发一个创业梦想；创新工作载体，建设创业培训、创业孵化两个服务平台；凝聚创业能量，打造校内教师、创业校友、校外导师三支导师团队；遵循创业规律，圆梦普及教育、系统培训、创业孵化、创业运营四个创业阶段。第二，深度融合专业教育与创业教育。围绕"建设一个专业群，引进或培育一个以上知名企业，服务区域一个产业"的专业建设思想，泉州理工职业学院积极探索校企一体、产教融合的创业人才培养模式。第三，构建多元创业服务体系。根据国务院精神，结合学校办学定位、特色及闽台合作资源优势，泉州理工职业学院、台湾高校与晋江三方共建"海峡两岸创意创新创业学院"；充分利用全国互联网+、创青春、职业挑战杯等大学生创业大赛载体，推动学校创新创业教育实践；搭建省、市高校毕业生创业培训基地与孵化基地以及对接创业园。

三、深入思考创新创业教育之发展

我国高校创新创业教育的产生根源于我国社会经济发展的现实需要，其发展和演变形成了具有我国特色的价值内涵。相比于国外比较成熟的理念、体系和发展模式，我国高校创新创业教育具有很大的发展空间。

（一）高校创新创业教育需要百折不挠，而不是一曝十寒

如何推动高校创新创业教育的可持续发展，需要从两方面着手解决。一方面，转变思想观念，充分理解并重视高校创新创业教育的价值内涵，确立"以人为本"的理念，把培育大学生的创新精神、提升大学生的创业能力作为推动高校创新创业教育的主要推动力；另一方面，实行制度建构，高校创新创业教育是一种理论结合实践的人才培养模式，建立高校创新创业教育的人才培养体系需要制度化的保障，强化模式的可持续性发展。

（二）高校创新创业教育需要鞭辟入里，而不是浅尝辄止

高校创新创业教育概念的认识程度直接影响到其开展的效果如何。20世纪90年代，创业教育作为舶来品进入我国，2010年教育部正式使用创新创业教育这一概念，直到现在，诸多学者仍在关注创新创业教育的内涵。因为只有明确创新创业教育的内涵，才能更好地指导高校创新创业教育系列活动的开展、更好地提升人才培养的质量和水平。

理论研究与实践探索的过程中，皆出现创新创业教育的"倾向论""整体论"等现象，主要表现为片面地、表面地认识和理解创新创业教育，没有能够揭示创新创业教育的本质。创新创业教育应该落脚于人的培养。具体来说，通过全面深化改革传统的教育教学模式，以培养学生创新创业意识、精神和能力为根本宗旨的教育理念和模式。

（三）高校创新创业教育需要多方联动，而不是单枪匹马

推进并落实高校创新创业教育相关项目和活动并不是学校单方面可以完成，因为它是一项涉及多方面主体的复杂系统工程，包括教育教学理念、教育模式、管理体制的改革，社会氛围、社会文化的建立，政府政策和导向的改变等各个方面。因此，各个管理系统之间的协调、沟通以及合作，共同形成一种合力，尝试突破现有的教育培养制度与框架，探索能够适应我国人才培养和社会发展需要的创新创业教育培养模式，至关重要。其一，政府需要进一步强化支持的力度，加大财政拨款和政策倾斜；其二，学校需要积极探索高校创新创业教育多样化、个性化的实施模式，提升人才的质量适应社会发展的要求；其三，应该加强企业与高校的合作和交流，提供相应的平台和机会，服务学生的创新创业。

（原载《中国高等教育》2017年第8期，有改动）

第八节　中国独创的教育基本制度

——《自学考试制度研究》简介

　　康乃美研究员的专著《自学考试制度研究》（湖北人民出版社2006年4月版），以回答什么是自学考试制度、怎样发展和完善自学考试制度为研究目的，以自学考试制度适应学习型社会发展需要为研究主线，以自学考试制度的历史和现状、理论和实践为研究内容，以探索自学考试制度未来取向、路径选择和战略对策等重大问题为研究重点，从国家教育制度层面，深入探讨中国独创的自学考试制度基本问题和发展规律。为此，作者精心设计和构建了"六大组合"的研究框架。现简述如下：

　　第一研究组合，作者从思维逻辑、实践经验和理论创新等层面，提出了自学考试制度的"三个相贯通"和"六个有机结合"的新概念。主张从国民、社会和国家三大主体与学习、教育和考试三大要素的相互联系中来把握和揭示自学考试制度的基本特征这一观点，冲破教育制度类型学的传统框架，从现代学制、现代远程教育和国际教育标准等视角，对自学考试制度的类型进行新的划分和定位。

第二研究组合，作者从历史和现实、国内和国外、内因和外因等方面，对自学考试制度的法规政策、业务规范、管理体制和组织机构四大系统的变迁路径进行考察，揭示了自学考试制度"四个历程""六个时期""三个阶段"和"两大特点"等演变轨迹。作者还论证了影响自学考试制度变迁的国际因素，首次提出自学考试制度并非国际终身教育理念和世界教育发展潮流的局外之物。

第三研究组合，作者从教育学、考试学和社会学等视野出发，对自学考试制度的要素、结构、功能和机制等基本问题进行理论思考，提出了教考要素组合方式论、自学考试双重属性论、自学考试双向功能论，同时还提出"一分为二"的自学考试要素构成论、"二元多重"的教考组合方式论和"三个互相"的教考运行机制论，为自学考试制度提供较为有力的理论支撑。

第四研究组合，作者从规模、速度、结构、质量和效益等方面，运用定性和定量、个别与一般相结合的研究方法，对自学考试制度的发展状况进行了实证分析，绘制了自学考试三种类型的"趋势曲线""变动曲线"和"分布曲线"，探索并揭示了自学考试学习群体性别构成"X型轮回"、年龄构成"两极分化"、职业构成"两个为主"和学历构成"水平提升"等特殊的规律。作者认为，自学考试制度的经济效益可以用人力、资金和财富"三宝"的增量来衡量，社会效益则在解决"三农"问题上表现尤为突出。同时也提出自学考试是学习成本低、考试淘汰率高，尚属粗放型开放教育。

第五研究组合，作者运用终身教育和学习型社会理论的基本原理和观点，分析自学考试制度与建设学习型社会的内在联系及其制约因素，探索了自学考试制度由于内力和外力的驱动，必将向终身教育体系迈进。作者认为，主动适应构建具有中国特色终身教育体系的需要，是自学考试制度的未来取向；拓宽开放教育的社会渠道，强化国家考试的主导地位，是自学考试向终身教育体系转型的两条发展路径；教育观念更新、考试制度改革和组织结构优化则是自学考试制度通向学习型社会的三大发展对策。

第六研究组合，作者作为国务院《高等教育自学考试暂行条例》的调研和起草参与者，从立法实践和法律学的角度，同时借鉴国外相关法规的经验，郑重围绕自学考试暂行条例修订的必要性、可行性和操作性等问题进行了分析。作者认为，修订自学考试暂行条例是当前自学考试基本法规建设的核心内容，也是完善自学考试制度的优先行动。作者提出了自学考试暂行条例修订的三种方案和线路图：提升为国家基本制度建设的法规；扩展为终身教育体系构建的法规；更改为高等教育体系创新的法规。还提出四种修订自学考试暂行条例的法律建议：明确行政法律责任；建立法律救济机制；控制法律使用范围；疏通法律救济渠道。

最后，作者在结语中指出，自学考试制度植根于中华民族的悠久传统，诞生于当今改革开放的特定时空，表现出空前的活力与生机，赢得了广泛的社会支持与赞誉。作者认为，自学考试制度之所以能够持续发展，其根本原因在于合乎我国穷国办大教育的基本国情，贴近大众接受高等教育的基本需求，顺应世界发展终身教育的基本趋势。

综上所述，《自学考试制度研究》这本专著，在理论探索上，独辟蹊径，颇具新意；在发展前途的预测上，合乎规律，能加强广大自学考试参加者和管理者的信心。值得一读，特此简介。

第九节　《什么是好大学》^①序

　　我这几年很少给新书作序了，年纪大了，精力有限，还要给博士生上课和写自己的论文。所以，邬大光教授最初提出希望我为他这本书写序时，我本是不想写的。但是，当他跟我说，他也有几年没出新书了，这是他多年潜心高等教育研究的笔耕，并半开玩笑地说，希望我的《序》能给他的书提升"影响力"。我不知道我的《序》是否有这个作用，但书中的部分文章我是看过的，虽然并不是严谨的学术论文，但对认识高等教育规律是有意义的。何况他又是我第一届博士生，我了解他，有一股不达目的不罢休的劲，所以我只好"勉为其难"，为其作序。

　　大光教授的新书以"什么是好大学"为题，题目选得很好。我们做高等教育研究的人，倾毕生之力，就是要研究什么是好大学，如何建好大学。他的这本书从国内大学、国外大学，大学校长、大学教师，大学文化、大学建筑等多视角，体现了他自己对"什么是好大学"的思考，这些思考有感性的，也有理性的；有我赞同的，也有我不赞同的，但不管怎样，这些确实是他多年所行、所见、所闻的记录，是用他自己的脚丈量出来的感悟，体现了他在高等教育研究方面的心得体会。

　　大光教授这些年这类文章写得比较多，这些文章并不是严谨的学术论文，不是按照论点、论据、论证等严谨的学术研究方式撰写而成的，但这

---

　　① 邬大光：《什么是好大学》，商务印书馆2023年版。

些文章也不是一般的散文和杂文，它们和高等教育研究都紧密相关，所以应该算作是学术随笔。我曾问过他，为什么要写这类文章。他说，担任学校管理职务以后，工作比较忙，很难有整块的时间做查阅文献资料、数据分析等耗时费力的事，但由于身在大学，所接触的每件事都跟高等教育有关，每天总能接触各种新鲜的事物，因此有很多感悟。他曾经分管学校的国际交流工作多年，去过不少国外的大学，这些经历也能启发他各种新的思考。开始他只是想把这些记录下来，但写着写着，就乐在其中了，甚至觉得这种"不正规"的学术随笔更能自由表达所思所想，而且他认为这种学术随笔比他的学术论文传播得更快，更有影响力。我不赞同过分关注影响力，不能为了影响力而写文章，但他对于对高等教育研究的执着我是认可的。这些年他从事学校管理工作，虽然工作忙，但并没有因此丢下高等教育研究，对于高等教育中的各种现象也始终保持着敏感性，不断思考，并且记录下来形成文章。他的这些思考有闪光点，有自己的见解，甚至还有一些批判精神，我觉得这主要是因为他的思考来源于实践。我常常会提醒我的学生，高等教育研究具有很强的实践性，不能坐在书斋里闭门造车，一定要接触实践、深入实践。应该说，大光教授在这一点上做得比较好。

对于什么是好大学，我认为很难有一个统一的标准。现在很多人都用大学排行榜来判断什么是好大学，但排在前面的大学就一定是好大学吗？研究型大学就一定是好大学吗？我觉得不是这样。我们国家有一些地方大学，在世界大学排行榜上虽然默默无闻，但它们为国家，尤其是地方发展培养了大量人才，支持了当地的社会经济建设，我觉得它们就是好大学。所以，"好"是一个相对标准，不能把"好"理解为精英，理解为顶尖，"好"应该是"各有其好"。大光教授的这本书在这方面体现得还不够，希望他继续挖掘！

大光教授虽然是我的学生，而且从1997年开始他就在厦门大学工作，但是他从什么时候开始对大学历史与文化现象感兴趣，原因是什么，我已经记不清了，也没有再问过他。我知道他近些年在做中国大学的迁徙研究，他也总会找我访谈一些大学旧事，有些事如果不是他问，真的已经淡忘了。有时候我还得替他查一些资料，才能完成他的访谈。但是很遗憾，这些访谈内容并没有体现在这本书里，我问他为啥？他说放在了另一本待出版的书里，看来他在大学历史与文化方面的研究还有很多的计划和打算。

大光教授这些年的学术兴趣很广泛，对他来说好像没有什么"学科边界"，他是以大学、以高等教育为中心，不断向外拓展，什么现象和事物都能和高等教育研究联系在一起。比如说大学和建筑、大学和斯文等，这些初看到题目很难想象其内容的文章，他也能娓娓道来，洋洋万言。他的学术兴趣也转换得很快，一会是清考、一会是在线教学。一会是成绩单、一会又是大学迁徙。他有时会把他的论文打印出来拿给我看，得意之情溢于言表，我现在已经很难跟上他的思路了。从大的方面看，这应该是好的现象，说明他还有学术热情和充沛精力，但我也希望在他从管理岗位退下来之后，慢慢地深深地沉下来，对一些高等教育研究中的基本问题和重要问题进行深入研究，在中国高等教育理论方面贡献力量，中国需要新时代的高等教育学。所以，我希望他能尽快写出一本新的《高等教育学》，届时我会继续为他的《高等教育学》作序。

是为序。

2022年4月6日

第十节　《学习共同体：教师成长的心灵家园》①序

　　30多年前，我在校内住宅的客厅里，每个星期六晚上，聚集一批研究生和青年教师，组织家庭式的学术沙龙，主要讨论一些他们在研究中遇到的问题，或者是分享他们的研究心得。有时也讨论一些当时高等教育面临的形势与问题，如进入知识经济时代高等教育的地位与作用，面临亚洲经济危机对高等教育的冲击。讨论之后，各自写文章，形成一组相关文章分别在《中国教育报》《中国高等教育》等刊物上发表。后来我的住宅迁移到离校14公里的郊区，他们仍风雨无阻地按时前来参加。在沙龙上，清茶一杯，既讨论学术，又交流感情。其后许多老师也各自组织他们各具特色的沙龙，研究生获得学位之后，在大学任教的往往也在他们的大学里组织学术沙龙。为此，我们曾以《学术沙龙：情理交融中的人才培养实践》申报国家级教学成果奖获得二等奖。段艳霞硕士当年经常参加，我的印象，发言不多，但为师兄师姐们服务十分热心。

　　段艳霞硕士毕业后，在厦门市教育科学院工作。不久，我惊讶地发现她居然把学术沙龙的形式运用到青年教师的成长上，并且有所创新与发展，形成了青年教师学习共同体。在沙龙形式上，也由常规形式到网络沙龙，并参考了世界咖啡屋，步步深入学习共同体的心灵家园。

　　《学习共同体：教师成长的心灵家园》一书，采用的是叙事式的质性

---

　　① 段艳霞：《学习共同体：教师成长的心灵家园》，厦门大学出版社2020年版。

研究方法，娓娓道来，引人入胜，读后得到许多启发。举个例说，我在研究大学教师发展的动力时，对如何从外部动力转化为内部动力，只能期望于教师的自我价值的追求。从此书得到启发：通过学习共同体的精心组织与培育，能够更好地深入教师成长的心灵，从而使外部动力自然地转化为内部动力。

欣悉《学习共同体：教师成长的心灵家园》即将出版，对广大的教育工作者将是一本开卷有益的好书。

是为序。

2019年7月5日

第十一节　《现代终身教育体系建设研究丛书》^①序

"自有人生，便有教育。"教育既伴随人类历史永恒存在，又具有不断演进的特点。在人类教育与社会发展的历史长河中，社会生产力发展水平、生产关系、文化观念形态以及科学技术知识等方面的变化，往往会导致教育在价值取向、受益群体、组织形式、内容选择、技术方法等各个方面发生变革；并且教育变革也经常会对社会发展产生重大影响，促使人类社会文明向新的历史阶段变迁。20世纪中后期以来，随着全球工业化进程

---

① 潘懋元主编、李国强副主编：《现代终身教育体系建设研究丛书》，厦门大学出版社出版。

的推进以及知识经济和信息化时代的到来，加之教育民主、教育平等、公民学习权利等价值观念的进一步张扬，现代教育日益朝着"面向所有学习者、为每一个学习者提供终身学习机会"的方向发展。特别是进入21世纪以来，随着信息网络技术承载的各类教育课程或知识信息汹涌奔向世界每一角落，身处海量知识信息紧密围裹中的人们更加真切地感受到，一场对人类社会发展影响深远的教育变革正在发生，一个"终身教育、终身学习、全民教育、全民学习"的学习化社会时代正扑面而来。

现代教育正在发生的重大变革既让人欣喜，又令人不安。欣喜的是千百年来人们寄望于教育的某些理想终于在今天看到了实现的曙光；不安的是人们很快就会发现自己将面临这样一些问题：我们是否为这场教育变革做好了准备？我们需要为这场教育变革做些什么准备？数十年来不断加速的教育变革会对人类生活以及社会发展产生怎样的影响？终身教育之后，人类教育发展的下一站又将在哪里？

尽管20世纪60年代兴起的现代终身教育理论在近几十年里不断向纵深发展，一大批从事终身教育研究的学者已经对上述部分问题给出了初步答案，但是作为教育理论研究工作者，我们深知教育学界对这场教育变革的认识和把握还很不充分。尽管近几十年来各类国际组织和各国政府频繁推出的教育政策文件，以"建立终身教育体系、建设学习化社会"为教育改革与发展目标，不断呼吁人们积极应对现代社会发展与教育变革的挑战，但是终身教育体系和学习化社会的形成，并非可以一蹴而就，大部分教育工作者也还没有做好迎接挑战的准备。由此看来，现代终身教育的理论研究与实践探索，依然任重道远。

然而，教育与社会发展的历史趋势一旦形成，往往快速向前，势不可挡。"21世纪的教育是终身教育的时代"，已经成为必然的历史趋势，并且在知识经济以及信息科技飞速发展的时代背景下，现代终身教育变革的步伐仍将不断加速。也许有人会说，我们既没有时间也没有必要去考虑这场教育变革将对人类生活以及社会发展产生怎样的影响，何不满怀激情去享受一场"狂欢盛宴"？但我们仍然不得不说，出席盛宴毕竟是需要盛装打扮的。即便很多人不去深思这场宴会的性质，也不考虑"宴会后会怎样"这类更为长远的问题，至少人们仍然需要自问：我应该为参加这场宴会做些什么准备？我做好准备了吗？

现代终身教育缘起于社会发展的现实需求，也必将作用于社会发展；教育与个体发展以及社会发展之间互为基础、相互影响的必然关联，决定了在教育或社会快速变革的历史时期，人类个体往往会面临很多从未面对过的、有时甚至是难以预料的变化和挑战，不为即将到来的变化和挑战提前做好准备的人，必然会被快速发展的社会所抛弃。如果我们曾经静心揣摩过近几十年来现代终身教育经典文献的意蕴内涵，一定会发现，现代终身教育理念之所以深入人心，不仅仅是因为它在新的社会历史背景下重申了教育的生命意义，也不仅仅是因为它在新的教育发展背景下，对已经被某一段历史固化（甚至异化）的教育观念和教育组织形式，进行了符合教育本质的解构与重构，更为重要的是现代终身教育理念蕴含着对可持续发展的人类命运以及现代人如何应对生存挑战的深切关怀。一定意义上可以认为，"危机意识"既是现代终身教育理论产生和兴起的心理根源，也必将伴随现代终身教育理论研究与实践探索的全部过程。正是出于"危机意识"和教育研究工作者的社会责任，我们必须认真、理性地面对这场教育变革并为之做好准备。

2009年年底，厦门大学教育研究院承接了教育部人文社会科学重点研究基地重大研究项目"在终身教育体系平台上的多种教育模式研究"的研究任务。该课题的主要研究目标是：第一，全面把握现代终身教育理论的本质内涵，探讨信息社会和知识经济时代的终身教育对个人与社会发展的意义与价值；第二，观察并分析某些国家（或地区）近年来终身教育的发展情况，总结其成功经验或失败教训，并在此基础上，根据我国社会发展与教育发展现实，达成对现代终身教育理论的"中国化"改造；第三，以现代终身教育理论为指导，探讨学历教育与非学历教育、正规教育与非正规教育模式的构建，解答中国特色终身教育体系的建设问题。

在研究过程中，我们分设了终身教育基本理论、终身教育国际比较、我国终身教育体系建设的现实基础和实现策略、传统学校教育融入终身教育体系、非正规和非正式教育在终身教育体系中的发展等五个子课题，并组建了由一位资深教授主持，包括一位年轻教师、两位博士后研究人员和五位博士研究生在内的研究团队来进行联合攻关。有的课题组成员也选择了与自己承担的子课题相关的题目，作为博士后研究或攻读博士学位的论文选题。经过约三年持续不断的学习钻研及团队研讨，形成了一系列研究成果。在课题研究即将完成之时，我们计划把课题组的相关成果以"现代终身教育体系建设研究丛书"的形式出版，以飨读者。

即将出版的这套丛书包括八本著作，分别是：《终身教育在中国：理论与实践的新进展》（李国强）、《中国终身教育发展的现实基础与宏观路径研究》（汤晓蒙）、《中国终身教育发展的动力机制》（杨莉）、《终身教育体系的衔接问题研究》（王琪）、《美国、英国、瑞典、韩国、中国台湾地区终身教育政策比较研究》（葛喜艳）、《中国高等教育融入终身教育体系研究》（冯晓玲）、《终身教育体系平台上的职业教育发展》（吴滨如）、《中国社区学院运行机制研究》（徐魁鸿）。

当前，世界范围内的现代终身教育理论与实践仍在不断拓展，我国学术界对终身教育的研究也处于继续深入的过程之中。《国家中长期教育改革和发展规划纲要（2010—2020年）》提出的教育发展战略目标之一是"构建体系完备的终身教育"，到2020年"基本形成学习型社会"。我们希望这套丛书能在提高全社会对终身教育的认识、在帮助教育工作者应对现代终身教育变革挑战等方面，有所贡献。

2012年6月20日

第十二节　《在功利与放任之间——基于师生关系视角的博士生培养质量》序

师生关系与博士生培养这个主题，我很有一些见解，并付诸实践。从1980年年初招收研究生开始，我就创造了家庭学术沙龙的方式，邀请学院里的研究生周末在我家里聚会。学院所有的学生、访问学者、教师以及国内外来访的朋友都可以自由参加。春夏秋冬、寒来暑往，家庭学术沙龙如今已持续40多载，形成一道亮丽的教育风景线，并以学术沙龙："情理交融中的人才培养实践"命名，获得了国家级教学成果奖。从这个沙龙走出去的我所指导的博士生达到102人。在人文学科的指导中，这种沙龙无疑是有效的创新的培养模式，既有贴近生活的教育性，又有问题导向的探究性，并且体现学术自由的平等性。后来，学院的许多老师也纷纷组织了各具特色的学术沙龙。

我第一次见到徐岚，便是她为博士论文进行田野调查来到厦大，我邀请她参加家庭学术沙龙。很高兴她在博士毕业后加入厦大教育研究院的教师队伍，成为我家庭沙龙的热情参与者之一，也参加了我所主持的大学教师发展等多项课题，使我有机会见证了她的成长。这本书是她主持的第一项国家社科基金的研究成果，同时也是她这么多年关注研究生教育领域所结的硕果。

她的研究见微知著，形成了自身独特的风格。既有别于着重理念结构、体制机制的宏观研究，又非着重于课程教学、学业发展的微观研究，而是以一种以小见大的方式，抓住公众关注的焦点问题，另辟蹊径进行解读，寓导师指导于评聘体系中，寓博士生培养于师生关系中，个性化又充满现实关怀。她对导师指导风格和师生关系类型的划分是基于对不同学科博士生的调查，附之以生动的案例，使几种类型不同的特征跃然纸上。她以专业伦理概念重新解读师德的内涵，并且在论述中引入人格的概念，我认为这是解决师德评价这一难题的可行之道。她的研究结论，如从根源上改变功利化的评价考核制度、使导师逐渐形成一套自己对道德标准理解的意义系统等是很有见地的。我们教育学科也可以探索导师组合作指导博士生的制度，徐岚老师也许可以沿着跨学科导师组培养的路径继续深入研究下去。

徐岚老师的基本功扎实，这从她掌握文献之丰富、梳理述评之清晰可见端倪。她在学院开设质性研究方法课程，十多年来深受学生欢迎。读完本书，我对质性研究有了更多认识。我毫不怀疑她有着对质性研究的深厚功力，方能自如地掌控访谈、把握如此鲜活的叙事，并避免主观研究因为"被设计"而失去客观立场。她对许多案例的剖析细致入微，虽然是针对典型个案，但其实某一类群体中个体的境遇是相似的，甚至在某种意义上是相同的。她的文字有温度，又不失严谨与规范。让我听到许多博士生的心声，也感受到她在研究中的真诚与使命感，这种阅读者、研究者、受访者之间通过文本达成的共鸣和交流，应该是质性研究最大的魅力所在。

我欣喜于学院诸多青年学者的成长，很高兴见到徐岚老师在研究生教育研究领域崭露头角。她做事精益求精，有理由相信她的研究潜力会在未来充分释放出来。希望她能保持自身独特的风格，戒骄戒躁、脚踏实地地走下去。

是为序。

第十三节 《美国弱势群体优质高等教育机会研究：基于美国一流大学综合评价招生制度的分析视角》[①]序

进入"大众化"阶段以来，中国已经成为世界高等教育第一大国，正在向高等教育强国迈进。而美国是当前公认的高等教育强国，美国的许多大学具有很高的国际声誉。因此美国的名牌大学成为我们国内众多学者经常借鉴的对象，美国高等教育，成为比较教育研究的主要研究对象。学者们对美国高等教育的研究视角有很多，从大学理念到权力结构、从学科建设到课程设置、从校园文化到产学合作等，都有所涉及。这些研究为我们的教育改革与发展提供了借鉴。但在借鉴过程中，我们也应该注意中国与美国之间方方面面的不同，不能盲目照搬，要有批判的视角和思维。

以私立大学为主体的美国优质高等教育有着独特的发展路径，而中国则以公办高等学校为主体，显然不能照搬美国的办学模式。要按教育规律办教育，对于高等教育来说，外部关系规律决定了高等教育必须与社会的政治、经济、文化体系相适应，受政治、经济、文化所制约并对之起推动作用。不同的社会形态，必然会对高等教育有所制约。对于美国高等教育的解读，不能只是从表象去分析，不能只是停留在这些大学的华丽的宣传

[①] 陈为峰：《美国弱势群体优质高等教育机会研究：基于美国一流大学综合评价招生制度的分析视角》，科学出版社2018年版。

材料上，否则，我们难以发现其本质，难以借鉴其办学模式。

陈为峰博士在厦门大学教育研究院获得博士学位，一直以来关注美国的一流大学。这本著作是他主持的国家课题的研究成果，也是他十多年来对美国高等教育所思考的总结。从这本书中我们看到，陈博士是花了很大的精力去做这项研究的。他亲自到美国调研了四五十所大学，与美国的学者、民众进行交流。这样的调研方式，让他突破了书斋、文献的制约，能够更为深入地解析美国的优质高等教育机会问题。从他50万字的研究报告来看，陈博士的重要收获之一，就是不再是片面地肯定美国的高等教育，而是持着理性的态度批判性学习。这是一个成长的过程。

我一直认为，学校是培养学生的主体，应当把选择学生的自主权还给培养单位。行政管理部门应当按"放管服"的原则来管理招生，把招生权放给学校，按《中华人民共和国高等教育法》来管学校招生，而不是用各种烦琐的规定来限制高校，要化消极的限制为积极地为高校招生服务。对于这一点，美国的大学是做得比较好的。他们的招生制度较好地服务于大学专门人才培养的需要，同时，他们的法律则对大学的权力进行约束。在陈博士的著作中，对这一问题进行了讨论。可以看到，以私立大学为引领的美国一流大学，在实行办学自主权，特别是招生自主权的时候，并不是自觉地遵循公益原则，而是一个与不同的利益相关者不断博弈的过程。这些私立大学喜欢上层社会的子女，喜欢权贵子弟，不过，在社会外部的压力下，他们同样要有一定程度的妥协。这些大学要维护其在高等教育中的优势地位，就要与社会中的优势阶层形成紧密的联结。于是，社会的中下阶层在优质高等教育的争夺中也就处于劣势。美国存在这样的问题，我们的好大学也存在类似的问题，这一点值得我们对大学的发展逻辑进行审视。

很多人认为，统一高考的分数是公平的，因为分数面前人人平等。实际上，这是表面的公平掩盖了实质的不公平，结果公平掩盖了过程的不公平。为什么高考的高分者大多数是城市中上层家庭的子女？为什么

"985高校"来自农村的学生很少，不得不用加分、规定名额等办法照顾来自农村的学生？因为在城市重点中学上学的学生同在农村中学上学的学生所享有的教育资源是不平等的。在美国，同样存在类似的问题。一些学者将美国的SAT（美国高中毕业生学术能力水平考试）、ACT（美国大学入学考试）考试称之为美国的高考，有道理。美国的多数大学要求申请者提交SAT或ACT考试成绩，便于对不同的申请者进行横向比较。然而，SAT、ACT考试同样与社会阶层，特别是家庭收入有着紧密的联系，中上层家庭的子女考得比较好，在录取中就有优势。可见，考试的局限性不仅仅是中国有，美国也有。陈博士对这一问题同样进行了很有深度的思考。

让高校招收与专业所要求的知识、能力、素质适应的学生，让学生选择与自己的兴趣、能力、理想适应的高校和专业升学，这就是高招的目的与任务。考试只是招生的方法之一，多元化的高校要有多样化的生源，要用多元化的标准和多样化的方法来达到招生和升学的目的。美国的选拔性高校所采用的招生标准就是多元的，我们可以进行借鉴。不过，招生标准的阶层倾向是需要我们进行审视的。陈博士的著作对这一问题也进行了思考。他认为，弱势阶层的价值观也应该体现在评价标准中，"弱势阶层的家庭文化同样可以造就具有显著特点的品学兼优的学生"，"弱势群体的综合评判应该成为高校自主招生的主要类别之一。弱势群体的评判维度主要分为：学业成绩、家庭劳动、个性品质"。这些提法都有助于扩大我们研讨的视阈，所以，这是一本有助于深入思考的著作。

第四章

地方本科教育

第一节　对高等教育若干问题的思考

李辉：先生，您好！非常感谢您接受此次专访，并给予我们珍贵的学习机会。您早在1956年就提出必须建立"高等学校教育学"，但由于一系列政治运动导致这一主张搁浅。20年后您再次倡议，最终高等教育学于1984年被国务院学位委员会正式列为独立的二级学科。请问是什么缘由让您提出创建高等教育学科？又是什么原因让您坚持创立高等教育学科？

潘懋元：我觉得一个人做某种事情，成功往往就到此为止，失败则会使人继续奋斗。但要敢于失败，失败才能成为成功之母。20岁以前，我的主要兴趣是文学。我写过小说，写过文艺理论，我的笔名现在还在《中国现代文学作者笔名录》[①]里。20岁之后，我感到从事文学非我所长，因为从事文学需要多些感性，少些理性；文学不是说道理的，不是讲逻辑思维的。所以20岁之后，我有自知之明，不搞文学了，专门从事运用逻辑思维的学习与研究，因为我学的是教育，就搞教育理论。我35岁之前学的是普通教育理论，研究的是普通中小学的教育。我以前有一定的古文阅读能力，所以着重中国教育史的教学和研究。

35岁以后，由于既在大学教书，又在大学兼任行政工作，结合我的教育理论基础，就转为研究高等教育问题，以后就一直从事高等教育研究。这个过程中，都有失败的驱动力。

---

① 徐迺翔、钦鸿编：《中国现代文学作者笔名录》，湖南文学出版社1988年版，第691页，录入潘懋元青年时期所用的6个笔名及其代表作。

我15岁初中毕业后开始当小学教师，但在课堂上我管不了小孩子。那个时候小学生的年纪有大有小，不像现在小学生的年纪都一样，所以我教小学失败了。失败促使我不继续读普通高中而读师范学校，学习如何当小学教师。抗战初期，我当了两年小学教师。1941年，我考进厦门大学教育系，一方面念教育课程，一方面在中学兼课。学的、教的都是相当于师范学院的普通教育理论和教学方法。但是，新中国成立之后，学习苏联的教学计划。综合大学的本科生，有一部分要培养成为高等学校的助教；南下干部，转入高等学校当领导干部的，也要按毛主席当年提出的要求，"变外行为内行"，要我讲讲大学如何管理。我按照普通教育学的理论和教学方法，讲的是如何办中小学，如何教中小学生。大学生不满意，大学干部也不满意；我又失败了。这次失败促使我研究高等教育，并与教育学教研室的几位教师合作开设一门高等学校教育学，既讲普通的教育原理，也着重讲高等教育理论知识。同时编写了一本讲义，请有实践经验的教务处干部提意见。当时我已经是厦大教务处长，教育部正要各个大学把有特色的新编讲义拿到全国交流，我就把这本讲义报上去。经教育部同意，这本讲义作为全国交流讲义，主要发到全国的师范院校和综合大学，就这样搞起来的。现在许多当时的综合大学和师范院校的图书馆还有这本藏书，据我所知，陕西师范大学图书馆就有这本讲义。总之，我认为要敢于面对失败，找到失败的原因，找到如何解决这个问题的方法，失败才能成为成功之母。

到了20世纪的70年代末80年代初，科学的春天到来了。科学的春天也就是高等教育的春天，因为高等教育是研究和发展科学的。"文革"后，在拨乱反正中，大家痛定思痛，反思经济处于崩溃边缘的原因是违反经济规律。经济要发展就要按照经济规律办事，要逐步开放商品经济、市场经济。教育是重灾区，同样是违反了教育规律办事，不管是大学校长还是教育部门都在思考如何按照教育规律办教育。那么教育规律是什么？

这就促使我不得不考虑教育的基本规律到底是什么。当时的一机部在湖南大学办了一个培训班，是一机部所属的高校校长和教务处长的培训班，邀请我去作报告。在这个培训班，我讲的是教育的规律以及教育规律在高等教育上的应用。经过长期的实践经验和教育历史总结，通过理论思考，我提了两条基本规律：第一，外部关系规律。指教育跟社会之间的关系，教育必须跟社会的政治、经济、文化相互适应。因为教育的发展要受社会的政治、经济、文化的制约，同时教育对社会的作用就是推动政治、经济、文化的发展。第二，内部关系规律。指教育内部诸多因素的关系。当时首先提出来的是德、智、体、美诸育应该相互适应，相互协调，不能只强调其一；其后，再继续研究，还有一个更重要的维度是，教育的要求必须与学生的身心发展相适应。大学生跟中小学生不同，中小学生是要有监护人的，大学生没有监护人，能独立发展。世界上能够承担法律责任的大都规定为18岁以上的青年，大学生大体上也都是18岁以上的青年，所以教育必须适应这个年龄段，同时要促进这个年龄段的学生成长。比如，你对小学生说：应该怎样做、不应该怎样做，这样是好的、那样不是好的。小学生听了就接受了，他们觉得老师说的就是对的。但如果对18岁以上大学生讲述同样的内容，老师说了之后，他会思考一下，他不一定同意老师说的。因为他已经具备独立思考的能力，所以大学老师需要讲明道理，让学生认可。所以我讲了这两条规律。过去没有知识产权，他们把录音整理之后就传播出去了，实际效果很好，因为许多大学校长都觉得这些知识很有用。在当时许多大学校长的推动之下，高等教育学这个学科很快建立起来，而且发展得很快。1981年，我开始招硕士生，1984年我们申请到第一个高等教育学硕士点。1986年，我们申请到第一个高等教育学博士点。

李辉：创新创业是高校系统化人才培养体系的重要组成部分，也是服务国家发展的重要战略，您认为高校的教育教学改革应如何支持创新创业人才培养？

潘懋元：创新创业作为一种战略，既包括学校，也面向所有的企业。

企业也需要创新，如果做得不好，创新创业就变成一个空洞的口号。我认为：创新和创业是有区别的，学校可以进行创新教育，也可以进行创业教育，但是学校没有办法承担完整的创业教育。创业必须是学生在自己的摸爬滚打之中才能完成。创新可以获得知识、理念等，创业也可以获得，但创业教育只能够在实践之中完成。很多时候创新创业变成口号，大家都说创新创业，但真正的创新创业教育离不开实践。例如，泉州理工职业学院这样一所民办学校，最大的特点就是创新，学校的整个环境都充满着创新的氛围。水龙头下一伸手，自来水就会出来；教室不用空调，就可以冬天暖和、夏天凉快；树种在楼上；汽车开到屋顶上；粪便变成了沼气；还有一个大的创新是把污水变成了饮用水。可见，学校到处都是创新，很自然地，这里的学生一天到晚都在思考着创新。有些学校把创新创业的口号叫得很响，但是没有创新，没有实践，只是作为口号在讲。如果学校都没有创新，怎么培养出具有创新创业能力的学生？所以创新创业是行动出来的，是在实践中完成的。

李辉：在建设高等教育强国的过程中，您觉得我们在观点上应有哪些更新？

潘懋元：我认为，建设高等教育强国，既要有水平，又要有我们的特色。在国际高等教育界，应该有我们的发言权，有我们的声音。我们要向西方借鉴学习他们的成功经验，同时，又要有我们自己的特色。

在建设高等教育强国的过程中，我们应有国际的共同认识，才能具有共通的发言权。2017年11月，我们厦门大学教育研究院召开了一次"2030理念和行动"的会议，包括联合国教科文组织的干事，共有八个国家的专家参加。因为"2030"是联合国教科文组织在"仁川宣言"中定下来的。"仁川宣言"为"2030"定下四个理念，也就是达到2030年的愿景。第一个是"全纳"、第二个是"公平"、第三个是"有质量"、第四个是"终身学习"。这四个理念是联合国教科文组织定下来的，我们的行动要能够与之匹配。开始的时候，"全纳"的理念针对的是有残疾的儿童，要包容他们，让他们有机会上学。现在"全纳"理念的含义已扩大丰富，包括无论你是什么民族、什么宗教，都应能够平等地接受教育。在建设高等教育强国的过程中，就应当自省我们的行动是否做到了。第二个理念是"公平"，这是我们近些年来十分重视的，因为教育公平是社会公平的基础。但我们现在还有不公平之处，西部的发展不如东部，许多高校还常常去西部挖人才，这就不公平了。第三个理念是"有质量"，高等教育发展一定要注重质量的建设，我们提出了内涵式发展，就是为了提高教育教学质量。还有一个理念是"终身学习"，我去年（2017年）与李国强副教授合编出版一本小册子专门讲终身学习。目前我们在终身学习这方面的观念还不够强，虽然把终身学习写进了《国家中长期教育改革和发展规划纲要（2010—2020年）》，但只是把它作为成人教育、继续教育，而不是终身学习。终身学习的对象应包括所有人，我们在这方面还没有很好地运用。我认为，建设高等教育强国必须从落实这四个理念做起。

李辉：教师能力的持续提升是高校事业发展的重要保障。您觉得高校教师和管理干部应如何理解教师发展，您认为应如何建设好教师发展中心？

潘懋元：教师发展必须要有动力。教师发展以前被称为教师培训，教师培训和教师发展有联系但不同。在教师培训过程中，教师处于被动的位置。我们现在强调教师的主体性地位，因此20世纪末提出了教师发展的新理念。教师发展是教师主动要求自我发展。促进教师自我发展的动力可分为外部动力和内部动力。外部动力包括物质与非物质的奖与罚、行政上所制定的业绩考核与评估、职称的晋升、工资及其他待遇的提高，以及优秀教师的评奖、社会声誉的提高，等等。外部动力对教师的发展起到推动作用。但倘若使用不当也会引起消极影响，例如重科研轻教学的业绩考核、引发内部矛盾的排名、过于烦琐的量化考评，以及只对少数高水平教师起作用而对一般教师来说是无关的评优，等等。内部动力有三个要点：第一，自我价值的追求，即马斯洛"需求层次理论"的最高层次；第二，发展性的自我评价，即不是同他人比较，而是对自身成长进步的自我反省；最后，进入"敬业、乐业"的境界，也就是教师的职业幸福感。

2012年，教育部提出要在厦门大学、西安交通大学、北京理工大学等30所高等学校设立国家级教师教学发展示范中心，此外，很多地方性大学也成立了教师发展中心。现在全国很多学校都有教师发展中心，有做得很好的，也有很多只是走过场，没有做好。没有做好的教师发展中心有种种原因，例如：学校不重视，老师不理解，还有一个普遍存在的问题，就是只在校一级层面展开活动。我们知道，教师的活动一般不是在校级开展的，而是在二级学院、系所、专业等层面活动。但目前大部分教师发展中心主要在全校这个层面开展活动，例如：开展全校性的教学研讨，组织一些优秀教师进行公开课展示等，这些活动都很好，但没有深入下去。后来我们发现，教师发展中心的活动如果悬在半空中，没有深入下去，就很难真正办好。从组织结构的角度来看，大学教师发展中心，如果只在全校层面的平台上开展活动，而教师的活动又是在院系以下的基层，教师发展中心缺乏基层组织的支持，难以深入，无法扎根。因此，如何建设基层组织，是大学教师发展取得成效的保障。

大学以前有教研室，现在基本没有了。新中国成立初期，学习苏联，将教授、讲师、助教等，分别组织在不同的教研室或教研组中，对教师发展起到了很大作用。当时中国没有培养博士，只有少量学校招收一点研究生。虽然教师的水平有差别，但一般来说大学老师都是大学生。大学毕业后，当大学老师，当助教。助教由教研室培养，教授亲自带助教。助教不能上课，但可以参加教研室的活动，助教在走上讲台前，需要在教研室试讲，试讲通过后，才可以为学生授课。现在大学重视科研而轻视教学，大多不再设立教研室。或者把教研室改为课题组、研究中心、研究所，或者成为基层行政机构。但在中小学校，还有学科教研组和年段教研组之设，起互帮互学的作用。

李辉：您之前在文章中提到，教师发展中心要重视微观教学研究。您能否针对如何利用教师发展中心的平台开展微观教学研究提出一些建议？

潘懋元：宏观是政策制度方面的研究，微观是教学方面的研究。宏观研究指明方向，微观研究如果缺乏宏观的指导，方向不明；但宏观通过微观落实，不然只是空话。教育管理部门所关心的主要是宏观的政策制度，这可以通过文件下达而实现，但是真正提高教育质量要落实到微观方面，必须由教师具体落实。微观教学研究主要指课程、教材、教学方法，以及教师发展方面的研究。现在国家提出的高等教育内涵式发展正是要求我们的研究要深入下去，用"小题大做"的方式研究微观问题。现在各个高校可利用成立教师发展中心的机会，对编写教材、开展网络教学、改进产学研三结合教学等方面开展微观研究。

我以前研究高等教育是从微观入手的，研究的是教学方法、课程设置等，但后来我不由自主地从事宏观研究，丢掉了微观的东西。我觉得，现在需要更加注意微观方面的研究，需要各方面有关的专家共同研究微观问题。但我现在已经是心有余而力不足了，所以寄希望于年轻人回到微观去进行研究。

李辉：您如何看待我国正在统筹推进实施的"双一流"建设？

潘懋元：现在很多人对"双一流"的理解就是"排名榜"，大学排名榜和一级学科排名榜。一流大学和一级学科的排名都是按照精英大学来排的。如果我们都只能按照研究型大学的要求来办大学和设置学科是不能适应社会发展需求的。因为现在经济社会正在转型发展，转型发展需要科学家，也需要更多的高级工程师、高级管理人才、高水平的有创新性创造力的应用型人才，还需要"大国工匠"。我们的高等教育现在已经进入大众化阶段。为什么发达国家高等教育要从精英化阶段进入大众化阶段？因为经济要发展、生产力要发展，生活水平要提高，不应该只是少数人受高等教育，大众化是适应社会发展需求的。因此，进入大众化阶段和即将进入普及化阶段的"双一流"建设，就不能仅限于排名榜上的几所精英型大学和这些大学中的一级学科。我前段时间在《人民日报》发表的文章，讲的主要是用"双一流"这个精神和模式来对待所有类别的学校，也要给它们各自建设一流的机会，而不是仅仅让研究型大学参与"双一流"建设。"双一流"不仅仅是几十所研究型大学和几百个学科，而应该是全国三千多所高等学校，数以万计的学科，大家都应是各自不同的一流，应当有培养科学家的大学，也有培养高级工程师、高级管理人才、高水平有创新性创造力的应用型人才以及职业技能型人才，像"大国工匠"那样人才的高等学校。

在"双一流"的学科建设方面，我还认为不能只搞一级学科的学科建设。一级学科往往是很广泛的，而学科交叉、学科发展、新学科的出现往往在二级学科及以下。培养高水平的人才，从事高水平的科研，既要有深厚的基础、广阔的知识面，更要有专深的知识能力。也就是说，我们培养的人才要在博的基础上有所专，要专得很深。这个"专"不可能都在一级学科里面，很多是在二级学科，甚至交叉学科中进行培养的。一级学科有利于培养综合性的管理人才，二级学科更有利于培养科学创新人才。并且，在学科建设方面，我们尤其要重视每所学校特色学科的建设与发展。

总之，"双一流"要统筹推进而不要畸重畸轻，一方面，"双一流"的学科建设既要有所专，又要有特色；另一方面，要把"双一流"的精神和做法铺展到各级各类学校，各个层次的学校都应有它们的一流，这样才能使大家共同努力，合力建设新时代的高等教育强国。

李辉：您对上述高等教育问题的阐述，相信一定会对相关理论研究和实践应用起到巨大的推动作用。再次感谢您拨冗接受我们的采访，衷心祝愿您身体健康！

（原载《西北工业大学学报（社会科学版）》2018年第2期，有改动）

第二节　高等教育普及化背景下的大学治理①

　　党的十九届四中全会明确提出，要在坚持和完善中国特色社会主义制度基础上推进国家治理体系和治理能力现代化，这为高等教育治理体系和治理能力现代化提供了理论支撑。2020年10月召开的党的十九届五中全会通过的《中共中央关于制定国民经济和社会发展第十四个五年规划和二〇三五年远景目标的建议》指出，我国社会主要矛盾已经转化为人民日益增长的美好生活需要和不平衡不充分的发展之间的矛盾，因而，成为"教育强国"、提高高等教育质量成了"十四五"期间高等教育的发展目标。在这样的时代背景下，如何通过实现大学治理现代化以推动高等教育现代化，最终实现高等教育强国的目标，成了当前亟待面对的问题。我国高等教育已经进入普及化阶段，2019年高等教育毛入学率超过50%，达到了51.6%。高等教育普及化阶段呈现多样化、学习化、个性化、现代化等特征。高等教育普及化阶段特征为实现大学治理体系和治理能力现代化提供了非常有利的现实基础。再者，中共中央、国务院于2020年10月印发了《深化新时代教育评价改革总体方案》，提出了坚决克服唯分数、唯升学、唯文凭、唯论文、唯帽子的"五唯"顽瘴痼疾。

　　基于上述时代背景，如何通过完善大学治理体系、提高治理能力和水平，推动落实上述政策文件，以实现高等教育强国目标，是我们必须思考

---

①访谈记录人：徐乐乐，赵立庆。

的问题。因此，在高等教育普及化的背景下，如何能够使高等教育仍然保持高质量发展？在这一过程中，大学治理究竟如何为推动高质量发展发挥作用？如何通过改革高等教育评价方式推进高等教育高质量发展？在厦门大学百年校庆前夕，贺祖斌及其研究团队专程拜访我国著名教育家、高等教育学科的奠基人、厦门大学资深教授、博士生导师潘懋元先生，并就上述问题向先生请教。

一、高等教育高质量发展的特征：多样化发展

贺祖斌：潘先生，您好！我记得在我国高等教育扩招不久的2001年，先生在全国高等教育学研究会第六届学术年会上提出"当前高等教育质量下降这个命题，包含一个真命题和一个假命题"，按照精英教育的质量标准，高等教育质量下降应当是个真命题，但按照大众化教育阶段多元化的教育质量观，高等教育质量下降是个假命题。同时您指出：解决高等教育质量虚假下降的对策是转变教育质量观，采取多样化的招生方式与评价标准。现在又面临一个新问题，即我国高等教育迈入普及化阶段后，应如何促进高等教育的高质量发展？

潘懋元：关于如何理解高等教育高质量发展的问题，这里有个误区。这个误区就是有人把高质量发展理解为数量的发展，而非多样化发展。依据马丁·特罗提出的高等教育大众化阶段理论，高等教育毛入学率在50%以上是高等教育普及阶段。我国2019年的高等教育普及率已经达到51.6%，达到高等教育普及化的初级阶段水平，基本能满足人民群众日益增长的教育文化需求。我国过去并非每个人都有机会上大学，高校招生就是一种选拔，就是选拔优秀人才。但是现在中国高等教育正进入普及化阶段，每个人都有机会上大学，存在的是大学、专业和学生之间的相互适应问题。

高等教育多样化已成为国际共识，如何建立多元化的高等教育体制成为各国所关注的问题。为此，要求高等教育质量评价标准多元化，即坚持"多样化的高等教育质量观"。高等教育的多样化高质量发展指的是高校同

时具备特色化和个性化、满足人民的不同教育需求。1998年，联合国教科文组织召开的首次世界高等教育大会提出："几乎世界各地的高等教育都趋向多样化，虽然有些学校，尤其是具有理论传统的大学对变革有一定程度的抵触，但从总体上说，高等教育已经在较短时期内进行了意义深远的改革。"事实上，不同类型的大学各具特色，都有争创一流的潜质。高质量的一流大学可以是具有卓越科研实力的研究型大学，也可以是特色鲜明的行业型院校，也可以是"小而精"的学院，也可以是锐意变革、勇于创新的后起之秀。

贺祖斌：党的十九届五中全会明确提出"建设高质量教育体系"的政策导向和重点要求，在高等教育发展过程中如何认真贯彻落实到位？特别是在实现高等教育普及化后，您认为应如何更准确、深刻地理解高等教育多样化的特点？

潘懋元：是这样的，大家不要弄错，认为高质量发展就是所有的高校都去追求成为研究型大学，都去追求建设研究型"双一流"大学。何谓高等教育质量？联合国教科文组织在20年前就提出反对唯一的质量标准，而应该采取多样化的高等教育质量观，办一所学校应该综合考量教学质量、管理质量、财务质量等种种质量标准。1998年，在高等教育即将进入大众化的时期，我曾提出过高等教育质量标准应当多样化。我所指的质量标准多样化与联合国教科文组织指的有所不同，是研究型大学、应用型本科高校、高职院校各有不同的质量标准。上述三种类型的区别，主要在于人才培养目标不同，并无层次高低之分，更无社会地位之别。

高等教育普及化之后，我们需要有研究型大学，需要有"双一流"大学，如北京大学、清华大学、厦门大学等。但是，研究型大学在高校中毕竟只占少数，更大数量的、亟待发展的应该是应用型本科院校，更重要的是要大量发展各种类型的高等职业教育。现在高等教育的类型已经超越了马丁·特罗当初提出的高等教育发展类型。所以，不要错误地认为在高等教育普及化之后所有高校都应去追求成为研究型大学、追求"双一流"，而要大量发展应用型本科和各种类型的高等职业教育。

贺祖斌：先生，那高等职业教育在高等教育普及化背景下如何发展呢？

潘懋元：许多人一直有一个误解，即认为职业教育只能是专科层次。其实，高等职业教育应该包括职业型的本科和职业型专科。教育部于2021年1月印发了《本科层次职业教育专业设置管理办法（试行）》，已经对本科层次的职业教育予以应有的重视，目前已经有22所本科层次职业教育大学。国务院在2019年1月印发的《国家职业教育改革实施方案》指出，职业教育与普通教育并不是两个层次的教育，而只是两种不同类型的教育。

目前职业教育与本科教育的界限已经被打破。但是，在教育部分类列表中还在校名后括弧内强调"职业"二字，我认为这实在没有必要。人人都要有职业，为何职业教育要低人一等呢？为什么有这样的观念呢？原因在于中国人受传统思想的影响。想必大家都知道，中国的传统思想重学术轻应用。这种对职业教育的偏见，尤其体现在错误的招考政策导向上，分数高的学生考入普通研究型大学，分数中等的学生考入本科高校，分数更低的学生考入职业教育学校。但实际上，这种以分数高低来分类学生是非常不科学的，所有学生中只有少数人适合做学术研究，大部分人适合进入应用型本科或是职业技术院校。让所有人都去追求考高分，引导学生千军万马过独木桥的思想是不对的，这个引导违背了教育发展的规律。高等教育发展必须与社会的需求相适应，要引导他们接受适合自己的教育，要培养出能够促进社会发展的人才。

从经济社会转型发展的角度来讲，国家需要一大批科学家，还需要数以万计的工程师和工程技术人员，也需要更多的"大国工匠"。因为真正生产粮食、建造房子的大多是各种类型的工人，而不是科学家和官员。高等学校的定位与发展，既必须遵循教育内在发展规律的要求，又必须遵循教育与社会发展外部关系规律的要求。

高等教育普及化后并非所有的高校一定要去追求有多高的学术水平，

而是要追求满足不同人群对高等教育的需求。在世界范围内，随着高等教育由大众化逐步向普及化阶段过渡，全纳教育思想将逐渐被大多数人所接受，并必将成为高等教育普及化阶段的基本理念。届时，适龄青年都有机会接受高等教育。

同时，高等教育还应向农民工、复员军人等文化基础比较薄弱，甚至没有接受过高中教育的人群普及。这就需要部分高校的建设为这类人群服务，基于他们的文化基础，对他们进行匹配的符合高等教育标准的知识补习。比如，二战后美国曾出台一个关于复员军人受教育的政策，要求高校给复员军人提供学习机会。那么，就需要存在这样一类学校能够给予复员军人合适的教育，这无意间引起了当时高等教育的一场革命。我国台湾地区由于少子化现象的出现，人人都有接受高等教育的机会，高考成绩只能影响他们所接受的高等教育的类型。又比如日本，提出职业教育要办在火车站附近等交通方便的地方、人比较集中的地方，办各种类型的职业教育。

因此，高等教育的多样化不仅要求高校类型多样化，教育内容还要包括多样化的培训教育，最终使得人人都能获得适合自己职业发展的教育。

二、高校治理关系的现代化建设：完善政府与大学、大学与社会的关系治理

贺祖斌：我曾经在《中国高等教育》2020年第8期发表了一篇题为《推进高等教育治理体系和治理能力现代化建设》的论文，提出"要推进高等教育治理体系和治理能力现代化，必须完善高等教育制度体系。在完善高等教育制度建设过程中，建立科学的决策机制、高效的执行机制、完善的监督机制是推进大学治理现代化的过程性保障"的观点。我想向您请教，高等教育治理体系建设中政府、教育机构、社会的合理关系应当如何建构？

潘懋元：你这篇文章我看过，你提出的"高等教育治理体系和治理能力现代化的目标是高等教育现代化，其手段是完善高等教育制度"的观点，我觉得很有道理。在高等教育治理体系建设过程中，应该基于"管办评"分离，"放管服"一体化的原则构建政府、教育机构和社会三者关系。

政府如果同时掌握着"管办评"的权力，既是管理主体，又是办学主体，同时也是评价主体，那么有可能导致很多问题。《教育部关于深入推进教育管办评分离促进政府职能转变的若干意见》指出："必须深入推进管办评分离，厘清政府、学校、社会之间的权责关系，构建三者之间良性互动机制，促进政府职能转变。"所以，"管办评"不能都是政府的事，三者必须分开。当前，"管办评"分离改革虽然取得了一定成效，但仍存在政府的权力和职责定位不清晰、学校的办学和治校活力不充足、社会的参与和督导不深入等问题。实现教育的"管办评"分离，绝不是将政府、学校与社会隔离开来，而是明晰三者之间的权责边界，使之相互制约、相互协调。为充分发挥管办评三方的合力效应，应避免管办评分离而出现的权力真空、职能死角和责任盲区，必须构建有效的协调机制。

同时，政府要始终秉持"放管服"一体化的原则。通过厘清政府、学校、社会的权责边界和相互关系，界定和明确三者的权力和责任。长期以来，政府对高等教育重管理，轻服务，使其在发展过程中缺乏应有的自主能力和自主空间。目前，我国高等教育的内外部环境发生了变化，但政府相应的管理职能并未适应。为解决这一问题，需要坚持"放管服"一体化原则。

"放"的本质是简政放权。简政就是精简行政，减少行政管理过程中烦琐多余的审批手续和程序，提高办事效率。放权就是下放权力，将高校自己能办的事情交给高校去办。"管"的核心是促进政府职能转型。也就是说，政府管理应该从微观干预转向宏观控制，从直接控制转向间接监督，从依赖权威转向制度优先。"服"指的是以服务为导向，通过推动政府服务高等教育方式与机制的变革，为高等教育发展提供良好的制度环境。要提升教育治理的服务能力，实现治理能力现代化，建设人民满意的服务型政府。

三、高校内部治理结构现代化：正确处理学术与行政、学校和学院的关系

贺祖斌：我曾在2013年发表过一篇文章，即《大学治理与现代大学制度建设》，这篇文章对大学内部行政化管理进行了反思，认为大学治理的实质是"大学内外利益相关者参与大学重大事务决策的结构和过程"，讨论了以"党委领导，校长负责，教授治学，民主管理"为特征的大学内部治理结构。我想向您请教，高等教育高质量发展中高校应当如何不断完善内部治理结构？

潘懋元：中国特色现代大学制度的核心特征是"党委领导，校长负责，教授治学，民主管理"。我觉得要处理好大学内部治理结构问题，要正确处理学术与行政、学校与学院的关系。

过去的书院关系很简单，山长可以兼任校长和首席教授。现在高校规模大，关系复杂，教授难以兼顾管理工作和教学工作。即便校长具有较高的学术水平，也难以在统筹学校的所有事务的同时兼顾治学的任务，所以校长的主要工作应该是学校管理。但是校长也不能因此只管理学校，而不从事教学工作。因为如果离开了教学岗位，校长就很难理解教师的苦处，理解教师所面临很多事务性工作带来的负担。

我们讲"教授治校"是不妥的，因为教授的主要工作是教学、科研，而非管理学校，所以应该讲"教授治学"。相对于校内外其他利益相关者而言，教师具有自己独特的优势，他们拥有广博的学术知识，熟悉教育教学规律，因而教师参与决策必不可少。另外，大学章程还需要厘清教授委员会和学术委员会的职能边界，要扩大基层学术组织自治权的范围，并将青年教师和学生的平等话语权和利益诉求纳入大学内部治理框架中。

必须加以说明的是，提倡尊重学术权并不意味着轻视行政权，因为行

政权力的合理使用是保障高校运行效率和秩序的必要条件。一个学校正常运行所需的衣、食、住、行都离不开行政部门的协助，各方面事务的处理都要行政部门来解决。但是，行政部门的工作要始终围绕为教学、学术服务来开展，以行政、组织的角度来辅助院系的教学工作。所以行政和学术由各自专业的人负责，两者必须被明确分工，明晰学校与院、系、所的关系，明晰学术权力与行政权力的关系，规定教授治学、民主管理、教职工代表大会及教授会等内容。所以，我想说的是，学校应该有行政，但是要减少行政化。现在最困难的问题是解决"行政化"的问题。学院的院长处处受制于各处的处长，甚至院长不仅要听处长的，还要听科长、干部的。

贺祖斌：您所提到的高等学校行政化是否可以理解为马克斯·韦伯所说的官僚制？您是否认为学校不应当成为一个官僚制的机构，或者说即便校内存在官僚制组织，那也应严格设定它的活动领域和范围？治理结构现代化是不是要处理好学校与学院两级的关系问题？

潘懋元：是的。衙门自古以来都有，否则就会天下大乱。当前我国高校行政化倾向严重，大学治理的目标应该是提升学术权，限制行政权。从尊重学术规律，尊重和重视学术权力，增强学术权利的决策权出发，赋予学术群体参与学校决策的权力，从而使行政权力由"管制行政"转变为"服务管理"，是我们的当务之急。

还需要提到的一个方面是，学术权力必须下放到二级学院这一层次，教学工作不能通过行政部门来管理，而应该实现二级学院的自主管理。比如二级学院引进人才是学术事务，应该由学院来决定。现在的问题是，学校引进人才是由人事处、党委、校长来决定的，学院没有权力，这是错误的。因为判断一个人才是否适合，本专业的同行专家最有发言权。更糟糕的是，高校引进人才的程序非常烦琐，甚至持续时间可达一年之久。例如南京有个教授要来厦门大学工作，我们对他非常满意，便到学校启动入职程序，结果"手续"还没过半，人家说不来了，已经到其他学校去了。再如，我们要从广西引进一个人才，厦门大学学术委员会已经同意了，人家辞职后，厦门大学的"程序"才走到一半，人家又去别处了。学校中的程序烦琐，不仅仅体现在学校层面，在学校和学院（部）之间还存在"学科"这一层次，几个院系合并成为一个"学科"。"学科"这一行政层次，一年开两到三次会，在开会时才来讨论引进人才的事务，结果就耽误了很多事。学校行政是来服务学院，而不是来"管"它们。并且"隔行如隔山"，其他专业的专家可能未必懂得本专业的学术事务。另外，学校的人才引进标准过于单一化，甚至是僵化，用"一把尺子量到底"。这显然是不利于人才培养和引进的，应该是"我劝天公重抖擞，不拘一格降人才"。

四、高等教育评价机制的现代化建设：多样化分类评价

贺祖斌：多年来，我国一直想解决高等教育评价中的问题，2020年10月中共中央、国务院印发的《深化新时代教育评价改革总体方案》指出，要"完善立德树人体制机制，扭转不科学的教育评价导向，坚决克服唯分数、唯升学、唯文凭、唯论文、唯帽子的顽瘴痼疾，提高教育治理能力和水平"，第一次提出"破五唯"的问题。为了深入解决"五唯"问题，2020年12月人力资源和社会保障部与教育部下发了《关于深化高等学校教师职称制度改革的指导意见》，提出要破除"五唯"。在这样的政策背景下，我们广西师范大学也正在人才培养、教师队伍建设、科研评价、学科建设等方面开展评价方案的制度改革，但在现实中要建立完善的评价体系，难度很大啊！关于破"五唯"如何破，"五唯"破了以后，教育评价体系应当如何"立"起来，您有什么建议呢？

潘懋元：想要破"五唯"相当难！"五唯"是一个机械固定的人才评价标准，是高校现有用人标准的基本导向。自从有了"五唯"的评价标准和量化办法，评价就非常简单易行，因为这种方法只需要做简单的数学运算，就能将教师一个不漏地算出总分和排名，进而就可以对教师施以赏罚和奖惩。通过这样一种机制，学术评价的权力就轻而易举地实现了转移，使评价权从同行专家那里转移到了管理者的手中。然而，高校教师的学术

评价，只有同行专家才能胜任，这是一种基本的常识，也是国际惯例。高深学问的成果，如果不是具有相当学术水平的同行专家，其他一般人连看都看不懂，遑论还要做出恰如其分的评价！作为一个机械固定的、缺乏弹性的高校教师评价标准，"五唯"导致行政部门的评价去责任化，更导致人才"冒"不出来。即便量化评价因其固有的谬误在近几年遭到了绝大多数教师的反对，它的泛滥趋势却一直盛行不衰，甚至有增无减，重要原因就在于管理部门实在是乐此不疲，这种评价办法对行政部门来说委实好处多多：既可以不断显示政绩，又可以使得师资管理和学术管理变得简单、轻松，还可以拥有评价权。

那么如何破除"五唯"呢？较为可行的办法就是，高等教育的评价要以内涵式的发展来代替"五唯"。内涵式的发展包括课程、教学、教师、学生四个方面。课程是内涵式发展的本质，课程的质量要提高。那么，如何把高质量的课程转化为高素质的创新型人才？那就需要教师成为创新型的人才，把高质量的课程转化为学生的素质，把学生培养成为创新型人才。高校办得好不好，最终要以培养了多少人才以及对科学、文化、社会做出多大贡献来衡量，这是一个最基本的常识。教师工作的评价首要关注教师对本科人才的培养，对本科教育的贡献。对教育学生工作的评价，要把认真履行教育教学职责作为评价教师的基本要求，引导教师上好每一节课、关爱每一个学生。对教师科研的评价，要突出质量导向，重点评价学术贡献、社会贡献以及支撑人才培养情况，不得将论文数、项目数、课题经费等科研量化指标与绩效工资分配、奖励挂钩。

贺祖斌：2020年10月，中共中央、国务院印发了《深化新时代教育评价改革总体方案》，认为"教育评价事关教育发展方向，有什么样的评价指挥棒，就有什么样的办学导向"，旨在扭转不科学的教育评价导向。您认为，对于高等教育领域的评价而言，应当如何积极而稳妥地推进评价机制的深度变革？

潘懋元：深化高等教育评价改革，必须要坚持分类评价。分类评价与我们前面所谈到的多样化高质量发展是一以贯之的。

要按照不同的高校类型，分别采用相应的评价标准。为了解决对职业教育的偏见，应该从转变高等教育的质量观念入手。在1999年高等教育大发展的前一年我曾发表一篇文章，题为《走向21世纪高等教育思想的转变》，提出质量本身是多维的、多样化的，怎么能用研究型大学的尺子来衡量应用型本科，怎么能用应用型本科的尺子来衡量职业教育？当用一把尺子来衡量所有高校时，不同类型的高校只能通过弄虚作假来符合统一的标准。过去在用统一标准来评价所有高校时，很多学校打出口号："迎评"多少天！这就惨了，老师们从早忙到晚去弄虚作假。高等教育高质量发展应该是多样化发展，并需要建构多元评价体系。必须大力推动各级各类院校发展，激发办学活力。"双一流"建设不能局限于少数的"985工程""211工程"院校，各级各类学校都应该有它们的"一流"，也能成就各自的"一流"，要用多元的质量观和标准激发高等教育系统的活力。

对于科研成果的评价，应当基于各自的学科属性。历来学工科的人常常看不起文科，学理科的人也看不起文科，理工科的学者认为自己在创造价值，而认为文科的人只是在空口说话。针对上述问题，王亚南在任厦门大学校长时，有一次在大会上作报告，指着理工科的人说："你们不要以为自己是最好的，能够生产东西的，你们还要受我们来管，理工科要受文科的管理。"与此同时，人文社会科学和理工科的发文难度差别很大，这与国际大环境有关。例如国际上推崇医科，医学无国界，那在国际刊物上发表医学研究成果就相对容易。但由于不同国家有不同政体，政治学和哲学等文章的发表则会有更多的限制。因此，对高校教师科研工作的评价，应根据不同学科、不同岗位的特点，坚持分类评价，推行代表性成果评价，探索长期评价，完善同行专家评议机制，注重个人评价和团队评价相结合。

五、学科展望与百年期许

贺祖斌：我最近注意到，您在《高等教育研究》2021年第4期刊发了

《论作为交叉学科的高等教育学》一文，提出高等教育学应当成为一门独立的一级学科，这是我们从事高等教育学科研究的一件大事，非常兴奋。请您谈一谈文中观点的核心要义。

潘懋元：我们中国高等教育学的学科应该是本土的，世界上还没有一个学科叫高等教育学。世界上其他国家都是把高等教育研究看作一个领域，而不把它看作一个学科，而我们中国是把它当作一个学科来看的，中国国情要求我们必须这样做。在当时，高等教育学这个学科没有建立起来，就不能培养研究生，因为按照我国的学位制度，研究生的培养要依靠学科。此后，国务院学位委员会又将高等教育学定为教育学的二级学科，以便招生，培养研究生，这是中国的国情。目前，高等教育学科在全国已有二十多个博士点，一百多个硕士点，培养了一大批高等教育理论研究和实践的人才。在这期间，我创造了高等教育研究中的若干第一：第一个提出来建立高等教育学，创建了第一个高等教育研究机构、第一个高等教育学硕士点、第一个高等教育学博士点，成为高等教育学的第一个硕士生导师、第一个博士生导师。我提出的教育的两条基本规律，尤其是第一条，即教育的外部关系规律，就完全是在总结中国高等教育发展经验的基础上得出来的。

但是，我认为，当前我国高等教育发展还不够充分。首先，我国高等教育理论体系尚不完善，高等教育是一个复杂的多层次结构的开放系统，要充分认识高等教育，把握其内外部关系及其规律，必须借助不同学科的力量，采用不同的视角和方法，全面、深入地了解高等教育。高等教育学可以通过举办学术沙龙等非正式的多学科交流形式，强化学科间的有效互动。高等教育研究者应努力摒除学术惰性，充分认识到高等教育学与其他学科之间的密切关联性，即学科的主体间性，这是获得学术承认进而维系学科发展的符号资本。其次，在中国的制度环境下，高校经费划拨按照一级学科来计算，二级学科没有经费。因此，从2005年开始，许多大学不得不去掉"高等"二字，把"高等教育研究所"改为"教育研究院"或"教育学院"。

然而，高等教育不同于基础教育，高等教育应该是一套相对独立的体系。随着中国高等教育发展的不确定性和复杂程度愈加凸显，需要多样化的教育理念、办学模式、投资体系、类型与层次结构。作为一门典型的开放性社会科学，高等教育学未来的发展方向应是主动纳入交叉学科门类，成为其下属的一级学科。只有以一级学科身份纳入"交叉学科"门类，高等教育学才能有效避免"盲人摸象""一叶障目"，准确描述现状、解释现象、预测趋势、控制变量，切实解决现实难题，创造性地发展学科理论。所以，高等教育学只有纳入交叉学科门类之下以一级学科身份整合相关学科知识，才足以应对当下高等教育面临的复杂难题。

贺祖斌：2012—2013年，我曾经在厦门大学工作过一段时间，工作期间一直得到先生的悉心指导和帮助，对先生和厦大很有感情，心怀感恩。厦门大学即将举行百年校庆，您对厦大的下一个百年有什么样的期许呢？

潘懋元：厦大百岁，我比厦大大一岁。80年来厦大的发展变化，我是亲历者。陈嘉庚先生创办的厦门大学以"南方之强"的雄姿，继承发扬"自强不息、止于至善"校训精神，发扬"爱国、革命、自强、科学"的优良校风，紧跟时代步伐，适应国家需求，明确目标定位，抓住发展机遇，取得了一个又一个辉煌的业绩。希望年轻的这一代不负韶华，共创辉煌！

作为人类命运共同体的重要组成部分，所有的大学都要担负起时代赋予我们的历史使命。大学命运共同体通过培养具有国际视野和专业素质的时代新人，提供具有原创性的科研成果和前沿技术支撑，传承与创新人类文明，为促进各国互信合作、交流互鉴和互利共赢注入强劲动力。

（原载《广西师范大学学报（哲学社会科学版）》2021年第5期）

第三节　关于地方高校内涵式发展的对话①

2018年10月22日，笔者专程到厦门大学拜访我国著名教育家、高等教育学科的奠基人、厦门大学资深教授、博士生导师潘懋元先生，并就地方高校"双一流"建设、加强本科教育、地方高校内涵式发展、转型发展、协调发展、人工智能等相关高等教育热点问题进行了讨论和对话。

一、地方高校"双一流"建设问题

贺祖斌：党的十九大报告强调要加快一流大学和一流学科建设。在"双一流"建设当中，不同高校都在努力，地方高校的学校数量和学生数量均占全国的90%以上，这些高校该如何开展"双一流"建设？您怎么看？

潘懋元：我认为各类高校，研究型的、应用型的、职业型的，国家的、地方的等，都应该有各自的一流。不应只是排名榜上的那个一流。现在很多人对"双一流"的理解就是大学"排名榜"，即大学排名榜和一级学科排名榜。一流大学和一级学科的排名都是按照研究型大学来排的。如果我们都只按研究型大学的要求来办大学和设置学科，那是不能适应社会发展要求的。"双一流"刚提出来的时候，我在《人民日报》上发表了一篇文章②，就是希望把这种争一流的精神传递到各式各类的高校，各种类型的高

---

① 录音整理：黄令、蒲智勇。
② 潘懋元：《"双一流"为高等教育强国建设注入强大动力》，载《人民日报》2017年11月19日。

校，包括地方高校，有特色的大学。

贺祖斌：是的，"双一流"中的"一流"，我认为强调的是"争创一流"的发展理念，这既是一种水平，又是一种精神和品质追求。

潘懋元：是的，所以我们的"双一流"建设，应坚持统筹兼顾、多元发展。现在社会的转型需要科学家，也需要更多的高级工程师、高级管理人才、高水平的有创新性创造力的应用型人才。当前，我国已进入高等教育大众化阶段，即将进入普及化阶段，高校的"双一流"建设，就不能仅限于排名榜上的几所研究型大学和这些大学中的一级学科。毕竟，冠以"双一流"建设的高校只是少数。现在，全国共有2800多所普通高等学校和成人高等学校、数以万计的学科点，不能只关注几十所院校、几百个学科点。不同的"一流"大学要有不同的评价标准。一流大学既可以是具有卓越科研实力的研究型大学，也可以是特色鲜明的行业型院校；既可以是学科齐全的综合性大学，也可以是"小而精"的学院；既可以是历史悠久、底蕴深厚的老牌大学，也可以是锐意变革、勇于创新的后起之秀。其实，不同类型的高校各有所长，都有争创一流的潜质。传统学术性研究型大学可以办成世界一流大学，在某些领域具有特色的应用型大学同样有望办成世界一流大学。例如，法国高师就是世界知名的师范大学。

贺祖斌：您认为地方高校在"双一流"建设中应该如何确立自己的办学定位和建设方向？

潘懋元：地方高校尤其是有实力的地方院校应该根据自身特色和区位优势，设定差异化战略目标，国家也要激发地方政府、行业参与"双一流"建设的积极性，实现大学、政府与社会的动态联合，促进高等教育形成多元发展的态势。竞争是提升高校实力的基础。"双一流"建设应打破身份固化的"标签化"思维。一流的身份并非终身享有，而是可进可退、动态调整的。"双一流"建设应辐射全国不同类型、不同层次的高校，所有有实力、有特色的高校和学科，不论出身，都应有机会跻身"双一流"。只有这样，才能通过"双一流"建设促进我国高等教育质量普遍提升，为我国高等教育强国建设注入强大动力。

当前来说，已经列入"双一流"建设计划的高校要发挥示范引领作用，把"双一流"建设效应辐射到全国。其他学校包括地方高校也要有"双一流"建设的心态，以此作为动力，真正立足当前、办出特色、扎根中国大地办大学、建设自己的"一流"。因此，一流大学的精髓在于拥有一流的办学理念，而一流大学的个性则体现在使命担当、战略选择和发展目标的差异上。

二、"以本为本"，立足本科教育问题

贺祖斌：2018年6月，教育部在四川大学召开了新时代全国高校本科教育工作大会，提出"坚持以本为本，推进四个回归"，在全国引发了很大的反响。您对当前我国高校的本科教育现状怎么看？

潘懋元：目前我国高校出现重科研轻教学、重研究生教育轻本科生教育的评价导向偏差，教育部抓本科教育是对的，但是要更注重方式方法。教育部曾经出台过教授给本科生上课、连续多年评选本科的教学名师和精品课程、教学评估、专业认证、年度教育质量监测等多种举措来抓本科教育，这都是为了确保本科教育质量。但是，许多大学在评价导向上以科学研究、学科建设为主，对教师的业绩评价以发表论文、科研产出成果为主，这样就造成了事实上的高等教育界重科研轻教学，重视获得硕士点、博士点而不重视本科教育的现状。美国也没有很好地解决这个问题，美国排名在前面的几所精英大学的本科教育不如一些文理学院。文理学院是全心全意搞教学、抓本科教育的，所以它们的本科教育质量较高。常春藤大学中有的也想抓本科教学，但是好的教授往往重科研工作而对本科教学敷衍了事。我们现在的高等教育评价，不管对学校也好，对教师也好，都太过重视科研了，而对教学只求有一定的工作量。

贺祖斌：所以这次大会的主题和您讲的一样，如果不抓本科教育的话，就是一票否决。大会还提出，"不抓本科教育的高校是不合格的高校，

不重视本科教育的校长是不合格的校长，不参与本科教学的教授是不合格的教授"。很有现实意义。

潘懋元：是呀，大学跟科研单位不同。科研单位是出成果、出人才，在出成果之中出人才；大学是出人才、出成果，第一位的工作是出人才，不然的话，就变成科学研究机构了。大学首要的任务应该是出人才，有了人才再出成果，但是现在我们的许多做法是倒过来了。所以这里面一定要从整个学校的评价机制开始扭转。其次是对教师的评价，也就是不能只看你发了多少篇论文，发表在什么层次的期刊上。我们要扭转这种"唯科研、唯论文"的现象，真正发扬学校的第一职能，也就是人才培养的职能。首要问题就是要抓好本科人才的培养，办好本科教育。我建议，在这方面教育部要用好手中的评估、评价权力，对高校的评价首先是评估本科教学，本科教学不合格，一票否决，从而真真正正地把本科教育抓实。

三、地方高校内涵式发展问题

贺祖斌："实现高等教育内涵式发展"是党的十九大报告中提出的，也是高校非常关注的话题，前段时间您在媒体上发表的一些观点，谈到地方高校的内涵式发展，我刚好也是在地方高校工作，对于这方面应该如何做？您认为地方高校内涵式发展需要注意哪些问题？

潘懋元：与内涵式发展相对的是外延式发展。最早提出内涵式发展，是针对高等教育大发展时期的规模扩张和新办大学而言的。高等教育大众化初期，不少高职高专有强烈的升格成本科院校的冲动，不少新建地方本科高校也想走研究型大学的发展道路，还有很多高校想复制、模仿清华和北大的发展目标与路径。在我看来，党的十九大报告提出的高等教育要实现内涵式发展，主要是要改变学校一味依赖扩大规模、依赖办学升格、依赖外延式发展模式的现象，侧重提高质量，尤其是提高教育教学质量。

贺祖斌：我也注意到，党的十八大首次将"内涵式发展"写入报告，并指出要"推动高等教育内涵式发展"，党的十九大更加明确地提出要"实现高等教育内涵式发展",从"推动"到"实现",不仅仅是表述上的转变,更需要理念和实践上的突破。对此,您如何看?

潘懋元:实现高等教育内涵式发展的本质是提高大学的办学质量,而教学的改革、创新、提高则是质量建设的核心,大学教师的发展是质量建设的基础。也就是说,大学教学文化是质量建设的核心,而大学教师发展是质量建设的基础。一个核心,一个基础,二者在质量建设上密切地联系在一起:优质的教学文化生态系统为大学教师所营造,而优质的教学文化生态环境激发了大学教师的发展。因此,在我看来,内涵式发展要求高等教育研究更加重视微观教学方面的研究。这是相对于宏观的政策制度方面而言的。教育管理部门所关心的主要是宏观的政策制度,但是真正提高教育质量要落实到微观方面。宏观的研究指明方向,微观如果缺乏宏观的指导,方向就会不明;但宏观需要通过微观来落实,不然只是空话。这些年来,教育管理部门主要解决的是宏观问题,当然也考虑了微观的东西,比如这些年来搞精品课程、建设教师发展中心等,也就是微观的指导。但精品教材对大众化的应用型高校往往不太实用,其学术水平高而应用技术不足,不切合应用型高校。还有教学活动、学生指导等,都是具体的、微观的。宏观的政策制度可以通过文件下达而实现,微观则必须由高校和教师具体落实。现在有个很好的时机,就是各个高校成立教师发展中心。如何编写应用型课程、教材,如何改进产学研结合教学,如何改进课堂教学,如何运用网络教学,这些研究要跟上。因此,地方高校的内涵式发展是多方面的。我认为,要考虑学校的学科专业建设、人才队伍建设,以提高人才培养质量为主,也要开展科学研究,主要是为地方经济社会发展服务等的科研工作。

四、地方高校转型发展问题

贺祖斌:从您的论述中,我感受得到您对应用型高校及应用型人才培养的关注,在我看来,地方高校向应用型转型也是实现内涵式发展的一个重要途径。关于地方高校的转型发展,我想再听听您的看法。

潘懋元：高等教育的转型发展是经济社会转型发展的动力和保证，这是一条漫长的道路，需要我们在研究上、政策上、实践上共同努力推进。

贺祖斌：您觉得现在高校转型发展面临的问题有哪些？

潘懋元：2016年，你在玉林师范学院工作的时候，主持推进了"广西应用型本科高校联盟"的成立，并同时召开了"广西应用型高校建设与转型发展高峰论坛"。当年你邀请我去参加大会，我也在大会上作了报告[①]，谈到了这个话题。与其说是问题，不如说是阻力，我认为转型发展所遇到的阻力主要集中在三个方面：一是思想认识落后和僵化，使得"重学术轻应用"成为办学者的主导思想，"求统一、排斥多样化"成为影响教育政策的思想；二是由于某些政策导向，以往办学重知识而轻能力，脱离了形势需求，落后于现实发展的需要；三是我们对高等教育转型发展的理论创新不够、经验积累不够、宣传推介不够，使得大家不明所以，难免感到焦虑、无所适从。转型发展虽是当下高等教育发展的共识，但仍存在觉得"不必转型"的倾向。比如，一些地方性的工、农、医、经、管性质的学校认为，自己本来就是培养应用型人才的，不存在转型问题；低水平的要转型，高水平的应当向学术型方向发展；工、农、医、经、管性质的学校可以转，文理类学校只能培养学术型人才等。转型发展涉及高校多达数百所，类型、层次又不同，所以我们强调的是不同类型、不同层次、不同速度的转型发展。

贺祖斌：现在地方高校还有这样的困惑：一方面，要建设一流学科，学科排名上上下下都很重视，这代表着学校的声誉和影响力；另一方面，强调为地方经济社会发展服务，二者之间如何平衡和协调？如何破除阻力，真正把转型发展落实下去？

潘懋元：为地方服务，那才是最重要的。从国家层面来说，要转变体制机制，借鉴德国建立应用型科技大学的案例，需要从投资体制、招生体制、职称、奖励、话语平台等机制的转变上下功夫，并要保证所有大学公平地拥有改革发展权，每所大学都具有转型发展的话语权。从地方高校自身来

---

① 潘懋元：《中国高等教育的转型发展》，载《玉林师范学院学报》2017年第1期。

说，要切实做到三个转变，一是理念上的转变。不要好高骛远，而是立足于服务地方，实现学校专业群与区域经济社会发展的产业链的紧密对接，有序推进转型发展，通过转型发展来作出贡献，以贡献求得地方的支持，实现学校发展与地方经济社会发展的良性互动。二是课程与教学的转变。应用型创新人才通过应用型专业培养，应用型专业由专业课程体系构成，课程体系中的专业链要与产业链对应。课程、教材是转型发展的核心，传统的学术型精品课程、统一教材要转变为应用型课程和教材；传统的"以教为主"的传授方法，要转变为"以学为主"、课堂教学与实训并重，将教学、科研融为一体，以创新推动产学研的深度融合。三是专业教师队伍建设的转变。要有计划性、针对性地培养和发展"双师型"专业课程教师队伍。首先，老师要和学生一起参加实训基地的学习与劳动；其次，老师要多到对口的企事业单位挂职，并承担实际责任，锻炼才干；最后，学校应外聘对口企事业的工程师、技术员等到校任教并给予必要的帮助。

广西现在拥有非常好的转型发展条件，各所高校也没有好高骛远，而是立足于服务广西。比如，一些应用型高校在保持原有办学优势和特色的同时，通过学科专业调整优化，逐步实现专业群与区域经济社会发展及产业链的紧密对接，有序推进转型发展，积极而又稳妥。这类地方高校容易放下身段，克服"理念抵触"的弊端，积极通过转型发展，来赢得在服务地方经济社会发展中的"有为"和"有位"。

五、地方师范大学协调发展问题

贺祖斌：自1999年我国高校扩大招生规模以来，地方高校经历了从规模扩张到内涵发展，从单科性办学到综合性办学等多重身份的转变。对于地方师范大学来说，您认为应如何处理其原有的教师教育优势和新发展中"顶天与立地"的关系？

潘懋元：这个问题我倒想请教您，现在很多省属师范大学都向综合性发展，听说除了军事专业之外，其他学科门类都有，所以我就不知道现在的师范大学究竟是姓师范还是姓综合？您所在的广西师范大学是广西最好的大学之一，历史悠久，很有影响，现在的师范专业办得如何？

贺祖斌：作为地方师范大学，教师教育是我们的优势，师范专业和师范生还是比较多一点，跟其他的学校相比，我们还有一个职业技术师范学院。我们的师范专业还是依托在各相关二级学院，比如说化学专业就是师范专业，它依托在化学与药学学院，生物科学专业是培养中学生物老师的，办在生命科学学院，汉语言文学专业设在文学院等，整个专业设置的框架没有太大的调整，我校目前有本科专业79个，其中师范（含职业技术师范）专业38个，非师范专业41个。不管如何发展，师范是学校办学的底色。

潘懋元：那我明白啦。"师范"是个古老的名称，是培养学生作为模范，在清末《奏定学堂章程》《钦定学堂章程》中都有师范院校的重要位置。我们师范院校的办学者和教师们，首先要转变思想，要以办师范教育、当师范教师为荣，而不是总想把"师范"两字拿掉，大量办非师范专业。师范院校的优秀传统不能丢，并且要在传统的基础上不断创新，紧跟时代需求，培养出适应新世纪发展的教师。

贺祖斌：是的，我们学校的办学特色概括成几句话就是，教师教育的"领头羊"、人文强桂的"主力军"、科技兴桂的"生力军"和国际交流的"排头兵"。这既是学校办学特色，也是学校发展的核心竞争力。教师教育仍然是我们的办学底色和优势。

潘懋元：我以为师范教育是一种专业、职业教育，师范院校应该有"双师型"教师，他们一方面具有扎实的理论基础，另一方面具有丰富的教学实践能力和经验。学校要采取保障教师职业发展的措施，为教师提供理论和实践两方面的平台以供其学习和锻炼，从而提高其专业水平和职业技能。最重要的是教师应有荣誉感和幸福感。

新时代形势下，地方师范大学应向"多样化"发展。在教师教育领域强调多样性，就是强调多种形式办学，使得教师来源多元化；就是强调以多种模式培养师资，使得教师的素质结构各有不同；就是强调教师教育培养对象的多样化，使得包括各级各类教育教师在内的教师整体队伍能够实现专业化。只有切实把握并实践"多样化"的思路，才能真正应对处在不断变化中的教师角色、标准及相应的教师教育，才能及时跟上社会和时代的发展步伐，培养出高质量、专业化的师资队伍。许多"非师"专业，可以培养中等或高等职业教育的师资，使"非师"专业成为职业教育的师范专业。

关于师范大学的科学研究、学科建设与服务地方，也就是"顶天"与"立地"的关系，应该是在"立地"的过程中实现"顶天"，即学科如何结合地方经济社会发展的需要，为地方服务，这才是最重要的，这样二者都能获得好的发展。

六、高等教育既要培养自然人，也要培养"机器人"

贺祖斌：近年来，人工智能等科技产品越来越多地融入了我们的生活，并已成为经济增长的新驱动力。我也了解到您一直以来非常关注这一领域，您认为在人工智能时代背景下，高等教育在人才培养方面会是什么样的趋势？

潘懋元：您提的这个问题，正是我想要谈的。高等教育的任务是培养专门人才，现在我们已经面临着新难题、新任务。我认为，今后的社会，将由自然人和机器人（或称智能人）共同组成。因此，高等教育既要培养自然人，还要培养机器人，使之成为专门人才。培养机器人，事实上已经在进行中，主要是给他灌输知识，灌输数据，但是现在也已经开始培养机器人动脑筋。

贺祖斌：您这个观点非常新颖。您指的是智能化？

潘懋元：对，往智能方面发展。现在饭店送餐，机器人完全可以送。另外，无人驾驶汽车，厦门已经有了，但是现在还不敢在马路上行驶，对于今后的无人驾驶，您需要汽车，只要手机一按，它就开过来了。坐上去之后，您要到哪里去，把地名按一下，就可以自动导航，开到您要去的地方。您下车之后，车就自己回到库房里去了。您再要用的时候，按一下手机，它就又来了。这样的智能汽车已经在测试中。今后，自然人做不到的，智能人能够做，同样，自然人干不了的坏事，它也能够干，试想，机器人往智力方面发展而又没有伦理来制约的话，会出现什么后果？这样会紊乱的。所以在机器人的培养上，要用法律控制，要有伦理的制约。机器人同自然人共同生存于新的社会中，如何和谐共处，还必须具有新的社会伦理道德以及生活能力，这需要前瞻社会进步趋势，通过设计者对机器人进行道德教育、情感教育、美育等，使之与自然人和谐共处，共同推动未来社会的发展。培养机器人，现在主要倚重脑科学知识与信息技术。随着脑科学的发展，将自然人的大脑及其活动技能复制到机器人，不是不可能的。如何教育好机器人，将是多学科专家在未来时代的新任务，如何把机器人培养为专门人才，将是高等教育所面临的艰巨任务，但也开辟了广阔发展空间，需要众多专家通力合作。这是一个全新领域，也是一个新问题。

贺祖斌：感谢潘先生，耽误您这么多时间来讨论我们共同关心的问题。

（原载《高等教育研究》2019年第2期，有改动）

第四节　大学校长的教育视界

——《大学校长访谈录》评介

在我国高等教育体系中，占总数90%的省属高校占有重要地位，做出了重要贡献。山东省是高等教育大省，截至2010年，全省普通高等学校达到

133 所（中央属高校3 所），数量仅次于北京市，居全国第二位。其中，本科院校达到 61 所，省属高校占了大多数。

这些省属高校的校长是一个不容忽视的群体，他们对中国大学的发展影响深远，因而走近和了解他们的教育视界和治校方略，有助于我们更好地理解中国高等教育的发展脉络，认识现状，预测未来，汲取经验，促进发展。

黄琦同志编著、山东教育出版社出版的《大学校长访谈录》，收录了对14位省属普通本科高校校长（或原校长）的访谈内容，为我们提供了一个走近大学校长的机会和平台，为我们呈现了一个理论和实践探索有机融合的丰富多彩的教育视界。纵观之，本书具有如下几个特点：

一、纲目并举，展示方略和理念

一所大学，固然不能少了大楼、大师，但也不能没有一个好校长。人们常说，一个好校长就是一所好学校。陶行知说："校长是学校的一面旗帜。"许多为人称颂的大学理念，是由名声卓著的大学校长提出、实践而得到理论界所认同、传播的。这是因为理论、信念是由实践所产生，经思维凝练而成，并通过自己一以贯之的实践进行了检验。

本书汇聚了山东省14位在职高校校长关于当前高等教育改革发展的谈话内容。对每位接受访谈的校长做一简介，交代访谈的时间和具体地点，然后根据篇幅分10个左右的版块分别记述访谈内容，每个版块列有标题。访谈内容较全面地回答了人们关于高等教育改革发展的困惑、矛盾和认识，其实就是关于办学理念和治学方略的全面展示。该书中收录的所有访谈内容，既立足高等教育当前现实，又展望高等教育未来发展；既有理论层面的深刻剖析，又有现实层面的明确解答；既肯定了中国高等教育发展过程中的可资借鉴和大力弘扬的好经验、好做法，又挑明了目前高等教育发展过程中还存在的误区和偏差。从一定意义上说，该书是编著者为读者提供了一桌"问计高等教育改革"的饕餮盛宴，读之使人深有所思、深有所感、深受启发。

尽管校长们谈论的话题，内容多样，角度不同，但思考的主线和落脚点都是一致的、统一的，那就是通过深化改革，提高质量，促进高等教育的科学发展。

校长思考最多的还是办学定位、办学理念等问题。当前，由于思想准备不足、理论研究滞后、政策引导不到位，全国高等学校出现了分类不清、定位不明、发展方向趋同的现象。大多数高校还是一个模式、一种发展路径，按照传统的精英教育模式培养学生，造成了"千校一面""千军万马抢过独木桥"的局面。如何立足实际，科学确立办学定位、实现特色发展，成为高校不可回避和必须解决的问题。令人欣慰的是，各位校长的论述都围绕"办一所什么样的大学，如何办好这所大学""培养什么样的人和怎样培养人"这些根本问题而展开，紧紧围绕国家和全省战略部署，密切结合区位和学校办学实际，发挥自身的工作经验、国外访学经历等优势，在发展目标定位、学科专业定位、服务面向定位、教学定位、人才培养定位、师资队伍定位、科学研究定位等方面，进行了具有前瞻性和针对性的研究和思考，对克服高等学校的同质化，促进特色发展具有重要的启导意义。

二、直抒胸臆，诠释焦点和热点

14位接受访谈的校长围绕目前高等教育改革发展中的焦点和热点问题，坦诚地进行了交流，真实地表达了态度和主张。访谈内容覆盖了教育目标与市场经济、教育创新与坚守、外延扩张与内涵发展、现代大学制度、办学自主权、教育行政化、多校区办学、教授治校还是治学、大学文化与大学精神、现代大学师生关系、教学与科研的关系、人才队伍建设、政产学研融合、艺术教育等问题。校长们观点鲜明，独辟蹊径，信息丰富，分析问题能抓住要害，体现了高度的责任感和事业心，给人留下深刻印象。比如，赵彦修校长提出的"理想的大学要真正按照功能去做，而不是按照功利去做"的观点可谓切中肯綮、一语中的，尽管目前我们已经进入市场经济时代，但是，大学不能过度追求功利，校长就应该是教育家，应该专心治校办学，发挥好人才培养、科学研究、社会服务等职能。谈及大学的要害问题，温孚江校长则直言"大学的要害就三个：学术至上、育人至上、管理至上"，"国家对高等教育应负有责任"，做到"三权统一、三位一体"，言简意赅、振聋发聩。针对目前社会上广为关注的少数大学生道德滑坡、文明缺失等问题，王崇杰校长则大声疾呼："要让大学生对传统历史文化有敬畏感""既有知识又有文化的人才才是全面发展的人才"。就地方新建本科院校如何定位自己、发展自己，如何在众多高校中脱颖而出、后来居上，就如何全面推进"教授治学"等一系列问题，作为有着高等教育学学科背景、长期工作在高校一线的韩延明校长阐明了自己很好的见解和建议，他以自己所供职的临沂大学为例，明确提出了要办有规律、有规划、有规矩、有规模的大学，要办有德性、有实力、有创新、有特色的大学；要办有理想、有理念、有理论、有理性的大学；要办强配置、高质量、有核心竞争力、有社会美誉度、学生满意、家长放心的受人尊重的大学。就"教授治学"问题，韩校长认为，"教授治学"比"教授治校"更符合中国高校现实。而"教授治学治什么？一治教学，二治学科，三治学术，四治学风"，为我们推进教授治学拓展了思路，开阔了视野，提供了借鉴。就办大学应该遵循的规律问题，韩校长也表达了自己独到的见解，他说"办大学一定要遵循三大规律：高等教育发展规律，市场经济发展规律和人才成长发展规律"。应该说观点明晰、论据充分、说理透彻、令人信服。就如何拓展大学的社会服务职能，马连湘校长发表了自己的见解，那就是，大学必须"政、产、学、研相融合，教学、科研、社会服务于一体"。这一观点推陈出新、切合实际，也耐人寻味。王春秋校长提出的多校区管理的"错位发展"模式、程新校长提出的"大学的科学研究必须反哺教学"的观点、夏临华书记关于现代大学制度的思考、潘鲁生与张志民校长关于艺术教育的认识等也给人耳目一新的感觉。纵览《大学校长访谈录》一书，上述这样的观点和见解比比皆是。

三、访谈互动，文风清新而朴实

编著者黄琦同志曾经担任过多所高校的校长和教育主管部门领导，对从事高等教育宏观、中观甚至微观的实践和管理深有体会和心得。因此，在访谈中问题的设计方面，体现了深刻、巧妙和对路的特点。设计和提出的问题，基本涵盖了目前高等教育教学改革的方方面面，并且通过采访认真"备课"和充分准备，根据各位校长不同的专业特长、经历背景、学校实际等，设计谈话提纲，确定谈话内容，引导谈话方向，充分发挥了每一位访谈者的最大优势，以一问一答的方式，引导他们娓娓道来、侃侃而谈，真正汇聚了这些高校校长们关于当前中国高等教育教学改革的真知灼见，为全面展示丰富信息奠定了基础。

课题组的同志在"采访后记"中，记述了采访过程中的见闻。特别是介绍了被访谈者的工作经历、性格爱好、采访情景、学校发展历史、校园风物等，补充和丰富了对学校、校长及其观点的了解和理解，增加了读者的感性认识。

在访谈内容的组织和表述方面，实现了校长、接受访谈者、朋友等角色的一体化。采访者扑下身子接地气，开门见山直奔主题，校长们推心置腹、鞭辟入里。可谓问得精妙，答得精要；组织精细，内容精到。一问一答之间，呈献给读者的是对问题的剖析和挖掘，对矛盾的忧虑和思索，对理想的憧憬和向往。没有掩饰、没有回避、没有唱高调和要辞令，让人如遇故知、如沐春风，充分体会到"开卷有益"的内涵。

当前，我国现代化建设已经站在了一个新的起点上，我们肩负着建设高等教育强国的历史重任。面对着经济社会发展的新形势新任务，必须深化教育教学改革，走以提高质量为核心的内涵式发展道路。在此社会背景下，黄琦同志策划了一个匠心独运的关于高等教育改革发展的研究项目，直面现实状况，针对矛盾困惑，选择最有发言权的谈话对象，为我们提供了一连串充满思想和智慧的答案，值得我们在理论研究和工作实践中学习和借鉴。

（原载《光明日报》2013年1月27日；另载《河南教育》（高教）2013年第10期，有改动）

第五节　探索高等教育与农村发展良性互动的路径

——评《挑战与应答：高等教育与农村发展互动》

　　彭拥军博士出生于农村，并在农村长大。他后来虽然到城市上大学，读研究生学位，仍不忘初心，关注农村人民的生活、农村社会流动，特别是教育对农村社会流动的作用。他的博士学位论文《高等教育与农村社会流动》（中国人民大学出版社，2007年版）得出了"高等教育使农村青少年通过改善自己的职业处境和生活场所，实现上升性社会流动并借助农村熟人关系网络对农村人口的思想和行为产生深刻影响"等观点，并指出"这些农村出身的大学生用自己的经历成功地使农村人口普遍认可'知识改善命运'这一基本道理。这种认识曾经有力地鼓舞农村青少年发奋读书"。作者在做博士后期间对该问题又做了进一步研究，其出站报告《走出边缘：农村社会流动的教育张力》（华中科技大学出版社，2011年版）侧重关注那些没有受过高等教育的农村人口，教育对他们命运改变带来的可能或真实影响。其后，作者在《现代教育与农村智力流动》（湘潭大学出版社，2013年版）一书中，认真阐发了"农村智力流动"这一新概念。他的新作《挑战与应答：高等教育与农村发展互动》（华中师范大学出版社，2018年版）则从宏观视野提出了高等教育与农村发展如何形成良性互动的某些新思考。

　　同时，他成功地运用了教育内外部关系规律特别是外部关系规律。该书紧紧围绕高等教育与农村发展互动过程中面临的"挑战和应答"这一因时而变的概念对，深入探讨了农村社会基本结构的乡土性，并积极关注了乡土熟人社会关系的心理地理连续体关系及其变化，以此来探明农村社会分化与农村社会流动给农村社会结构、农村传统文化带来的种种挑战以及可能隐藏的不同机遇。农村发展过程中不同的挑战、机遇或差异性应答都必然影响农村社会发展与高等教育之间的关系和关系变化。而如何实现高等教育与农村发展的良性互动则是推动农村发展、实现高等教育更好服务农村不可回避的重要问题。

再者，从高等教育视角积极寻找农村发展的"中国答案"。该书从"农村智力流动"这一新提法入手，明确提出了"中国农村社会流动者要从体力携带者向知识技能携带者转向""农村智力流动要实现流出与回流的动态平衡"等重要观点。该书作者还认为，农村现代发展，从人的角度看，需要解决一个一体两面的问题，即切实减少农民数量和有效提高农民素质。农民素质提高既是人的现代化的基本要求，也是农业现代化和农村现代化的基本要求。有必要指出的是，高等教育与农村发展良性互动的实现尽管有一个美好的未来，但仍需要经历一个较长的探索过程，还有许多问题需要从理论和实践的角度作进一步研究和探索，希望作者能够再接再厉，不断有新成果面世。

概言之，此书的出版既反映了作者在学术道路上的勤勉攀登，也为该论域的研究作出了新贡献。我作为彭拥军博士的指导老师，喜见他的学术成长，也乐意向学界和对该领域感兴趣的人们推介此书。

（原载《大学教育科学》2019年第6期，有改动）

第六节 《大学校训论析》^①序

临沂大学校长韩延明教授和他的研究生徐愫芬将他们"历时六年、七易其稿"的《大学校训论析》一书样稿寄给我并嘱作序。据我所知，韩延明在1998年跟随我攻读高等教育学博士学位时就对搜寻和研究大学校训兴趣盎然。在他2003年由人民教育出版社出版的《大学理念论纲》一书的"附录二"中，曾汇集辑录了中外200多所大学的校训。嗣后，他广搜细核、笔耕不辍，经过多年的披肝沥胆，终而玉成《大学校训论析》一书。这是一部研究大学校训的力作：搜集大学校训数以千计，从历史到现状，从国内到国外，内容丰富，框架恢宏；论述校训功能，剖析校训问题，品评校训优庸，诠释校训渊源，索隐钩沉，见解精辟。我用了几整天的时间，读完了书稿，在古今中外、雅俗并陈的校训之林驰骋了一回，长了不少见识，也解决了我久萦脑际的一些问题。因为在此之前，我参加过一些校史编写工作，尤其是近年主编《中国大学文化百年丛书》之一的《南强之光——厦门大学文化研究》一书，曾接触过校训问题，但浅尝辄止，而今读了这部书稿，深感获益匪浅、不乏启迪。

首先是对"大学校训"这一概念的界定。一般辞书，对"校训"的释义，大多只是从形式上给予界定，很少能揭示其本质的内涵和深邃的意蕴。本书给予了比较全面深入的界定："校训，是指学校确定的对全体师生

---

① 韩延明、徐愫芬：《大学校训论析》，人民教育出版社2013年版。

员工具有指向和激励意义的、体现学校办学理念和价值追求的高度凝练的词语或名言。"这就清晰地概括了"校训"的本质内涵及其所体现的价值和所表现的形式。

其次是解决了大学校训的时代性与持久性的矛盾问题。校训的制订具有一定的时代性。正如本书解读我国大学校训的历史发展，从古代、近代到现代，甚至每一时代不同阶段所制订的校训，都带有一定的时代特点。而校训的存续，要有长期的稳定性、持久性，那些为追求时尚而修改校训的，实不足取。例如，美国哈佛大学17世纪所提出的校训"与柏拉图为友，与亚里士多德为友，更要与真理为友"，反映了当时理性主义的理念，历经300多年，至今仍闪闪发光；清华大学的校训"自强不息，厚德载物"，厦门大学的校训"自强不息，止于至善"，至今已沿用90多年，仍是大学的办学理念与价值追求，对师生员工，尤其是遍布海内外的校友起到了认同、凝聚的作用。如此时代性与持久性、创新性与稳定性的矛盾统一，在此书中得到了很好的诠释："构建大学校训，应该坚持稳定性与创新性的统一，既要保持相对的稳定性，又要与社会发展相适应……这就要求我们在制订校训时，要富有前瞻性和包容性，既要紧扣优良传统，又要体现时代精神。"也就是说，制订校训，要有高瞻远瞩的视野，切莫追风赶潮、攀龙附凤。

那么，校训应该由谁来制订？作为大学三大永久性标志（校训、校歌、校徽）之一的校训，不言而喻，应当根据民主原则，按照一定的程序，在广泛征集群众设计方案、开展民主评议的基础上，经师生员工投票筛选、领导批准。本书也是据此而设计了"构建新的大学校训的一般程序"。

但是，过去中外许多意蕴深远、特色鲜明、内聚人心、外树形象、为人们所传颂而历久弥新的大学校训，大多并非经过如此程序，而是个人提出的。例如，清华大学的校训"自强不息，厚德载物"，是梁启超在一次应邀演讲时提出的；南开大学的校训"允公允能，日新月异"，是校长张伯苓提出的；北京师范大学的校训"学为人师，行为世范"，是启功总结、概括并题写的；台湾大学的校训"敦品、励学、爱国、爱人"，则是台湾光复后校长傅斯年对学生的勉励。国外著名大学的校训，也多由个人所提出。例如，美国斯坦福大学校训"让自由之风劲吹"，是首任校长乔丹在总结一次不尊重学术自由的事件教训之后，有所感受而提出的；德国柏林洪堡大学则是以其校友马克思的语录"哲学家们只是用不同的方式解释世界，而问题在于改变世界"作为校训。而近年来有些经过一般程序慎重产生的校训，却往往是一些嘉言的堆砌，雷同、空泛、口号化。

由此可见，校训的产生、制订，一般程序仅能提供一般参考，不必拘泥于"一般"。

不仅校训的产生不必拘泥于"一般"，校训的形式也应不拘一格。中国大学校训，大多是二词八字或四词八字，意蕴凝练，对偶工整，充分体现了中国文字传统之美；而国外大学校训，往往是一句经典的名言，可以各行其是。浙江大学原来的校训只有"求是"两个字，准确地表达了浙大的校风学风和发展道路；而今天众多以"求实""求是"为校训的，大多是空泛的嘉言；"创新"也是当前大学校训构成中用的较多的嘉言，也就失去"新"意，倒不如湖南大学校训的"敢为人先"更能体现这所远肇岳麓书院的大学的创新勇气。校训，最重要的是贴切地体现本校的特色。周恩来当年为外交学院所提出的校训是"站稳立场，掌握政策，熟悉业务，严守纪律"，朱镕基为国家会计学院题写的校训是"不做假账"，上海外国语大学的校训是"格高致远，学贯中西"，中国海洋大学的校训是"海纳百川，取则行远"，等等，都很贴切而寄希望于所培养的人才。

总之，优秀的校训，无论其制订、作用、形式，都是不拘一格的。这是我读了这部专著的一点感想和体会。

2013年2月20日

第七节 《大学文化育人之道》①序

去年（2012年），我刚刚为韩延明、徐愫芬合著的《大学校训论析》一书写了"序言"，听说该书正在付梓，近期由人民教育出版社出版发行。今年6月（2013年），我到北京参加中国高等教育学会"纪念学会成立30周年，加强新时期社团建设"研讨会，韩延明教授又把他的另一力作《大学文化育人之道》的书稿交给我，请我作"序"。看到我的学生们在学术发展道路上不断有新成果面世，我感到非常高兴！

文化是大学之魂。"文"的本意是"纹理"，引申为条理、秩序、美感的意义；而"化"字在甲骨文中是人的直立与倒立，象征着人的变化。所以，从字面的引申意义来看，"文化"就是"人类原本的自然世界经过重大变化后，而成为有条理、有秩序、有美感的人文世界"。从词源上分析，"文化"二字是"人文化成"的缩写，见于"观乎天文，以察时变。观乎人文，以化成天下"。这里是指以人文精神来引领社会、促进文明。大学是一种文化组织，人文是大学的精髓和灵魂，是大学的核心竞争力，是大学不可或缺的软实力。软实力较之硬实力而言，更为根本、更为重要。因为硬实力反映的是大学的办学条件，软实力体现的则是大学所追求的理想。

大学既是育人之本，又是科学之根、文化之魂。《大学》开篇以"大

---

① 韩延明：《大学文化育人之道》，高等教育出版社2013年版。

学之道，在明明德，在亲民，在止于至善"，明确论述了大学的本质即"育人"。大学是研究和传授文化科学的殿堂，是教育新人成长的世界，是个体之间富有生命力的交往，是进行思想文化启蒙，捍卫独立、自主、自由和人文精神的圣地。大学教育从根本上是一种文化启蒙和人文教化，它自觉地把本土的、民族的和世界的优秀文化品质、价值观念、人文关怀等融入知识教育、专业教育和其他各种教育形式，使学生在获得知识的同时内在地建立起关于正确理解和把握人和自然、人和人、人和社会等基本关系的人文素养。

大学文化育人是大学第一要义。文化是深在的，康德曾言文化是"最终目的的东西"；文化是鲜活的，马克思曾说文化是"文明的活的灵魂"；约瑟夫·奈认为文化是一种"软实力"；李泽厚认为文化是长期积淀的内化性的产物。大学文化育人是无处不在的陶冶。大学文化宛如一首无言的诗、无声的歌，像空气一样包围着受教育者，使其不知不觉地心甘情愿地接受其熏陶。大学文化育人的魔力就在于它能让自然环境人格化，让墙壁说话，让石头唱歌，让流水吟诗，让花草作画……使天然的、人造的环境都透视出一种理念，编织成一种特色，展现出一种独特的人文精神！大学文化育人是濡染的、是绵延的，影响久远。中国古代有立德、立功、立言"三不朽"之说，大学是"三不朽"的传承者，唯有文化育人，才是大学存在的第一要义。

韩延明教授持续关注大学文化育人的研究。早在2009年，他就在《教育研究》第4期上发表了《强化大学文化育人功能》一文，全面深入地论述大学文化育人的意义、作用与途径、方法，受到山东省的推崇和全国的重视，获得多项奖励。2010年，他主持的全国教育科学规划教育部重点课题《从大学文化建设的视角探大学的和谐发展》顺利结题，专家认为"该研究在国内特色鲜明"，被评为"优秀"等级。这本《大学文化育人之道》正是在该课题的研究成果基础上，进一步深化、拓展、完善而成的。

　　《大学文化育人之道》第一章深入解读大学文化的内涵、价值取向与功能；第二章从文化学、心理学、社会学、教育学、管理学、伦理学、政治学多学科的角度阐述了大学文化育人，揭示了大学文化育人的理论基础；第三章，基于大学文化的四个层面，即物质文化、精神文化、制度文化和行为文化，审视当前大学文化育人的式微现状，探究式微成因，并积极探寻强化大学文化育人的路径；第四章、第五章则分别从国内外各选取五所著名大学，作为大学文化育人的范例，逐一探析这些大学如何追逐物质文化、精神文化、制度文化、行为文化育人，展示著名大学之所以"著名"，有其深刻的育人内涵，远胜于玩弄数据，驱使人们远离育人之道，急功近利地热心于所谓的"排行榜"。

　　读完整本书稿，感觉有以下突出特点：新颖、严谨、文笔流畅。所谓新颖，是指全书的结构体系和内容颇有独到之处，给人以新鲜之感。所谓严谨，是指全书的整体框架、各章的顺序排列，有较强的逻辑性。文笔流畅是作者的一贯文风，作者饱读文史，深受中华优秀传统文化的濡染，有着宽厚的文化底蕴。

　　尽管本书尚有不完善之处，但瑕不掩瑜，它的面世终究是一件好事，故欣然命笔，略抒所感，是为序。

2013年7月6日

第八节 《大学学科专业评价》①序

学科与专业，在高等教育中是两个密切联系、相互渗透而属于不同范畴的概念。从理论上解析，两者内涵不同：学科是基于科学分类的知识系统；专业除文、理等基础知识外，基本上是基于社会分工的人才培养系统。但在高等学校的教学活动中，学科的发展要以专业作为载体，而专业发展的核心就是学科的发展。因此，在实践上，学科建设、专业建设是相互依存的。离开了专业建设的学科建设，往往满足于学术水平的提高而忽视人才培养的功能；离开了学科建设的专业建设，失去了核心价值与指向，只成为人、财、物等教育资源的投入。在中国高等教育的改革发展过程中，这两种单纯从理论解析的偏向都存在。例如，在高等学校制订发展规划时，就有应当抓学科建设还是专业建设之争；还有人认为研究型大学应当抓学科建设，应用型大学只能抓专业建设。这种认识的片面性也反映在学科评价与专业评价上，不少省市教育管理部门，把抓学科评价、树立精品课程和抓专业评价、树立品牌专业当作互不相干的两码事，以致或者有所缺失，或者相互重复。

本书作者廖益教授，正是从多年参与评价工作的实践经验上，认识到学科建设、评价与专业建设、评价无法截然分开，必须从分离走向结合。

21世纪初，廖益教授在职攻读高等教育学博士学位。一方面承担广东

---

① 廖益：《大学学科专业评价》，广东教育出版社2014年版。

省的重点学科评价和名牌专业评价的设计与实施工作；一方面在厦门大学研究高等教育理论与高等教育管理理论，并以"大学学科专业评价研究"作为课题撰写博士学位论文。从2001年至2007年，边实践，边研究，从实践中探讨学科专业建设与评价的理论。6年实践，5年撰写，论文获得了评审专家和答辩委员会的高度评价，认为"具有较高的理论学术价值和应用参考价值"。本书就是在其博士学位论文的基础上，进一步修改完善而成的。

本书的基本内容：辨析学科、专业的内涵异同及其关系，提出"学科专业"的整合概念及其在建设与评价上的意义；探究"学科专业"评价的理论基础；通过中美学科专业评价的比较和总结广东学科专业以评促建的经验，提出问题；重构"学科专业"评价体系，提出"学科专业"评价策略。

本书的中心思想：根据广东高等学校重点学科和名牌专业分别评价的经验表明，学科与专业存在内在的必然性联系，相互依存，如果分开评价，不但内容重复，工作重叠，学校疲于应付，而且易于导致畸重畸轻，顾此失彼，不利于高等学校教学活动的运作和教学质量全面提高。为此，本书试图建立理论与实践结合、学科与专业整合的综合评价指标体系，推动高等学校教学工作整体发展，教学质量全面提高。

为此，本书提出了学科专业评价体系的四维结构：以目标为中心的定位评价，以过程为中心的实施评价，以结果为中心的效果评价，以情景为中心的环境评价；认为学科专业评价的发展趋势将在评价功能上由单一走向多样，在组织上由政府走向中介机构，在评价主客体的关系上由对立走向协调合作，在评价重点上由重视结果走向重视过程；基于以上认识，提出建立新型"学科专业"评价观、自主性评价观，新型的、自主的评价体系的实施与完善，必须建立评价新机制以实现新型、自主评价的制度保障；等等。

本书在理论与实践的结合上，还有许多精辟的见解，恕不一一罗列。当然，学科专业评价是一个比较复杂的领域，涉及理论、实践、操作以及评价主客体的不同见解诸多方面，也涉及高等教育学、哲学、心理学、管理学、统计学等多个学科。尽管作者非常努力，仍然有诸多问题需要进一步探讨。

欣悉本书在广东省优秀教育专著出版基金评审中通过，获得资助出版，谨以管见，为之作序。

2013年1月7日

第九节　《高等教育理论与实践多维探索》①序

董立平教授的专著《高等教育理论与实践多维探索》即将出版，请我作序，我欣然慨允。作为作者的博士生导师，我是亲自指导、目睹他从一位高等教育研究的初学者、入门者经过三年的博士学习生涯到毕业后在工作中研究，最后成长为一位较为成熟的高等教育理论工作者。他来自齐鲁孔孟之乡，好学深思，诚朴率真，平时阅读了大量的人文社科经典文献，知识面较为宽博，理论思辨能力与批判意识也较强，在我的沙龙和院学术例会上常常发表创新的观点，这一点在本书中也有所体现。

该书是作者15年以来关于高等教育理论与实践研究成果的集成，从多个维度、多个视角、多种方法对高等教育改革的理论和实践进行了探索性研究。本书中大部分章节都已经在中文核心报刊上发表，发表前我都一一

① 董立平：《高等教育理论与实践多维探索》，厦门大学出版社2021年版。

看过，有些文章发表后在学术界也产生了一定影响，引用率较高，如关于地方高校转型发展与建设应用技术大学、高校分类与特色发展、大学质量观、大学内涵建设、大学金课建设、学科与专业建设、新建本科院校改革、亲产业大学办学改革、教育不是产业更不能产业化、学术人等，其中许多观点带有创新价值。更难能可贵的是，作者身处一所地方本科院校，能够较好地立足于本校实践进行院校研究，并且还有许多研究成果通过统战信息、人大与政协提案或议案等形式被中央统战部、省市有关部门采纳，如国家教学成果奖评选应向"一线"教师倾斜、高校领导干部的选拔任用、防止高校腐败问题的制度建设、福建省和厦门市职业教育改革、高等教育改革等，这也体现了一位高等教育理论研究者、一位民主党派人士面对高等教育改革实践中出现的种种问题而深入调研、积极建言献策的社会责任与担当意识。

本书最后一章是关于研究我的几篇文章。作为导师，我建议不要保留此部分内容。长期以来，我希望我的学生要系统学习我的一些教育思想和理论观点，以丰富我国高等教育理论与实践。但是，我也一直主张厦门大学教育研究院的研究生尤其是我指导的研究生不要以我的教育思想或理论作为学位论文选题和公开发表研究我个人理论思想的文章，虽然，有许多熟悉或不熟悉的学者发表了关于研究我的理论与思想的文章，诚如2015年我在济南大学会议上所阐述的那样："许多观点、许多理论已经超越了我的认识水平、思想深度。也就是说，许多论文，是大家对高等教育研究的新成果，是高等教育理论的新发展。"现在，我国高等教育已经进入了普及化阶段，高等教育思想也都超越了我早期的理论，并且在不断地丰富发展之中。我更希望学术界有学者提出与我不同的见解和观点的文章，"百家争鸣，百花齐放"是毛主席所倡导学术方针，我一再主张"一花独放不是春，百花竞放春满园"，正是学术不断争鸣商榷才会更好地推进我国高等教育的研究事业。

总体来看，该书的出版将对广大高等教育理论研究者和实践工作者具有一定的参考价值，对丰富和发展我国高等教育研究事业有一定的贡献，值得大家阅读、交流与商榷。

是为序！

2021年8月26日

第十节　《西藏高等教育学科专业结构研究》^①序

　　西藏高等教育的发展规划，具有不同于内地省、自治区、直辖市的许多特殊的生态环境与问题。在高等教育学科专业结构上，既有区内与区外的培养机构，又有区属与非区属的管理体制。区内一般为区属高等院校，而区外则有区属院校与非区属的西藏生源专业学生。因而制订规划，必须细致斟酌，全面安排。

　　巴果博士在她的博士学位论文基础上所形成的《西藏高等教育学科专业结构研究》这一专著，是一本基于民族传统和生态背景的区域高等教育发展研究专著。本书首先梳理了西藏传统学科"十明之学"和寺院教育制度，现代高等教育学科专业发展历程与结构现状。在此基础上，分析西藏高等院校学科专业结构的适应性与存在问题，提出了结构优化策略及特色发展规划建议。作者根据西藏区内专门人才需求"面广量少"的特点，提出区内与区外、区属与非区属、本专科以及研究生教育的学科专业应当统

---

　　① 巴果：《西藏高等教育学科专业结构研究》，西藏人民出版社2014年版。

筹全局、分类建设、特色发展，并应遵循整体性、动态性、层次性三个理性观念，根据动态适应、整体优化、适度超前、协调发展四条原则，调整学科专业结构。这些都是在实践基础上所形成的精辟见解。

巴果博士在西藏地区从事高等教育工作多年，又长期在内地学习；既有教学与科研实践经验，又有工科与社会科学等多学科的理论知识，视野宽阔、思维深邃，对西藏高等教育学科专业的分析比较深入、客观。尤其是在论文撰写过程中，深度访谈自治区教育行政部门、高等学校领导和管理干部80多人，不但第一手资料丰富，而且捕捉到许多从实践中来的真知灼见。相信本书的出版，不但可供西藏地区主管部门和高等院校制订学科专业发展规划的理论依据，对于其他省、自治区、直辖市和民族高等院校也有参考价值。

2014年5月10日

第十一节　《应用型本科高校师资队伍转型重构及成效评价——理论、方法研究与应用》[①]序

我的博士生贾艳丽将她参与编写的专著（《应用型本科高校师资队伍转型重构及成效评价——理论、方法研究与应用》）样稿寄给我并嘱作序。

[①] 张世海、刘斌、贾艳丽：《应用型本科高校师资队伍转型重构及成效评价——理论、方法研究与应用》，高等教育出版社2023年版。

这本书是她与南阳理工学院副校长张世海教授和刘斌副教授一起合著的、专门研究应用型本科高校师资队伍转型的重要成果。据我所知，张世海教授从事高等教育管理20年有余，对应用型高校师资队伍建设、转型发展、专业认证和质量评估方面有颇为丰富的实践经验和独到见解。

在国家相关政策引导和指导下，向应用型本科转型发展已成为地方本科高校"十三五"时期乃至今后相当长一段时期的重大发展战略。有学者指出，评判高校转型建设的实效，从教师转型状况就可获悉。然而，一直以来，高校转型尤其是教师转型缺乏一套引领性、导向性、可操作化的标准与指标体系，影响了转型的高质量发展，从而使地方本科高校长期徘徊在共性与个性、全国与区域、自我的现在与过去之间，既不能从纵向上明辨差距，也不能从横向上看到进步。张世海教授带领课题组成员不断总结教学与管理实践，不断提升、深化、拓展相关课题研究成果，历时4年，几易其稿，终成此书，保证了课题研究成果的较高水平。

该书具有以下两个方面的特色与创新：

第一，发展的现代观。众所周知，地方本科高校的转型发展是一项综合性、系统性的重大战略，然而一所具体的地方本科高校在自身发展的历史进程中还要面临其他诸如合格评估、审核评估、专业认证、新工科建设、"双万计划"等阶段性建设任务，各项任务都不可偏颇。显然，课题组成员具有敏锐的眼光，充分论述了新时代系列本科振兴计划要素与教师转型之间的内在联系，提纲挈领地将教师转型重构融入各项改革要素的建设中，既完成了阶段性的建设任务，又实现了师资队伍转型长效目标。

第二，厚重的历史感。"转到难处是教师"，不管是高校转型还是教师转型，最重要的是观念的转型、思想的转型。同时教师的发展是紧随时代发展的产物，是一项连贯性的、继承性比较强的事业。本书能够立足国情、放眼世界、关照历史、注重现实，全面梳理了中华人民共和国成立以来教师个体素能结构与群体结构的要求、变化、特点，进而阐明师资队伍转型重构规律与必要性，有助于克服教师的畏难情绪、化解观念桎梏、理顺管理队伍与教师群体之间的矛盾，为师资队伍重构扫清观念障碍，进而深化和推进转型发展。

第三，严密的逻辑性。本书的章节结构紧凑、层层递进，从理论研究分析出发，而着力点放在实践性上。长期的工作实践锻就了他们较强的问题意识，使其能够将复杂的理论、枯燥的文献深入浅出进行剖析，使理论知识进一步得到升华。

总之，本书将理论研究与实际应用密切结合，具有一定的理论水平和较强的现实指导意义，所提出的师资队伍转型重构路径及其成效评价理论方法建议具有针对性、时效性和应用性。部分内容已经为所在学校及部分同类兄弟高校采纳，在服务国家和所在省贯彻落实应用型本科教育相关部署等方面发挥了积极作用。

本书的出版，将对我国的高校评价起指导作用。

是为序。

2021年11月18日

第五章

高等职业教育

第一节　高等职业教育政策变迁逻辑：
历史制度主义视角

诞生于我国教育改革发展过程中的高等职业教育，历经40多年的变革，现已成为我国高等教育体系的重要组成部分。据教育统计年报，2014年全国高职院校的在校生人数为1 006.6万人，首次突破千万人大关，占整个高等教育规模的40%；2018年，全国共有普通高校2 663所（含独立学院265所），高职高专院校达1 418所。根据麦可思的数据，2017届高职高专毕业生就业率超过同届本科毕业生；2017届高职高专毕业生的平均月收入相比于2008届毕业生增幅134%，超过同届本科毕业生。[①]国家相继提出"中国制造2025""大众创业、万众创新"等发展战略驱动经济产业创新发展，作为与社会经济发展最为紧密的高等教育类型，高职教育在推动产业发展、储存技术技能型人力资本等方面发挥着主导作用，堪称地方经济社会快速发展的"顶梁柱"。改革开放以来，国家支持、引导与保障高职教育发展的系列相关政策，既是我国高职教育发展的缩影，也是一部政策演变史；既有我国高职教育发展的时代特征，也体现了高职教育的历史嬗变走向，更是高职教育取得诸多成就的有力保障。新时代新征程，需把握政策的变迁逻辑，推动我国高职教育现代化。

---

① 叶雨婷：《10年来，高职毕业生就业率首超本科》，载《中国青年报》，2018年7月16日。

一、历史制度主义及分析框架

历史制度主义诞生于20世纪90年代的美国。作为新制度主义的流派之一，历史制度主义在对政治学集团理论和结构功能主义的批判与继承中形成了自己的核心思想，并很快发展成为与理性选择制度主义和社会学制度主义相并立的重要流派。

1992年，瑟伦（Thelen K.）等人首次明确了"历史制度主义"的概念。[①]此后，历史制度主义逐渐为学界关注。历史制度主义将以制度为核心的研究作为基本内容，主要关注制度在社会变迁中何以形成，制度如何约束个体行为，制度如何与个体互动等问题。[②]历史制度主义致力于将制度与历史过程有机结合，透过其研究更加全面地展现制度的历史性概貌，因而成为新制度主义中独树一帜、广受推崇的重要流派。

历史制度主义主要通过追溯相当长时期内历史事件发生的轨迹及其对现在的重要影响，从宏观、中观和微观多重层面解读制度变迁的影响因素。在历史制度主义看来，历史不是静态的系列事件的集合，而是一种动态的过程。历史制度主义解读制度变迁影响因素的基本进路，其一，深层结构分析，主要是从宏观结构的视角分析经济体制、政治体制、科技体制和文化观念对制度变迁的影响，旨在"寻找制度背后更具普遍意义的基本因素（制度的深层结构），然后用这些具有普遍意义的基本因素来解释特殊的、复杂的制度现象"[③]；其二，动力机制分析，主要是从微观行动者的视角分析不同行动主体之间的权力博弈，通过分析不同行动主体由于稀缺资源角逐，而造成制度演变过程中出现权力非对称性，以揭示制度变迁的内在动力；其三，路径依赖分析，主要是从中观的层面分析制度发展的境

---

① Sven Steinmo, Kathleen Thelen, Frank Longstreth: *Structuring Polities: Historical Institutionalism in Comparative Analysis*, Cambridge University Press, 1992, p. 9.

② 刘圣中：《历史制度主义：制度变迁的比较历史研究》，上海人民出版社2010年版，第139页。

③ 周光礼：《公共政策与高等教育》，华中科技大学出版社2010年版，第123页。

遇，如制度如何维系与持续，已有制度和新制度生成及运行之间的关系，特别关注制度形成之后的设置成本、学习效应、协同效应及适应性效应等内容。

历史制度主义对制度的研究比较适用于政策分析，可以为教育政策分析领域提供一个新的思路。历史制度主义对制度的理解更适合于政策研究。[①]历史制度主义具有特殊的重要作用，是教育政策研究的新理论基础之一。[②]经过多年的发展，教育政策研究已经积累了很多分析工具，可以运用的工具种类也较多，而历史制度主义特别适用于对一个较长时间内教育政策的变迁进行制度和历史相结合的分析，故本研究尝试从历史制度主义的视角分析改革开放以来我国高职教育政策的演变及其内在逻辑。

二、高等职业教育政策变迁的历史逻辑

历史是一种动态的过程。以历史分期的方式探寻历史的"量变"与"质变"可窥探"变点"，探究时代的发展特性。[③]根据历史演变的关键节点，改革开放以来我国高职教育政策变迁的历史可划分为四个阶段。

（一）需要发展主导型政策阶段（1978—1989年）

1978年12月，党的十一届三中全会顺利召开，我国迎来了改革开放的春天，开启了以经济建设为中心的社会主义现代化建设。现代化建设迫切需要大量掌握一定知识和技术的人才。经济的发展使得我国开始越来越多地引入和使用新设备、新技术和新工艺，要求职业院校培养出更高素质的生产一线技术人员、管理人员和服务人员。国家为了满足这一要求，积极制定出台相关政策。这些政策促生了高职教育，孕成我国高职教育政策的早期发展。为了满足大中城市快速发展的需要，国家要求试办一批花钱

---

① 庄德水：《论历史制度主义对政策研究的三重意义》，载《理论探讨》2008年第5期。

② Amaral, Marcelo Parreira do: *Education policy and its international dimension: theoretical approaches, Educacaoe Pesquisa*, 2010. 4.

③ 张玉法：《现代史的分期问题》，久洋出版社1985年版，第1页。

少、见效快、可收学费，学生尽可能走读、毕业生择优录用的专科学校和短期职业大学。1980年，全国第一所高等职业院校——南京金陵职业大学成立。随后广东、河南、湖北、福建等省纷纷成立职业大学。到1985年，职业大学的数量达120多所，几乎遍布全国各地。1985年，国务院印发的《中共中央关于教育体制改革的决定》提出："根据大力发展职业技术教育的要求，高中毕业生一部分升入普通大学，一部分接受高等职业技术教育。"这是"高等职业技术教育"首次出现在国家政府文件中。由于当时高职院校无法满足现实需要，1986年，全国第一次职业教育工作会议提出高等职业学校、一部分广播电视大学、高等专科学校，都应划入高等职业教育。这使得高职教育得到了进一步发展壮大。作为我国高等教育管理体制、高校办学形式变革的一种尝试，短期职业大学的兴起和发展对高等教育多元办学体制的形成产生了积极影响。但由于这一时期人们存在"重学轻术"，对职业大学的重要性及其性质内涵等基本问题认识还不够，致使大多数转变成普通高校；而另一部分职业大学采取"收费、走读、短学期、不包分配"的办学模式，被办成了夜校或函授大学，都未能发挥职业技术教育应有的功能。

（二）巩固发展主导型政策阶段（1990—1998年）

党的十四大拉开了社会主义市场经济体制改革的序幕，强调持续推进经济体制、政治体制和科技体制等方面的改革，进一步解放和发展生产力。基于市场经济建设的需要以及理论研究者的呼吁，优化结构与注重法治化成为该时期高职教育发展的重点。

首先，调整高职教育基本格局。新阶段的高职教育需要新的宏观设计。1993年，《中国教育改革和发展纲要》阐述了职业技术教育的发展目标，强调"各级政府要充分调动各部门、企事业单位和社会各界的积极性，形成全社会兴办多形式、多层次职业技术教育的局面"。1994年，全国教育工作会议进一步深化"三教统筹"的发展途径，确定了"三改一补"发展高等职业教育的基本方针，即通过现有职业大学、部分高等专科学校和独立设置的成人高校改革办学模式，调整专业方向和培养目标来发展。1998年，教育部印发《面向21世纪教育振兴行动计划》，提出下放部分责权给省级政府和学校的计划，同时要求建立普通高等教育与职业技术教育之间的立交桥，"允许职业技术院校的毕业生经过考试接受高一级学历教育"。

其次，高职教育法律地位的确立。1996年实施的《中华人民共和国职业教育法》明确规定，"职业学校分为初等、中等、高等职业教育"，"高等职业学校教育根据需要和条件由高等职业学校实施，或者由普通高等学校实施"。第一次确立了高等职业教育和高等职业学校在我国教育结构中的法律地位。1998年的《中华人民共和国高等教育法》规定，"高等学校是指大学、独立设置的学院和高等专科学校，其中包括高等职业学校和成人高等学校"。这就进一步明确了我国高等职业教育属于高等教育范畴的法律地位。在国家依法治教的推动下，许多省市相继出台法规实施细则，有的省市还专门制定了地方支持高等职业教育发展的相关法规。在政策法规的指引下，全国出现了一股"高等职业教育办学热"。截至1998年年底，"经教育部批准独立设置的专科层次高校（包括高专、高等职业和成人高校）达到1 394所"[①]。20世纪90年代，基于相关政策法规的支持与保障，一批高职教育的新生力量迅速成长起来。

（三）改革发展主导型政策阶段（1999—2009年）

经济全球化趋势高歌猛进，国际产业分工"重新洗牌"，世界主要发达国家和跨国公司将部分制造业逐步向发展中国家和地区转移；成功加入WTO之后，我国与世界市场经济接轨，加快步入经济结构调整和增长方式转变的新型工业化道路。境内外环境要求高职教育及时扩大规模、提高教学质量，培养一大批实用型、技能型的高素质劳动者。

1999年，国务院提出系列重大决策，拉开了高等教育扩招的序幕。扩

---

① 改革开放30年中国教育改革与发展课题组：《教育大国的崛起（1978—2008）》，教育科学出版社2009年版，第232页。

招初期，着重于大量增加高职教育的招生名额。自此，我国开始踏上了高等教育大众化的道路。2002年，《国务院关于大力推进职业教育改革和发展的决定》提出，力争在"十五"期间初步建立起适应社会主义市场经济体制，与市场需求和劳动就业紧密结合，结构合理、灵活开放、特色鲜明、自主发展的现代职业教育体系。2005年，《国务院关于大力发展职业教育的决定》提出，"实施职业教育示范性院校建设计划，在整合资源、深化改革、创新机制的基础上，重点建设高水平的培养高素质技能型人才的100所示范性高等职业院校。大力提升这些学校培养高素质技能型人才的能力，促进他们在深化改革、创新体制和机制中起到示范作用"。2006年，国务院总理在全国职业教育工作会议上的讲话指出，"大力发展职业教育，既是当务之急，又是长远之计。现在我国就业和经济发展面临两个大的变化，社会劳动就业需要加强技能培训，产业结构优化升级需要培养更多高级技工"。据统计，截至2008年7月，2 000多个实训基地建设，已投入建设1 080多个；100所国家示范性高等职业技术学院已基本完成项目建设。[①]2009年，独立设置的高职院校1 215所，招生人数313.4万人，在校生数964.8万人。[②]

从量的层面而言，我国高职院校数量、在校生数量、基础设施建设等方面成绩显著。从质的层面来说，高职院校的教育教学质量、毕业生就业质量等方面存在诸多问题。为此，政府颁布系列针对性政策，促使高职教育完善质量、彰显特色，实现可持续发展。2004年，教育部印发《关于以就业为导向，深化高等职业教育改革的若干意见》指出："高等职业教育应以服务为宗旨，以就业为导向，走产学研结合的发展道路。""要扭转目前一些高等职业院校在高等职业教育中过多强调学科性的倾向，扭转一些学

---

① 改革开放30年中国教育改革与发展课题组：《教育大国的崛起（1978—2008）》，教育科学出版社2009年版，第251页。

② 教育部：《2009年全国教育事业发展统计公报》，http：//www.moe.gov.cn/srcsite/A03/s180/moe_633/ 201008/t20100803_93763.html。

校盲目攀高升格的倾向。"同年，《关于进一步加强职业教育工作的若干意见》出台，表明国家第一次以禁令的形式限制高职院校"升本"。这些政策明确了高职教育的发展重点与路径，利于其科学定位。2004年，《2003—2007年教育振兴行动计划》指出，"大力发展职业教育，大量培养高素质的技能型人才特别是高技能人才"，"以就业为导向，大力推动职业教育转变办学模式"。2006年，《关于全面提高高等职业教育教学质量的若干意见》力求保障高职院校教育教学质量。除此之外，国家在全国范围内启动了高职高专院校人才培养工作水平评估。2008年，教育部印发《高等职业院校人才培养工作评估方案》。该阶段，各项改革举措纷至沓来，我国高职教育整体上呈现快速发展态势，"已经成为推进中国高等教育大众化发展的主要力量"[1]，从根本上扭转了高职教育办学规模不足影响到经济社会发展对技能型人才迫切需求的局面。然而，高职教育仍被认为是调节普通高等教育生源盈亏的缓冲系统，尚未置于与普通本科教育平等地位。严格意义上的职业教育法律仅一部，缺少操作性的配套法规，高职教育的证书制度、就业制度、教育立交桥制度及人才制度等改革步履维艰。

（四）深化发展主导型政策阶段（2010年至今）

在以知识与信息改革为核心的时代，创新驱动成为国家发展的第一动力。产业结构调整升级与社会经济转型发展对技术技能型人才培养质量提出了更高的要求，需要大力发展现代高职教育。

2010年，《国家中长期教育改革与发展规划纲要（2010—2020年）》指出，教育质量的提升是当前职业教育工作的重点，详细阐述了人才培养目标、师资队伍建设、质量保障体系建设等内容。这为我国高职教育发展再上新台阶奠定了基础。2011年，教育部接连颁发《关于推进中等和高等职业教育协调发展的指导意见》和《关于推进高等职业教育改革创新引领职业教育科学发展的若干意见》两份文件，预示着高职教育被赋予了新的使

---

① 潘懋元：《建立高等职业教育独立体系刍议》，载《教育研究》2005年第5期。

命、责任、任务、内涵和要求，高职教育不再是被动的推动式的发展，开始由被动转向主动积极的建设和不断提高质量，从而起到引领职业教育科学持续向前发展。2013年，《中共中央关于全面深化改革若干重大问题的决定》指出，"要加快现代职业教育体系建设，深化产教融合、校企合作，培养高素质劳动者和技能型人才"[①]。《国务院关于加快发展现代职业教育的决定》与《现代职业教育体系建设规划（2014—2020年）》的颁发，令2014年成为我国高职教育发展历程上比较特殊的一年，是高职教育大发展的又一机遇期。国务院印发的《国家职业教育改革实施方案》，把职业教育摆到教育改革创新与社会经济发展更加突出的位置，明确新时代职业教育改革的"路线图"。2019年的政府工作报告进一步强调"现代职业教育的大改革大发展"。

在我国社会经济发展进入新常态之际，我国社会主要矛盾发生转变，高职教育发展面临新的课题，要求把提高职业技能和培养职业精神高度融合，让千千万万拥有较强动手和服务能力的人才进入劳动大军，使"中国制造"，更多走向"优质制造""精品制造"，使中国服务塑造新优势、迈上新台阶。[②]

三、高等职业教育政策变迁的制度逻辑

制度变迁是历史制度主义研究的核心理念，历史制度主义以动态性的观点来探讨制度变迁的原因及结果。改革开放以来我国高职教育政策变迁有其发展的深层结构、动力机制，也有路径依赖带来的发展困境。

（一）深层结构分析

从"高等性"与"职业性"的角度来看，高职教育是一个涵括政府、

---

① 《〈中共中央关于全面深化改革若干重大问题的决定〉辅导读本》，人民出版社2013年版，第43页。

② 《更好支持和帮助职业教育发展为实现"两个一百年"奋斗目标提供人才保障》，载《人民日报》2014年6月24日。

企业、师生、社会等主体共同参与的生态系统。高职教育政策是不同主体之间协调的结果，深受政治环境、经济发展、文化观念等因素的影响。

1. 经济体制机制与高职教育政策变迁

高职教育是与社会经济发展最为紧密的一种教育类型，高职教育规模、质量的根本性影响因素就是经济要求。改革开放初期，我国实行的仍是计划经济体制。高职教育系统的运行主要以政府为核心，即政府的计划决定了高职教育的发展。20世纪90年代初期，随着市场经济体制的逐步建立，经济运行方式由计划调控向市场调节转变，资源配置方式相应发生调整。经济体制逐步变革、经济发展速度提升对技术技能型人才的需求更加热切，需求的数量也越来越大。进入21世纪，市场活力得到进一步释放，经济体制改革进一步确立，创新驱动成为国家发展重要战略之一。大力发展高职教育成为政府的一种理性选择。经过长期的艰辛摸索和探究，混合所有制经济发展成就斐然，由原来的补充角色发展为不可或缺的重要组成部分。混合所有制经济占据国民经济一定分量的情况下，不同性质的主体对参与高职教育发展有所诉求。据此，国务院出台系列文件将"混合所有制"引入高职教育，"探索发展股份制、混合所有制职业院校"，直接影响了高职教育的投资体制、办学体制改革。可见，高职教育政策变迁的决定性因素是经济体制调整。

2. 集权管理模式与高职教育政策变迁

在苏联模式的影响下，我国高等教育领域建立了高度集中的政治管理体制。1978年以后，我国经济领域的深刻变革促使政府职能逐步发生变化，要求政府对高职教育的管理由"控制"向"合作"过渡。比如，《关于教育体制改革的决定》《中国教育改革和发展纲要》等文件的权限界定内容，都体现了中央政府的放权行为。但是，中央与地方政府作为不同的行为主体关于权力的协调行为是一个长久的持续过程。20世纪末，《中华人民共和国高等教育法》确认了省级政府的高等教育统筹权，出现了较大规模的放权现象。伴随着政治体制改革朝向纵深推进，按照简政放权、放管结合、优化服务的要求，政府大力推动高职教育管理方式与机制的变革，为创办优质高职教育提供良好的制度环境。纵观40多年来高职教育政策的演变历程，集权管理模式仍然是高职教育政策的主要特征。在高职教育发展的初期，"自上而下"的集权管理模式供给了强有力的政治资源与经济支持，有力地推动了高职教育的跨越式发展。然而，集权管理模式也存在相应的弊端，不利于高职教育进一步开放发展。例如，政府部门成为制定高职教育政策的单一主体，缺乏社会力量的参与，使得高质量的校企融合难以实现。

3. 传统文化观念与高职教育政策变迁

相比于高职教育水平较高的美国、德国、澳大利亚等发达国家而言，我国高职教育的产生及发展深受传统文化观念的影响。一方面，我国社会向来以学历高低判定个体社会地位，以及"重学轻术""劳心者治人，劳力者治于人"等传统观念与价值取向已经在人们脑海中根深蒂固，并成为文化传统和社会心理的重要组成部分。具体而言，受传统文化观念的影响，人们对高职教育的认知产生一定的偏差。比如，职业教育是"二等公民"的教育，进入高职院校是考不上本科院校的被迫选择，一些高职院校期待"专升本"。另一方面，在我国当下的社会阶层中，相比于其他社会阶层工作人员，专业技术人员的工作待遇相对较差、社会地位不高。即使出现了高级技工的待遇优于研究生的情况，仍不能转变主流社会对职业教育的认识。正如我国著名教育家顾明远先生指出："现代职业教育引入我国已经130多年了，其发端比普通教育还早。但步履之艰难，远甚于普通教育。"[1]在部分教育决策者与管理者的潜意识中，职业教育是低于普通教育的次等教育，是普通教育的补充。因此，职业教育在招生与经费投入等方面，无法获得相应的政策支持。实际上，这仍然是高职教育发展在相当长一段时期的境遇。

---

① 中华职业教育社编：《黄炎培教育文选》，上海教育出版社1985年版，第2页。

（二）动力机制分析

任何一项政策的演变都不是随意进行的，不仅受到外在宏观结构的影响，不同主体的博弈与改革张力同样推进了政策演变。

1. 以推动产业转型为核心的高职教育政策变迁

高职教育与行业产业有着多维度合作的密切关系，一个国家或地区的产业发展与高职教育调整是有机互动的过程。高职教育的发展以适应行业产业发展趋势为动力，是推动产业转型的必然选择。1992年，在邓小平南方谈话以及党的十四大精神的指引下，中国开始尝试改革传统的计划经济体制，探索建立社会主义市场经济体制。历经10年的奋斗，GDP达121 002.0亿元，增加3.92倍；第一产业增加值达16 188.6亿元，增加1.79倍；第二产业增加值达53 624.4亿元，增加3.61倍；第三产业增加值达51 189.0亿元，增加4.32倍。[①]在产业结构调整的诉求下，高职教育发展规模、人才培养模式等发生相应变化。2002年，高职高专毕业生数为277 339人，比1992年增加12.65倍。新时代，我国社会经济逐步向"效率驱动的第二阶段"或"创新驱动的第三阶段"迈进，面临着新一轮产业结构调整升级和经济转型的重大挑战。产业结构的调整必然引起人才供需结构发生变化，无论是巩固农业、调整工业，还是加快发展服务业，都加大了我国对应用型、复合型、创新型人才培养的需求。[②]根据国家统计局公布的数据显示，2012—2014年，连续三年我国第三产业增加值超过第二产业。培养出适合产业转型发展的人才，始终贯穿于我国高职教育40多年的发展全过程。

2. 以变革管理体制为核心的高职教育政策变迁

如果将制度看作资源分配相对平衡的一种规约，制度变迁则是社会利

---

① 唐文忠：《中国高等职业教育发展的经济学研究》，博士学位论文，福建师范大学，2015年。

② 张海水：《中美劳动人口受教育程度的现状比较与启示》，载《复旦教育论坛》2014年第1期。

益格局的重新确定。制度的形成过程就是利益相关者多次反复协调以求达
到制度均衡的结果。不同的利益相关者之间的相互作用是推动教育政策形
成与落地的一种重要动力，高职教育政策形成并付诸实施的动力机制主要
表现在管理权的变革层面。在我国高职教育早期建设的过程中，中央政府
权力集中，其他行为者无协调可能。国家对高职教育的发展做出具体部
署、规定，由各级政府执行，同时还具体规定了各部门的职责。但随着政
府行政能力的疲软与中央高度集中管理高职教育弊端的显现，市场经济的
快速发展诉求更多话语权，权力开始下放到地方与社会、个人与高校，这
些多元主体基于自身利益的考量，对高职教育政策提出了完善和变革的强
烈诉求。在高职教育管理体制的变革方面，国家不仅规定各级部门在职业
教育发展上的管理责任，并对各部门的职责做了相应安排；市和县要切实
负起职业教育发展的责任，并在中央部门的指导下，因地制宜地制定职业
教育的相关发展措施。21世纪初，国家明确提出要改革职业教育管理体
制，建立并逐步完善在国务院领导下，分级管理、地方为主、政府统筹、
社会参与的职业教育管理体制。各级政府要加强领导和管理，各级部门也
要履行职责，积极促进高职教育的发展。党的十九大报告明确提出："深
化教育改革，加快教育现代化……完善职业教育和培训体系，深化产教融
合、校企合作。"

3. 以满足个人需求为核心的高职教育政策变迁

有学者认为，接近技术前沿的国家应该更多地投资于高等教育，以此
通过技术创新而使得这些国家达到技术前沿的位置。[1]在这种"政治论"
哲学理念的影响下，国家往往比较重视高职教育的经济服务功能，较少考
虑高职教育公平和学生个体生涯发展需求。伴随经济发展与社会进步，人
民生活不断完善，广大人民群众对教育的需求愈发强烈，希望通过教育实
现个人价值、改变个人生活。高等职业教育以培养应用型、创新型人才为

① Jérme Vandenbussche, P. Aghion, C. Meghir: Growth, *distance to frontier and composition of human capital*, *Journal of Economic Growth*, 2006. 2.

基本定位，毕业生能更好地走向社会、走上工作岗位以实现个人价值。个体的诉求期待国家能够供给丰盈的高职教育资源、完善的高职教育教学质量、完备的创业就业保障机制等政策。为此，《教育规划纲要》提出，确保每个学生都有权利接受职业教育，发展自身的职业能力。2014年，习近平总书记指出，要加大对农村地区、民族地区、贫困地区职业教育支持力度，努力让每个人都有人生出彩的机会。[①]学生如果无法通过高等职业教育向劳动力市场转移或满足学生的升学等需求，势必影响高职院校招生、影响高职教育的持续发展，只有高职教育满足了个人的需求，帮助学生顺利就业并获得相应的薪酬，人们才会认可高职教育对个人具有的价值。

（三）路径依赖分析

我国高职教育政策变迁呈现出较为明显的路径依赖特点，政府与高职院校都是"理性"行动者，其理性选择是高职教育政策变迁出现路径依赖的根本性致因。

1. 政府理性选择与高职教育政策变迁

高等教育尤其是高职教育在国家产业结构转型发展中的巨大作用愈发为人们所共识，而且全球国家间的竞争更多地表现为以教育文化为核心的软实力的较量。以培养高素质技术技能型人才为主要目标的高职教育，因为在国家社会发展中占据重要地位，因此，政府仍应对高职教育行使主权，对高职教育的发展实行宏观调控。一直以来，我国高职教育政策法规承担着重要的宏观调控的功能，中央政府通过各种高职教育政策分配教育资源，实现政策的意向。如果高职教育政策制定的行为主体变更，那么，政府对高职教育的宏观调控的能力由于其他行为主体的博弈势必会削弱。恰恰是由于既有制度提供的这种行为的可预期性，使得政府对自己和其他主体的行为处于一种可协调范围内。另外，在历史制

---

① 《更好支持和帮助职业教育发展为实现"两个一百年"奋斗目标提供人才保障》，载《人民日报》，2014年6月24日。

度主义的研究者们看来,一种制度形成之后,社会将制定一系列辅助性的制度,以确保该制度为人们所执行。由此看来,一项制度并不是单一的存在,而是附着了诸多相关其他制度,无形中抬高了制度变更的成本,其结果往往是回到路径的"锁定"状态。我国长期实行的是以政府为主导的高职教育政策,为了确保该政策的顺利推进,政府也实施了相应的辅助性制度。可以说,这些制度之间相互交错、互相支持,并且在长时间的实践中不断增强。

2. 学校理性选择与高职教育政策变迁

由于受国家政治体制和经济体制的影响,高职院校在我国被视为国家体制的组成部分,由国家行政部门按照权限分级举办和管理,高职院校如何招生、如何培养专业技术人员、设置哪些专业等,都由教育主管部门规定,高职院校发展处于被动应对状态。当前,国家出台了深化高职院校管理体制、办学体制的系列举措,以求激发高职院校的办学活力与提升办学水平。但是,高职教育的质量仍有待提升,高职教育仍旧存在严重的被歧视现象;高职院校与企业的合作不够深入,停留于表面,产教融合的相关政策有待进一步落实。高职院校在主动寻思提高自身质量、探寻特色发展道路方面的动力有待进一步提高,始终没有走出路径依赖状态。其一,高职院校对当前的高职教育政策表现出惯习和依赖,设计新的制度,高职院校需要付出更多的人力、物力、财力重新学习,这种学习效应使得高职院校不愿改变原有制度。其二,不同层级的高职院校在分配教育资源"蛋糕"时有不同的话语权。既得利益的高职院校享有得天独厚的优势,对现有的制度路径具有相应的依赖性需求,不愿改变原制度;非既得利益者的高职院校缺乏相应条件的支持与保障,无力变革已有制度。

改革开放以来,我国高职教育政策变迁有其深层结构、动力机制,也存在强劲的路径依赖,导致高职教育改革停滞不前。近年来,随着大数据、人工智能等现代信息技术的迅速发展,创新愈发成为驱动应用型工程技术人才与大国工匠培育的核心力量。为此,国务院探索实施许多以政策、措施为核心内容的制度创新。制度创新是制度变迁研究中不可或缺的重要内容。正是基于这些机制与通道，新的思想观念才有可能进入政策过程。政府主导的制度创新是高职教育政策科学地指导高职教育发展的关键点，这一作用体现在2019年政府工作报告中。该报告"内容篇幅之多、涉及范围之广、功能定位之高、支持力度之大，为前所未有"[①]。

解读这一报告，我们的体会是，推动社会经济转型发展，建设现代化社会主义强国，需要发挥政策的价值引领作用，从而突破高职教育发展的瓶颈。其一，进一步提升职业教育的地位。长期以来，由于社会认识偏差，我国职业教育只是作为普通教育的附庸而存在，其办学模式、发展定位等不同程度地照搬普通教育。正如政府工作报告所指出，职业教育是国民教育体系中不可缺少的一部分，与普通教育是同一层次的不同教育类型。职业教育的改革与发展应该直接面对职业技术的现实与产业转型升级的形势。其二，进一步变革职业教育招生方式。从数量层面来看，2017和2018年全国普通专科招生350.74万人和368.83万人，分别比上一年增长2.19%和5.16%。高职百万扩招后，专科招生规模将陡增20%左右；从生源结构层面来看，除了高中阶段毕业生的传统生源以外，退役军人、下岗职工、农民工等非传统生源也将进入高职院校学习。生源的变化要求高职院校采取个性化、针对性的招生方式。例如，安徽的高职分类招生改革探索。其三，进一步调整人才培养方式。随着高职生源结构发生变化，学生的年龄、背景、知识结构等具有较大差异，高职培养目标、课程组织、教学方法、师资结构及实践基地等，也将相应地做出调整。比如，政府出台更多支持性政策促进实质性的校企合作，为高职院校从企业管理人员中引进师资创设制度支持。其四，进一步创新办学体制机制。2014年，国务院首次提出"探索混合所有制职业院校"。2019年的政府工作报告强调，"改革高职院校办学体制，提高办学质量"。在高职教育领域推行混合所有制办

---

① 赵秀红：《职教加速发展背后有何深意》，载《中国教育报》，2019年3月7日。

学成为新的发展动向，旨在突破"办学体制机制不畅"的困境。我国尚未形成机制完善、制度健全、可复制的职业院校混合所有制办学模式，几乎各地区的混合所有制职业院校办学都遭遇了明显的实践困境，迫切需要对高职院校混合所有制改革的政策与保障措施进行积极探索和大胆创新。

（原载《教育研究》2019年第3期，有改动）

第二节　让高职教育走进"一带一路"①

"一带一路"共建国家，尤其是古丝绸之路共建国家，大多数是发展中国家，这些国家在发展过程中，需要高等职业教育培养工匠型的技能人才。

首先，发展中国家需要基本建设，这也是亚洲基础设施投资银行设立的宗旨。而基建之首要是铺路架桥，也就是我们中国的经验——"要致富，先修路"。许多发展中国家需要培养大量铺路架桥的工匠型技能人才。

其次，发展中国家大多是农业国，有的还是农业与游牧并存的国家。不论是农业或牧业，都需要改良；而农村与牧区，也需要改造。根据中国精准扶贫的经验，农业、牧业的改良，农村、牧区的改造，需要培养大量的农业、牧业工匠型技术人才和经营管理人才。其实，其他行业，不论是工业或是商业，也都需要基层的经营管理人才。所有这些农业、牧业工匠

---

① 本文为潘懋元先生在厦门大学"一带一路"发展论坛上所作报告。

和基层经营管理人才，都需要通过高等职业教育来培养。

再次，发展中国家的服务性行业，即第三产业，也必然要随着科技的进步与生活水平的提高而发展。尤其是我们已经进入信息社会和网络化时代，从事服务性行业的就业者，需要有更高的智慧与技能。

中国的高等职业教育，是否具有走进"一带一路"的条件？答案是肯定的。

中国现有高职院校1 418所，比普通本科院校还多，其中有一批示范性高职院校，更为重要的是高职院校的专任教师约47万人，其中有不低于40%的"双师型"教师，他们既有一定的学术水平，又有丰富的职业实践经验，能够胜任培养工匠型技能人才。

特别是中国的高等职业教育已经积累了丰富的办学经验。例如，如何建设校内外实训基地，如何形成产、学、研一体化的教育体系，以及如何促使企业成为高等职业教育的重要办学主体等。这些办学经验，都有利于走进"一带一路"为沿线发展中国家办好高等职业教育。

不仅发展中国家需要高等职业教育，提高高等职业教育质量、更好地发挥高等职业教育的作用，也是包括发达国家在内所有国家的共同诉求。无论是欧洲职业教育基础很好的国家，如北欧诸国和德国、英国，还是亚洲的新加坡、日本，以及大洋洲的澳大利亚，都在提高高等职业教育的地位，使高等职业教育更加符合经济社会转型发展的现实需要，并融入终身教育体系之中。以日本为例，从2019年4月1日开始，将原本实施职业教育而地位与水平较低的短期大学，改制为专业大学（四年制）与专业短期大学（二至三年制），专业大学毕业生可授予学士学位，专业短期大学毕业生也可授予相当于副学士的短期大学学士学位。同时，专业大学和专业短期大学还向社会人士开放，除招收高中毕业生外，广大社会人士都可按一定要求申请入学，利用夜间课程或白天分段的小班课程进修，积累学分，取得学位。

中国高等职业教育进入"一带一路"，可以从"一带一路"办高职中汲取新经验，形成新知识，这将对国内高等职业教育起到重要的反馈与激励作用。过去，中国高等职业院校如何办学，如何开设课程，如何培养学生，只有从国内的办学中总结经验，形成知识。出国办学，将要用不同的语言文字教育外国学生，不论对于学校的领导管理，还是对于教师的教育教学，都是艰巨的新任务。正是这种艰巨的新任务，激励高等职业教育的办学水平与师资水平不断提高，形成领导管理与教育的新知识。同时，出国办学，将使高等职业教育进入"国际化"行列。以往，只有"211""985""双一流"这类大学才有"国际化"的资格，而今后高职院校也将出国办学，培养外国学生，进入"国际化"行列，从而提高中国高等职业院校的地位。今后的高等职业教育同普通本科教育，将不再是层次高低之分，而是两种不同类型的教育，具有同等重要的地位。

（原载《中国教育报》2019年5月28日，有改动）

第三节 《高职创新发展之路——金华职院的探索历程》①序

金华职业技术学院是一所国家示范性高职院校。作为示范性高职院校不仅要自身不断地有所创新发展，办出成绩，而且要对有关院校起示范引

---

① 邵建东：《高职创新发展之路——金华职院的探索历程》，华中科技大学出版社2018年版。

领作用。金华职院正是以其学科专业齐全和"强调务实、注重创新、敢于争先、善于统筹"等诸多特点和优点，吸引全国兄弟院校前来学习、借鉴。近些年来，每年接待考察、交流的院校约达100批次。

但是，一次考察交流往往只能浮光掠影，或只取其所需。而金华职院作为示范性的内容是系列的、全面的：既包括内部治理、校企合作、学生管理、质量监控等创新性经验；又包括教育教学改革、科学研究、师资队伍建设、继续教育、校园文化等内涵式发展。如果将这系列性的先进经验、措施，系统地整理，让参观考察者预先预览，然后重点访谈、考察，可能更可发挥示范引领的作用。

正是根据这一需要，金华职业技术学院现代职业教育研究院邵建东院长编写了这部《高职创新发展之路——金华职院的探索历程》。

邵建东院长既是高职教育研究专家，又是高职改革发展的践行者。他已发表多篇高职研究论文，出版高职研究专著，又在金华职院担任行政管理和研究工作并参加许多改革实践。他具体负责的金华职业技术学院浙江省现代职业教育研究中心已成为目前浙江省唯一依托高职院校的浙江省哲学社会科学重点研究基地。

这本书的出版将会更好地起示范性高职的引领作用，而其更深刻的意义，还在于实践国家高等教育从外延式发展转向内涵式发展。

2018年5月5日

第四节　《高职院校办学模式改革》①序

由于对中国经济社会发展所起的重要作用，高职教育越来越受到国家和社会各界的重视。近年来，高等教育研究工作者视角的聚焦也纷纷从普通高教向高职转移，高职教育的研究课题和专著、论文大量涌现，但大多数只是宏观政策的解读，或就某个问题表述自己的见解，以及对某所示范性高职院校的推介。探讨高职教育发展规律，瞻望高职院校的改革前景，进行深入系统理论研究的论著难求。刘志文博士完成的"发达地区高职院校办学模式改革研究"的课题成果《高职院校办学模式改革》，是一本值得向读者推介的新著。

这本专著全书结构是：第一章简述中国高职教育的发展史，将运行与管理过程分为五个不同特点的阶段，从而指出高职教育从"层次"分类走向"类型"分类的必然性，同时也开启了高职教育与普通高等教育并行发展的空间。第二章是全书的理论基础，从政策与模式上分析高职院校办学体制度多元化改革的必然性，从而论证了办学者自主探索改革发展的合理性。从第三章到第五章是全书的主体部分，分别论述高职院校的管理体制、校企合作、工学结合的改革，也就是从管理、办学到教学过程的自主探索，重重剥茧，步步深入。最后一章是高职教育国际化的展望。以面向地方为主的高职院校，也应当通过多种类型的中外合作办学，走国际化的通道。

---

① 刘志文：《高职院校办学模式改革》，科学出版社2017年版。

我认为本书的主要特点是：第一，能够较好地运用教育基本规律，特别是外部关系规律，研究高职教育的改革发展，提出许多符合规律的见解。例如，指出高职院校发展模式，由"层次"走向"类型"，是高等教育大众化的必然趋势；又如，指出办学多元化与自主办学的关系——多元化而不是同质化，有利于办学者的自主探索、自主办学、自主发展而不是被动地"等、靠、要"。第二，指出符合教育发展规律的改革及其所出现的新模式，并不都是十全十美的。在肯定其正确的改革方向时，也实事求是地指出其已经存在和可能出现的问题，有针对性地提出对策建议。本书除第一章外，每章最后一节都分别提出："主要成就""主要问题"和"对策建议"。

这本理论与实践结合的专著，我认为既可以为高职院校办学者提供参考，也可以作为高等教育学科的研究与教学的参考书。

（原载《现代教育论丛》2018年第1期，有改动）

第五节 《高职院校混合所有制及其内部治理研究》[①]序

2014年，国务院印发《关于加快发展现代职业教育的决定》提出，要"探索发展股份制、混合所有制职业院校，允许以资本、知识、技术、管理等要素参与办学并享有相应权利"。据此，我同民办高校西安外事学院合

---

① 陈春梅：《高职院校混合所有制及其内部治理研究》，厦门大学出版社2021年版。

作，申请了国家社会科学基金"十三五"规划2016年度教育学一般课题"现代大学公私混合所有制研究"，并由陈涛博士负责组织了一个研究团队。除了几位教师外，团队成员主要由在学博士生组成。该课题已经结题。博士生们有的将其分工研究部分作为博士学位论文选题。陈春梅博士就以其分工研究的"内部治理"作为博士学位论文选题，除在国内对有关专家进行了大量深度访谈、对案例院校进行专访和座谈以外，她还利用赴美国哥伦比亚大学访学的机会，调研了美国社区学院和营利性高校的内部治理。

博士学位论文答辩时，该论文得到答辩委员会很高的评价，他们认为："选题新颖"，"内容充实"，"方法创新"，在"研究中将高职院校混合所有制的内部治理置于生态理论视角下，并结合利益相关者理论、产权理论和委托代理理论展开分析。质性研究方法的运用及相关理论展开的分析使得该研究更具系统性、理论性"。

博士学位论文通过后，陈春梅博士又根据答辩时委员们所提出的问题，参阅更多的文件，以及不懈地调研、观察，做了一些修改和补充。相信本书的出版，能为混合所有制职业院校从理论和实践上提供有益的帮助。

2020年4月17日

第六节 《高职院校专业教师团队建设与管理研究——以装备制造大类专业为例》[①]序

中国高等教育的发展，要从外延式发展转变为内涵式发展，内涵式发展包括了课程、教学、教师、学生。其中，课程是内涵式发展的本体，教学是内涵式发展的途径，而教师是内涵式发展的操作者，将课程通过教学传授给学生，培养学生的创新精神与能力，因而教学团队的建设与管理是内涵式发展的关键。

职业教育的内涵，要比普通大学复杂，专业教师团队必须是"双师型"的，可能从原有的教师队伍，抽调到有关的职业部门实践；也可能由职业部门选拔人才进入高职院校提高，使之成为推动内涵式发展的基本力量。这是高职院校专业教师团队建设与管理的特点与难点。

邵建东教授长期在一所国家示范性高职院校从事教学和科研工作，具有丰富的实践经验和理论修养。他的博士学位论文，通过答辩，答辩委员会给予高度的评价。本书是在博士论文基础上修改而成。相信这本专著的出版，对于推动高等教育内涵式发展必将起到积极的作用，对于从事高等教育的管理者和教师都有启发引导的作用。

是为序。

2021年3月11日

---

① 邵建东：《高职院校专业教师团队建设与管理研究——以装备制造大类专业为例》，华中科技大学出版社2021年版。

第七节 《中高职教育职业能力培养有效
衔接研究与实践》[①]序

职业教育是教育体系中区别于普通教育而同样重要的不同类型的教育系统。但是长期以来，在"重学轻术"的传统思想影响下，人们往往把职业教育作为低于普通教育的一个层次，从而使职业教育的发展受到限制和影响：政府的投入不足、社会的重视不够、家长的认识偏颇、学生的学习热情不高等现象。可喜的是，2014年5月，国务院印发《关于加快发展现代职业教育的决定》，明确要致力于建立现代职业教育的独立体系。在构建现代职业教育体系的进程中，中等职业教育和高等职业教育的衔接是其重要组成部分。高等职业教育要发挥其引领中职教育的作用，中等职业教育发挥其推动高职教育的作用，中职与高职教育的衔接是其桥梁和纽带。中等职业教育与高等职业教育都属于同源同类教育，二者衔接起来具有先天优势，不需要破除所谓的"跨界"壁垒。

职业能力是职业教育人才培养的核心要素，提高人才培养质量关键是要提高人才的职业能力。从理论上看，职业能力是可以划分为不同类型的，相同类型又可以进一步划分为不同层级。比如，职业能力可以分为行业通用能力、职业特定能力和核心能力等不同类型，同一类型的能

---

① 廖益：《中高职教育职业能力培养有效衔接研究与实践》，中国社会科学出版社2020年版。

力又可以划分为不同的层级和水平。相同能力类型的不同层级之间可以通过一定介质、方式、路径或桥梁来实现相互衔接。从实践角度看，职业能力培养可以通过人才培养方案和课程体系、课程标准的构建与实施来实现，主要是通过实施多元层级递进与层次衔接来实现职业能力培养的有效衔接，进而达到中高职衔接的目标。主要发达国家和地区职业教育的实践经验表明，中高职衔接有效与否，最终可通过各层次及各类技能型人才的职业能力培养成效来衡量。在关注宏观政策制度环境的同时，更需要从课程体系构建、职业能力培养、课程标准制定的微观层面入手来解决现实突出问题。

本书作者廖益教授具有在国有企业、职业院校和应用型本科高校工作的经历，对职业教育关注多年，并在教育改革实践中取得了较好成效。他也关注职业教育发展中的理论问题，开展了职业教育的系统研究。本书是他主持国家社科基金项目的成果。

本书的基本内容：一是围绕市场需求深入开展调查研究。选择模具设计与制造、数控技术两个工科专业，会计、酒店管理两个经管类专业，从市场需求、人才规格等进行调研，为人才培养方案的制定提供参考依据。二是进行中外比较研究。选择德国、英国、加拿大、澳大利亚、新加坡、中国台湾地区等进行比较，借鉴他山之石。三是探讨课题研究的理论基础、体系依托。运用价值论、系统科学等理论分析现实问题。四是构建中高职衔接的理想模式。通过分析职业能力和资格标准，进行层级分析，进而实现层级衔接。五是设计制定基于能力培养的中高职衔接人才培养方案。六是理论探索与试点实践相结合，取得了较为丰富的系列成果。通过理论研究和实践探索，发表了学术论文17篇，出版了专著1部，获得了省级哲学社会科学成果二等奖1项、省级优秀教学成果一等奖和二等奖各1项。七是开展改革实践与示范推广相结合。通过试点，取得良好效果和实践经验，并在近20所中职和高职院校推广实施与交流，发挥了良好的示范带动作用。

通过研究，本书认为中高职教育衔接涉及中职和高职教育系统多个层面的衔接，其中最为关键和核心的就是中高职教育职业能力培养的有效衔接。中高职教育职业能力培养的有效衔接，有其充分的理论支撑和现实依据。以"3+2"为基础构建的多元递进层级衔接是我国现阶段中高职教育衔接的理想模式，有利于从学制层面、专业层面、课程层面、证书模块层面、职业能力层面和评价模式层面实现有效衔接。作者还分别对模具设计与制造、数控技术、会计、酒店管理4个专业的中职和高职进行了现实剖析和案例研究，制定了一体化的课程体系和培养方案，并在实践中取得了较为明显的效果。同时，基于中高职教育衔接的未来发展趋势，提出了中高职教育有效衔接的若干政策建议。

基于实践的考虑，项目研究进行了6年，保证了项目的实践性和推广示范性。研究的结果和成果已经超出了项目申报的内容与要求。尽管作者及其课题组做出了很大的努力，但是仍然有诸如建立中职高职本科有效衔接的机制、衔接的体制改革、本科与应用型硕士衔接等问题还需要进行深入研究与探索。

相信本书的出版，将有利于推进中国职业技术教育的发展。

是为序。

2019年7月26日

第六章

民办高等教育

第一节　中国民办教育40年专题笔谈

我在《大力推进民办高校内部管理体制创新》中提出："中国民办高等教育的重现与发展，有两个重要的意义：其一是人们耳熟能详、基本上已达成共识的，就是民办高等教育以社会力量办学，减轻国家的教育财政负担，满足更多青年接受高等教育的愿望，为高等教育大众化和社会文化水平与劳动生产力的提高做出重大贡献。这一重要的意义，已有许多文章进行论证，并为30多年来民办高等教育发展的事实所证实，从而成为政府在政策上从限制转变到支持的主要理由。……另一个重要意义，只在一些理论文章有所论及，个别教育部门领导人曾经点到而大多数人并未认识或认同的，这就是：民办高等教育的办学者，拥有较多的办学自主权，具有较强的相关利益与经营意识，受传统治理体制的影响较少，因而具有较强的高等教育改革的动力，能够成为《国家中长期教育改革和发展规划纲要（2010—2020年）》所说的'促进教育改革的重要力量'。"[①]在同罗先锋博士合写的一篇文章《民办高校机制优势研究》中进一步分析民办高校所具有的机制优势，由于其具有较大的办学自主权，办学者的利益相关度较高，核心成员的认同感与危机感较强。因而民办高校在推动高等教育改革创新上具有若干机制优势：（1）精简机构，减少人员，提高效率；（2）贴近社会，重视学生，促进就业；（3）节省费用，增值资产，提高

---

① 潘懋元：《大学的沉思》，商务印书馆2017年版，第11页。

效率与收益；（4）制定长远规划，推行校本研究。

当时所论述民办高校成为"促进教育改革的力量"，只是从办学机制的优势方面展开，还未触及教育法规的基本理念。无论是《中华人民共和国教育法》，还是《中华人民共和国高等教育法》，都明确规定"不得以营利为目的"。新的《中华人民共和国民办教育促进法》将民办教育分为营利与非营利两大类，这就从法律层面动摇了这一教育法规的基本理念，使得《中华人民共和国教育法》与《中华人民共和国高等教育法》都需删去这一规定。当然，在此之前，事实上已经存在营利性的教育，但那只是非学历教育的培训班之类，由工商管理部门登记，不属于教育部的管理范围，在教育统计上也不出现这类教育机构的名称与数字。

许多发达国家的高等教育都有营利性大学，其中有的还进入了股票市场。中国民办高等教育允许以营利性为目的办大学，既有国际先例，更符合中国民办高校的实际。中国的民办高校，捐资办学的很少，大多数是滚动发展或投资办学，其实，滚动发展也是一种投资形式。毫无疑问，投资就是为了获得利润。事实上，在"不得以营利为目的"的法规下，大多数民办学校都以多种方式取得投资回报。因此，承认营利性的合法性，符合中国民办教育主要是投资办学的实际，应当有利于教育的发展。

但是，在不少人的认识方面，又存在新的问题。营利性的教育，是不是公益性事业？如果把营利性与公益性对立起来，势必导致营利性民办学校的办学结余只能按企业的有关法规处理，而不能按公益性事业处理。

这就需要明确营利性与公益性是非此即彼的矛盾还是可以相得益彰的"和而不同"。

事实上，一定规制中的营利，有利于激发经营者的努力，从而可以提高公益性事业的效率。也就是说，合理的回报，有利于发展民办教育事业。当年制定《中华人民共和国民办教育促进法》时，就在这个问题上进行了反复商讨，才取得共识，将"合理回报"作为"扶持与奖励"写进这一法规中。但是，由于当时"不得以营利为目的"这一规定尚未删去，人们总是把"合理回报"视同营利，都不愿声称要获得"合理回报"，致使这一好不容易争取来的权利，未能落实到"实施条例"中。

现在，教育营利合法化了，是不是问题就能解决了？没有！除少数捐资办学的学校之外，大多数民办高校，既不敢登记为营利性高校，又不愿登记为非营利性高校。因为对于营利性高校如何管理，至今未见配套政策措施，特别是税收与地产问题，缺乏相应的实施政策。如果按照营利性企业的《中华人民共和国公司法》及其相关法律、行政法规的规定处理，而不考虑其公益性的特点，营利性高校恐怕无法经营，更谈不上营利了；如果登记为非营利性高校，产权必须改变，投资变为捐资，产权交出之后，连"合理回报"也被取消了。因而形成当前大多数民办高校处于观望之中的尴尬局面，反正登记年限有五年之久，可以不急于登记。

当前尴尬的问题，不是教育部门所能解决的，它关系到税务、财政、国土、资源、审计等部门。希望有关部门共同商定对策，解决问题。

在问题尚未解决之前，悄然出现了另一条道路，就是"混合所有制"办学。这条道路不能完全化解当前的尴尬局面，但可缓和甚至消解某些矛盾。

"混合所有制"原本是一个经济领域的概念，近年来，主要集中于研究企业的股份制改革，但也从经济领域渗透至教育领域。主要是两条渠道：一条是职业教育，另一条是独立学院。关于职业教育，2014年出台的《国务院关于加快发展现代职业教育的决定》提出："创新民办职业教育办学模式，积极支持各类办学主体通过独资、合资、合作等多种形式举办民办职业教育；探索发展股份制、混合所有制职业院校，允许以资本、知识、技术、管理等要素参与办学并享有相应权利。"[1]各地职业院校也纷纷试点"混合所有制"办学改革，如苏州工业园区职业技术学院在学校层面实施混合，有些院校则只是在二级学院或某些专业上进行混合。而独立学院的

① 国务院：《国务院关于加快发展现代职业教育的决定》，http://www.gov.cn/zhengce/content/2014-06-22/content_8901.htm。

存在就是公办与民办的混合产物。独立学院的"混合所有制"着重于产权与治理的研究。

教育领域的"混合所有制"研究，既有重要的学术价值——突破公私二元对立的理论传统，创新现代大学制度的理论研究，破解教育产权改革的理论难题等；更有重要的应用价值——促进现代大学办学主体多元化发展，优化大学的产权结构与治理模式，完善现代大学的收益分配与回报机制。因此，我和西安外事学院黄藤院长已组织了以陈涛博士为首的一个研究团队，探讨现代大学混合所有制问题。我们的基本观点是：首先，公私混合所有制办学是中国高等教育办学体制、投资体制和管理体制改革的政策创新，是教育体制深化改革的重要体现；其次，公私混合所有制办学有助于拓宽经费来源渠道，提升人才培养效益，深化产教融合和校企合作；最后，公私混合所有制办学是通过完善产权制度和法人治理体系来推动现代大学制度建设的。截至目前，这个团队已经在国内外进行了近两年的研究工作。

"公私混合所有制"办学的现代大学制度建设与完善，预期将为民办高等教育开辟一条新道路。当然，这条通道开辟之后，还有许多难题需要研究解决。我同意董圣足研究员所说："混合所有制难在混后的治理。"[①]

（原载《华南师范大学学报（社会科学版）》2018年第6期）

---

① 董圣足：《混合所有制难在"混"后的治理》，载《中国教育报》，2016年10月18日。

第二节　《民办院校办学体制与发展政策研究》^①序

一

徐绪卿教授的新著《民办院校办学体制与发展政策研究》，是一部专门研究我国民办院校办学体制与发展政策的鸿篇巨制，是系统地研究民办院校办学体制与发展政策的重要成果。

"高等教育体制是根据国体形式和社会发展需求确定的一种以高等教育的领导管理制度为核心的制度体系，是由国家权力机关和领导机构制定的、相对稳定的高等教育体系结构模式。其功能为划分高教管理权限，规范人们高教活动范围、方式和行为，维护和促进高等教育事业的良性循环。"^②

高等教育体制，包括办学体制、投资体制、管理体制、评价体制等。在这些体制领域中，办学体制是最基本的体制，是推动其他体制改革的关键。改革开放以后的一个时期，我国的高等教育改革主要是以管理体制改革作为主线来牵动的，曾先后进行了宏观管理体制、内部管理体制等改革，然而进展不快，关系不顺，推进难度大。事实说明，如果仅从领导与被领导、管理与被管理的关系层面开展高等教育体制改革是不够的。

为与市场经济相适应，高等教育体制改革的指向应该是办学体制改

---

① 徐绪卿：《民办院校办学体制与发展政策研究》，中国社会科学出版社2018年版。
② 潘懋元、王伟廉：《高等教育学》，福建教育出版社1995年版，第66页。

革。这种办学体制改革绝不仅仅是在不同业务部门、不同层次政府间的管理权的转换，更不单纯是为了解决办学经费不足，其主要作用是唤起全社会对高等教育的关注，动员社会各界参与高等教育办学，因而形成多样化的办学体制，广泛吸纳社会资源，最大可能地满足人民群众和经济社会发展对高等教育的需求。正是由于开展和深化办学体制的改革，40多年来，我国民办院校从无到有，从小到大，迄今为止学校数和在校生数在国家高等教育体系中已占有29%和23%的份额，民办院校已经迅速崛起成为我国高等教育的重要组成部分，为多渠道筹集高等教育经费，推进高等教育大众化，满足人民群众上大学的需求和社会主义现代化建设对人才的需求，激发我国高等教育发展活力做出了贡献。

民办院校的发展，需要多样化的办学体制。我国人口众多，举办世界最大规模的高等教育，需要大量的办学资金和运行经费，应该多渠道、多样化、多层面动员社会力量的参与和支持，为高等教育的质量提升和可持续发展提供充足的办学经费。同时，这种办学体制的改革也会在全社会起到辐射作用，从而为整个高等教育办学体制改革积累经验和提供借鉴，推动高等教育的健康发展，为实现科教兴国战略和全面建成社会主义现代化强国提供强大的人才支撑。

当然，高等教育办学体制的改革需要政府政策强有力的推进和保障。纵观世界各国私立高等教育发展的历史，可以发现，各国私立高等教育发展的繁荣和衰落与国家政策的认可程度和行政管理的措施是否得当是息息相关的，而且在发展过程中，几乎每个转折点都是以政策的颁布为标志的。世界银行1994年关于高等教育的报告指出，政府制定的优惠政策和管理框架是私立院校得以繁荣的重要保证。这一结论同样可以作为我国民办院校发展的指导。而由于我国民办院校发展的特殊需要，政策对于民办院校发展的影响更大。诚如本书作者所思考的，当前克服传统政策樊篱，消除民办院校办学体制的政策障碍，适应新形势制定新政策，推动民办院校办学体制深化发展，仍然是各级政府和民办高等教育研究者共同面临的重要任务。

二

随着我国民办院校办学的兴起，相关研究也逐渐开展起来。尤其是一批办学经验丰富、成绩卓越的民办高校，从办学实践出发，总结经验，提升为民办（私立）办学体制理论。浙江树人大学徐绪卿校长撰写的专著《民办院校办学体制与发展政策研究》的出版，更加展现了我国民办院校研究的水平。专著以我国民办院校起步发展，发挥体制机制优势，在国家高等教育体制中迅速崛起为宏观背景，以我国民办院校办学体制发展中的政策问题为主线，深入思考我国民办院校办学体制可持续发展的重大课题。专著回顾了世界各国高等教育发展进程中办学体制改革和发展的历程，从大学的起源、大学办学体制演变和世界各国私立大学发展的历史逻辑中，阐明我国民办高等教育发展壮大的重要性、必然性，这种从源头研究民办院校办学体制发展演变的论述非常少见。不仅如此，作者还以我国蓬勃兴起的多样化的民办院校办学体制为脉络，以高等教育大众化不断深化和提升为依据，多角度分析了我国民办院校办学体制相关政策存在的问题和趋势，在此基础上，运用民办院校办学体制基本原理和要求，提出我国民办院校未来发展宏观政策设计和微观政策创新的工作思路和政策建议。

在本书中，作者在研究分析后提出了对民办院校办学体制的六个观点，值得重视：

第一，公私并行办学体制是高等教育办学体制改革的基本规律。本书系统回顾了中世纪以来大学办学体制改革进程，总结了私立大学发展的规律，指出公私并行办学体制是高等教育体制改革的基本规律。在公、私立大学的并行发展中，实际上营造了高等教育发展的生态环境，满足了社会多样化的求学需求，促进了高等教育质量的提高，从而使得民办（私立）院校的发展呈现新的价值。

第二，办学体制改革是高等教育发展的关键。办学体制改革是高等教育诸多体制改革的基础。本书对我国高等教育办学体制改革进程进行了梳理，用发展实践说明，没有办学体制改革的基础，教育体制改革就难以形成共识，改革就难以展开并取得成效。全国第三次教育工作会议确立"以政府办学为主体，公办学校和民办学校共同发展的格局"，并提出了一系列具体举措，从而大大推动了民办院校的发展。

第三，民办院校多样化办学体制格局基本形成。书中总结了当下我国民办院校办学体制主要的五种形态：一是个人举办，包括个人合伙举办；二是机构举办，包括企事业单位和社会组织举办；三是公私混合举办，具有国资成分参与；四是中外合作举办；五是多元举办。对办学体制类型的分析和划分，能够较为准确地判断我国民办院校发展的政策需求，同时为民办院校实施多样化的治理提供依据。

第四，管理改革成为民办院校发展的关键，管理政策成为民办院校发展的重要影响因素。作者认为，随着办学体制改革的深入，民办院校快速发展，管理问题凸显。传统的面向公办院校的管理不能适应民办院校，管理层与民办院校之间冲突不断，必须制定新的管理制度。而政策作为管理民办院校的主要载体和指导依据，成为民办院校办学体制深化改革、持续发展的关键因素，必须加强民办政策的研究。

第五，我国民办院校发展政策仍然存在的问题亟须解决。专著结合我国民办院校办学体制改革和发展的政策和实践，指出了我国民办院校发展政策中存在的六大问题：一是发展政策缺乏顶层设计，制度缺失严重；二是政策执行力缺乏，政策效率不高；三是产权政策难以操作，制约社会投入；四是扶持政策难以落实，政策导向不明；五是民办院校内部治理关系不顺，亟须政策规制；六是民办院校发展未能及时转型，亟待政策引领。这些问题成为民办院校发展的政策瓶颈。

第六，我国民办院校发展政策应该转型。根据高等教育发展的新任务和新使命，着眼于公、民办高等教育共同发展格局的形成和巩固，着眼于科教兴国战略的实施和高等教育办学体制改革的深化，我国民办院校的发展政策应该转型，从外延式发展走向内涵式建设，从鼓励量的扩张走向质的提高，从规范监管走向鼓励与支持。

以上关于我国民办院校办学体制与发展政策的六个结论，符合中国民办院校发展实际，体现了一定的创新性，为民办院校发展政策的制定、实施与完善提供了依据，为民办院校的发展实践提供了重要参考。

在本书中，作者并没有仅仅停留在问题的分析上，而是怀着高度的学术责任心，以问题为依据，运用研究成果，大胆提出了我国民办院校办学体制深化改革相关政策的六大建议。限于篇幅，这些不再一一列出。

三

粗览洋洋60多万字的鸿篇巨制，笔者认为，本书具有以下三个方面的创新：

第一，全面性和系统性。表现在两个方面：一是本书以改革开放后我国高等教育大发展背景下民办院校的发展崛起为背景，全面系统地研究我国民办院校办学体制与发展政策问题；二是本书全面系统地研究世界高等教育办学体制发展及政策演变过程，发掘民办（私立）院校办学体制改革的基本规律，为我国民办院校办学体制改革的深化和政策制定提供重要的依据。

第二，逻辑性和科学性。本书运用高等教育发展最新理论，分析和把握民办院校办学体制改革的重要性和必然性。通过中外比较，立足国情、放眼世界、关照历史、注重现实，从理论和实践两个层面研究和总结我国民办院校发展和改革的经验，揭示世界私立院校发展的共同规律和一般趋势，进而阐明我国民办院校办学体制改革的必然性，探讨规律性，服务于我国民办院校的发展。

第三，实践性和应用性。本书从理论研究分析出发，而重点放在实践性和应用性。本书的写作恰逢我国《中华人民共和国民办教育促进法》修法、对民办院校实施分类管理之际，各个层面需要提出实施细则之时，作者抓住了机遇。据了解，专著中多项成果已经应用于政策制定，获得肯定，体现了较好的应用价值和实践价值。

总之，本书将理论研究与实际应用密切结合，具有一定的理论水平和较强的现实指导意义，所提出的政策建议具有针对性、时效性和应用性。部分内容已经为国家和省级有关单位采纳，在服务国家民办教育"新政"的贯彻落实方面发挥了积极作用。

这部专著，是徐绪卿教授主持的国家社会科学基金教育学重点项目的主要成果。应作者之邀，我作为专家组组长主持了项目研究开题报告会和成果报告会，有机会听取作者对成果的全面介绍，对成果内容有一个比较全面的了解和接触。

课题研究团队实力雄厚。浙江树人大学的民办高等教育研究院是我国民办高等教育研究的专门机构。团队还邀请和吸收了国内多所高校和教育研究机构的学者参与，提高了课题研究的能力，保证了课题研究成果的较高水平。

课题组开展了广泛的调查研究。先后组织6批近40人次，对15个省市以及浙江省内各地市和60多所民办院校开展了调研工作；召开了各类会议14次，参加会议人员近400人；问卷发放2 000多人；利用各种场合深度访谈50余人，来访会谈100多人，专题采访210多人次，获得了大量的第一手资料，为研究奠定了厚实的基础。

课题研究成果丰硕。课题组成员已发表论文22篇，其中《教育研究》等C刊论文14篇，被《新华文摘》和《人大书报复印资料》全文转载5篇；完成调研报告9篇，3篇被相关部门领导批示采用；提供决策部门的建议文本5篇；课题组成员参加《中华人民共和国民办教育促进法》修法讨论和《中华人民共和国民办教育促进法实施条例》修改讨论30多次，许多成员直接承担或参与了地方贯彻落实《中华人民共和国民办教育促进法》新政的制定，研究成果得到直接引用，扩大了课题研究的效益和效率。

我与徐绪卿教授认识已经20年。他有多年的民办院校领导实践，加上本人的兴趣和努力，已成为一个丰产而有影响的民办高等教育研究著名学者，近几年来出版的专著就有140多万字。他用自己的研究成果和实践经验，为我国民办高等教育的发展出谋划策，值得点赞。

（原载《高等教育研究》2019年第3期）

第三节　《我国非营利性民办高校发展研究》①序

欣悉罗先锋博士的学位论文《我国非营利性民办高校发展研究》，经过多次的修改、补充、提高，特别是总结自己多年来实践经验和阅读中外有关书刊的理论提高，即将公开出版。这本专著的出版，对于已办的捐资民办高校，有加强信心的作用；对于拟捐资办校者将起鼓励作用。

世界各国的私立大学，包括许多各国的位居前列的知名大学，大多是由教会或非营利性的基金会所举办；中国自古以来，就有捐资办学的优良传统。古代的书院，都是非营利性的；近现代的知名私立大学，大多也是非营利性的。厦门大学在私立时期就是由爱国华侨陈嘉庚捐资兴办。以至于在教育法规上，曾经明确表示"不得以营利为目的"。只是当市场经济进入高等教育领域，才出现大量投资办学的营利性民办高校。

市场经济进入高等教育领域，正如对其他领域一样，是一把双刃剑：一方面，加快了民办高等教育的发展。从1999年开始，投资办学在推动高

---

① 罗先锋：《我国非营利性民办高校发展研究》，厦门大学出版社2020年版。

等教育大众化上，起了重要作用；另一方面，破坏了捐资办学的优良传统，如今，更使营利与非营利两种制度安排处于尴尬局面。许多办学者愿意登记为非营利民办高校，却面临着产权问题。

我认为，应当大力提倡非营利的办学，也就是捐资办学，保持并发扬中国的优良传统。

2020年3月21日

第七章

教育综论

第一节　从教85年的幸福

教了85年的书，现在还在带研究生，还是最高龄的"网课主播"。他说"我一生最为欣慰的是我的名字排在教师的行列"，在他看来，"教师是最有幸福感的人，学生毕业后他永远是你的学生，师生的关系永远存在"。2020年8月4日，厦门大学为中国高等教育学奠基人——潘懋元教授隆重庆祝百岁生日并举办学术论坛。在百岁生日会上，潘懋元教授依然道出了这样的心声"假如我还有来生的话，我还是愿意当老师"。

——题记

一、第一次当老师失败决心去念师范

我15岁那年在家乡广东省揭阳市的私立树德小学当教师，是兼职。当时因为要陪二哥回家乡去养病，我上午照顾二哥，下午就去上课，一般是两个小时，一个小时算术一个小时语文，当时书教得不好，有些学生很调皮。从前的学生不一定都很小，有小有大，尤其是农村的孩子，有些到了十四五岁还在念小学，所以当时有些学生比我年龄都大。而有些低年级的学生5岁就来念小学了，当时私立学校没那么严格，也没有太多硬性规定。

我喜欢当老师。第一次当老师失败了。我就自问：为什么别人当老师可以当得好，我会失败？为什么别人上课学生都很乖，我上课学生就乱哄哄？为什么别人上一堂课从头到尾安排得那么好，我准备了很久上去不到20分钟就讲完了，没话说了？

为了解决这个问题，我就找了当老师的书、谈及教学方法的报刊来看，下决心将来一定要当个好老师。后来我念了四年大学，主修教育学，而且通过勤工俭学边学边教，实际上大学四年里都没有离开过讲台。大学毕业后，一直当老师，兼做一些研究和行政工作，所以一辈子走过来都在当老师。

当时决心去念师范，我的信念是"失败是成功之母"，只有不怕失败，坚持下去才能成功。在高中阶段，我不读普高，而决心进中等师范学校。当时中等师范学校普通课程比较少，但是有许多教育课程，如一年级上《教育概论》，二年级上《小学教材教法》，正好是针对我当时的缺陷，我觉得很有用。有一门《教育心理学》，虽然内容很简单，但心理学是我过去没有接触过的，所以我很感兴趣，认识到当老师一定要学好教育心理学。

1938年全民族抗战发生的第二年，敌机轰炸，我所在的学校停课，只好辗转到一所农村小学——普宁县流沙墟泥沟乡锲金小学任教并做训育主任。那时，一般比较完整的小学大概有六七位教师，基本上每个教师负责一个班，教务主任、训育主任、总务主任都是兼职的。学校里也没有专职的工人，一般是学生轮值打扫卫生，教师也值日，还要负责烧饭；有的学校教师轮流到学生家里去吃派饭，这个学生家吃一天，那个学生家吃一天。印象中，我只吃过一次这种安排到学生家的派饭。我做训育主任期间，除了经常对学生宣传抗战之外，主要是带学生开展劳动。

抗战时期的农村，教书没有太多规定，课程基本是按照规定的课程上，但是教材不一定都买规定的教科书。记得锲金小学当时的校长是中共地下党员，教师中也有中共地下党员。我虽然不是中共地下党员，但也有机会读了许多进步书籍，受进步思想的影响，在中共地下党领导下的青抗会参加活动。抗战时期的教材内容常常涉及抗战故事和歌曲。平时大家也讨论教学方法，开展批评与自我批评。我还负责教一门《新文字》，就是用拼音文字写地方语言。我们常常用潮州话上课，用潮州话注拼音，小孩子非常喜欢，因为只需要学习20多个拼音符号，学会拼音读写都很方便。

每个星期上一个小时的文字课，一个学期十几个小时下来，连小学一年级小孩子也会写信了。我离开小学任教后，还常常用新文字跟小学生通信。当时我们晚上还有夜校，学生是乡里的青壮年，讲课内容主要是日寇来了如何打游击，是从毛泽东的《论持久战》学来的知识。到了1939年上学期，我还在农村小学教书，当时小学的生活相当艰苦，没有宿舍就住在祠堂里，祠堂中间是大厅，两边有两个小房子叫耳房，一个耳房可以住一个教师，其他教师就住在祠堂大厅，也有教师住学生家里的。1940年我又教了一个学期书，暑期就走路从揭阳到福建长汀报考厦门大学，第一年没有被录取，因为我的数理化有点弱，通过自学一年后，1941年才进入厦大。

二、在厦大既做学生又当教师

我念大学的时候边学习边兼课。1941年至1942年，我念大一，当时厦门大学设有闽西救济金专门帮助贫困学生。领取救济金是需要提供服务的，我还记得很清楚，一个名额每月16元钱，由于申请者多，我只得到半个名额8元钱。所提到的服务，第一学期就是指定我帮大一国文老师、著名文学家施蛰存教授做事情。当时只有油印机没有复印机，施蛰存教授只要我替他抄一些东西，有时是刻写讲义，有时是从报刊上帮他抄参考资料。因为我是教育系学生，第二学期就被派到乐育小学教书，就在厦门大学边上。乐育小学当时相当于厦门大学的附属小学，许多厦门大学教职工子女都在那里读书。我一天差不多上两个小时的课，时任校长萨本栋的两个儿子都在那所学校读书，现在他们还叫我老师。读大二时，我被介绍到县立中山小学去兼课，教了半年多，大三的下学期到县立中学当老师，教一个班的国文和公民两门课。校长是历史系的校友陈诗启先生。当时厦门大学许多师生都在长汀的中小学兼任教师，我当时算半个教师，可以拿半份工资，一个月有半担米，还有一点工资，买文具、做衣服够用了。

当时国文课一个星期大概6小时，但一个教师每周要上16～18小时课，所以就要兼教历史、地理或者公民课。公民课主要上公民知识。当时我一边在大学念教育系课程，一边在外面教书，或多或少把一些思想运用到实践中。比如说，当时我教学生国文课，就把学生带到校外去教如何写作文。

长汀有一个梅林，是休闲之地，大家在那儿玩、看风景，然后在那边写作文。当时我就动脑筋搞一些如此这般的教学花样。大四时，长汀县中换了一个校长康諒，是厦门大学教育系主任李培囿教授的学生。他本来已经请了一个教务主任，开学前突然写信说来不了了。校长就找李培囿教授，李培囿教授就介绍我去当教务主任。所以毕业班那年我够紧张的，要写毕业论文，要在大学上课，要当教务主任，还要教书。我当时教一门动物学，边备课边教，并从厦大生物系借来许多动物标本。学生很高兴，每次好奇老师会拿什么标本来。这些标本既有天上飞的鸟，也有水里游的鱼。后来有一个学生还成为著名的鱼类学学者。当时厦门大学迁到长汀给当地学校解决了师资问题，大学生要当个老师是不难的，单位抢着要。

此外，从大三开始，我还担任厦门大学教育系的社会服务处主任、系教育学会会长等工作，可以说集学习、教学和行政工作、社会活动于一身，繁忙异常，却情趣盎然。长汀县中给我的青年时代留下美好的回忆。如今虽已时隔80年，当年的一些人和事仍然在我脑海里记忆犹新。

三、办了30多年的学术沙龙

在长期的教书过程中，我悟出一个道理：导师的指导不一定在课堂上或论文指导中，更多是在平时师生交谈中起潜移默化的作用。为此，我同研究生建立了一种家庭访谈制。

周末晚上是我接待研究生的时间，大家自由参加，从天下大事到个人生活，从学术争论到工作方法，清茶一杯，无所不谈。有时有预定主题，有时没有预定内容，大家发表意见没有什么拘束，这样容易谈出许多真实想法，也密切了师生感情。研究生对此很感兴趣，觉得从中颇有收获；其实，导师也可以从中得到许多有价值的知识。

开始办沙龙也不是非常明确，我主要受两件事的启发。其一是王亚南当校长时，周末常常把他的研究生召集到一起聊一聊、谈一谈，他的研究生感到很受益；其二是许多科学家的发明创造都是在午餐会或者是咖啡馆聊天聊出来的。我当时住在厦门大学的东村，东村后侧就是研究生的宿舍，大家都很近，所以星期六晚上就到我家里来。过去是星期天才休息，星期六晚上大家比较有空，就这样聚在一起谈。开始只有几个人，后来二十几个人，大家感觉到很能解决问题：有些问题有些点子要找人谈一谈，这里提供一个地方可以来谈；有的写论文时卡壳了，写不下去，有些问题没弄清楚，就来找我。我说，你不要单独找我，我们一起到沙龙上谈，因此慢慢就形成一个传统。

后来我搬到前埔了，距离学校十几公里，我当时想以后沙龙怎么办？要不在学校里找一间教室聚谈，但到教室会感觉有如上课似的，学生就会认为非来不可，增加了负担，还是在家里换个环境比较亲切自然一些。我当时还担心学生晚上乘车往返既不方便又花时间，后来来的人仍然很多，而且风雨无阻，有时下雨，有时天很冷，他们怎么还愿意来啊？有人说，星期六晚上大家一起坐车来很热闹，谈了以后回去的路上还常常争论。这一路是风景非常好的环岛路。大家也很自觉，每次来一般20多人，最多时来了60多人，那就没办法，只好坐到客厅的过道去了。

我认为这种沙龙形式自由一些好，有些时候有题目；有些时候外面来了一个客人，请他（她）谈谈；有时是谁到外面去，有什么心得聊聊；甚至有时什么也没有，也可以来，我们谈谈别的，谈生活、谈兴趣爱好也可以。有一次是欧洲足球锦标赛，正好沙龙也是那天晚上举行，学生也来了，别人都去看足球赛了，那我们也看足球赛吧。其他老师也这么做了，各人不同，有些是在教室里进行，有些是一年举行几次，还有许多研究生毕业以后当老师，也开始组织自己的沙龙。大家觉得这样很有收获。因为在大学念书，不仅是学一点知识，还要学能力，做实习、实训，但大学不只是这些，还应该形成一种学术环境，对人进行熏陶。我们认为，这种环境对人的熏陶是无声的，很自然的。一个青年人在成长期间，环境的熏陶对性格各方面都是起作用的，对研究生来说，他们已经进入学术的殿堂，那么这里的熏陶也好、知识也好，会让他们无形之中得到很多好处。所以我主持研究院的时候，规定星期一上午必须有个学术讨论会，请专家或本院师生做学术报告；其他时间可以搞一些沙龙式的学术活动，现在研究生自己也组织一些沙龙，虽然不是很经常，但这就形成了一个学术气氛，对今后大有好处。现在许多毕业生对于过去课程学习的东西忘了很多，但对沙龙这个环境念念不忘。

四、当老师茶永远不凉

今年我100岁，从教85周年。我说的从教85周年不是教教停停的，基本上都在教书，真正停下来可能是我当厦门大学教务处长时的那几年，大约是1960—1963年间，教育系调整到福建师范大学，中文、历史等系不再培养师资，没有自己的学生。但是我想办法要教书，教什么呢？

那时中文系、经济系规定要修逻辑学。当时没有逻辑学教师，我自告奋勇到经济系、中文系去教逻辑学，经济系、中文系有不少学生上过我的课。所以一个当老师的人没有学生是很苦恼的事情。一直到20世纪80年代，我自己创建了高等教育学这个学科，后来招研究生，所以到80年代才又有了自己指导的学生。我跟学生说，各行各业都有好处，但是我个人偏好当老师，这个职业跟其他职业不同。

常常会有人问我：什么职业是最幸福的，最有幸福感的？就我来说，所有职业里教师这个职业是最幸福的，或者说是最能够产生幸福感的职业。因为其他职业有的是对着枯燥的数字，一天到晚对着算盘或电脑等；有的对着物，对着机器和产品，不是对着有感情的对象。经商对着的是顾客，做生意时有来往，有时还表现得很热情，但"人一去，茶就凉"。当老师，茶永远不凉。

老师每天面对活泼的儿童、少年，朝气蓬勃的青年。这种幸福感不是来自金钱的收入、地位的高低。大笔的金钱收入可能一下子让人有幸福感，比如说中了彩票，但这种幸福是一时的，过一阵儿你可能就苦恼了，现在突然有了大笔钱，怎么处理啊？放在家里怕被偷抢，存入银行忧心贬值，进行投资又怕亏损。教师对着活生生的儿童、少年、青年，看着他们跟我在一起的时候不断在成长，正如父母看着孩子成长一样，最有幸福感。当然，每个老师可能体会有所不同。

现在有人调查过许多国家，看哪个国家幸福感最高，结果最有幸福感的国家并不是那些强大的特别有钱的国家。幸福感跟富裕、地位没有直接关系，而是自己觉得值得、觉得满足。因此，教师很容易成为最有幸福感的人，学生即使毕业了，也永远是你的学生，师生关系永远存在。当然，如果教师一天到晚不安心、苦恼，跟人家攀比，那就很难说。你不爱学生，觉得学生麻烦、累赘，那么你就没有幸福感了。因此我觉得教师最有可能有幸福感，但是要靠自己把这种可能变成现实。你关心他们，他们关心你，很自然的。比如说，已经毕业的博士巴果回到西藏后，首先她打电话告诉我"到家了"，过几天她又打电话告诉我，说她要去日喀则参加一个小学校长的培训班，她要去作一个报告，许多毕业的学生都常常告诉我他们的近况，让我觉得很欣慰。有些学生毕业后组织聚会，他们也邀请我去。我到湛江师范学院开个会，也有很多我的学生去，卢晓中、韩延明、张应强、刘志文等，一半是我们不同时期毕业的学生，现在他们在高等教育理论研究方面都有一席之地，所以与他们在一起我觉得是很难得的机会。学生的成就也就是我们的成就，当然也有学生毕业后没有消息了，我会常常打听他们的消息。

学生常常说我关心他们，实际上学生给予我的更多，对我的关心更多，如刁瑜、陈萦、吴滨如、陈斌等，我的生活习惯他们比我还熟悉，好几次我生病住院的时候，都是他们照顾我。有一次去武汉调研，突然降温下大雪，吴滨如赶紧去给我买羽绒衣，实际上我带了厚衣服，这种师生的互相关心是很自然的，跟父母儿女不同之处就是没有血缘关系，没有血缘关系的孩子不一定不亲，后天比先天可能还更重要。现在，一些大学的师生关系越来越淡漠或者说越来越功利化，在市场经济条件下这种情况会产生。我以前说市场经济是一把双刃剑，但是它好或不好，不是人们选择的。我们要去适应，尽可能发挥它的积极面，尽可能减少它的消极面。比如市场经济的竞争机制，可以更快地推动社会发展，但的的确确也会产生一切为了金钱这样的消极影响，人的关系淡漠、功利化，我们要看到这一点，尽力减少它的负面影响。市场经济环境下，我们要尽可能使师生关系密切。现在学生多了，也是一个原因。现在小学一个班五六十人，过去我们高教所就几个学生，现在一个班二三十个。我以前当过小学校长，规定每个老师对每个学生每个月都做一次家访，那时一个班就二十人左右，很少超过三十人的，下午放学老师去家访可以走两三家，现在一个班五六十人，要做家访很不容易。不管怎么说，职业不仅仅是为了拿工资不得不做的事情，只要爱业敬业，你就可以在职业里获得幸福和乐趣。

就在今年6月，我还做了网课主播。应教育部邀请，我在网上做了有关高校发展的报告。如果再给我一次选择，下辈子我还是会选择当老师！

2020年8月4日

第二节　对《高等教育研究》的祝贺与祈望

（面向明天　砥砺前行——《高等教育研究》创刊40周年纪念笔会）

改革开放以来，中国高等教育研究发展迅速，队伍庞大，成果丰硕。如今，中国已成为高等教育研究大国，高等教育学科成为一门"显学"。这既得益于改革开放的春风，又与高等教育现代化建设与发展需求相关，还源于中国高等教育研究始终坚持以学科建制的方式发展。

1993年，在中国高等教育学会高等教育学专业委员会的前身——全国高等教育学研究会——创立之时，研究会尚没有属于自己的刊物。代表们希望创办一份会刊，并希望所办会刊能够代表中国高等教育研究的理论水平。当时研究会并非常设机构，既缺经费，又无编制，只能挂靠于某个单位，与某份刊物合作。改革开放之初，时任华中工学院院长朱九思教授及其同事们高瞻远瞩，认识到高等教育理论对高校办学实践的重要指导作用。同时他十分重视交叉学科的发展，大量创办人文社会科学专业，大力延揽人文社科人才，重视高等教育研究，较早出版了高等教育研究专著，并创办了《高等教育研究》和《高等工程教育研究》两份专刊，为我国高等教育研究做了开拓性的工作。在此背景下，《高等教育研究》成为研究会的首选会刊，华中理工大学高教所和编辑部也欣然同意。从1994年起，这份刊物就成为华中理工大学和全国高等教育学研究会合办的会刊，这进一步确立了它在全国的学术地位，成为全国的高等教育权威刊物。

《高等教育研究》在创刊之初，主要关注国内外高等教育管理与教学实践问题。不久，编辑部负责人意识到高等教育管理实践离不开基础理论的指导，开始重视高等教育基础理论研究，这对高等教育理论研究，包括对高等教育管理学科都发挥了重要的推动作用。《高等教育研究》作为全国高等教育理论研究刊物的排头兵，在为高等教育实践经验交流与高等教育理论研究提供服务方面发挥了引领示范作用。如今，《高等教育研究》在理论研究水平上，位居全国之首先；在高等教育改革与发展实践上，做出了重要贡献。

《高等教育研究》之所以能获得杰出的成就，我认为有三方面的原因。

第一，高起点，高标准。《高等教育研究》在创刊之初，就坚持开放办刊的理念，面向全国组稿。当部分刊物为创收而开始收取版面费时，《高等教育研究》始终坚持不收取任何版面费，秉持质量第一的原则，稿源充足，有利精选，形成良性循环。

第二，关注高等教育改革与发展的重大议题。《高等教育研究》紧密结合高等教育改革与发展中的根本性的重大议题，有针对性地遴选稿件，开展自由讨论，为国家决策提供理论依据，为高等教育改革与实践提供指导意见。在服务高等教育改革与发展的重大议题中，不断提升权威性。

第三，兼顾理论研究与实践研究。《高等教育研究》在关注高等教育改革与发展的重大现实问题时，同样重视高等教育基本理论研究。高等教育研究既需要关注高等教育实践中的政策话题与现实议题，也要重视基本理论研究，做到基础理论性研究与应用性研究相结合。如果只是片面追求热点话题，忽视了原创性的基础理论研究，质量难以提高。

40年来，《高等教育研究》所取得的辉煌成就，离不开前后主持刊物编辑工作的同志们。他们办刊目标明确，事业心与责任感强，精益求精。编辑工作是"为他人作嫁衣裳"的工作，没有无私奉献的精神，是很难办好更难坚持的。在《高等教育研究》编辑部同志们坚持办刊40年之际，我衷心祈望，《高等教育研究》在总结40年办刊成就、贡献与经验的基础上，在习近平新时代中国特色社会主义思想指导下，勿忘初心，再创辉煌。

（原载《高等教育研究》2020年第11期，有改动）

第三节 对教育科学研究工作者的期待、鼓励和鞭策

作为一名教育科学研究工作者，我十分高兴地读到教育部颁发的第一个有关教育科学研究工作的规范性文件——《关于加强新时代教育科学研究工作的意见》（以下简称《意见》）。文件的颁发，体现了教育领导管理部门对教育科学研究工作重要性的肯定，并对教育科学研究工作提出了指导意见；同时，也体现了教育领导管理部门对教育工作的引领从经验层次跃升到理论层次，更重要的是体现了国家对教育改革创新的文化自信。

《意见》在指导思想上提出，要"推动建设具有中国特色、世界水平的教育科学理论体系，不断提升教育科学研究质量和服务水平，为加快推进教育现代化、建设教育强国、办好人民满意的教育提供有力的智力支持和知识贡献"。这是对我们教育科学研究工作者的期待、鼓励和鞭策。

我的教育科学研究领域，是建立具有中国特色的高等教育学科，培养高等教育学科的理论工作者和具有理论水平的高等教育领导管理工作者。40多年来，在建立中国高等教育学科的基本理论体系和教材体系上，做了一定的奠基工作。由于是土生土长，未免显得土里土气。虽然具有中国特色，但是难以达到世界水平。因此，有必要从西方一些先进的教育理论汲取养料，扩大眼界。但要坚定文化自信，不忘初心。因为我们要建立的是中国特色的社会主义高等教育学，而不是对西方高等教育理论的效颦。

《意见》共5项20条，对我们教育科学研究工作者，多有鼓励与指导作用。例如，第一项第二条，提出要"推动跨学科交叉融合"，这对于高等

教育学科的发展非常重要。高等教育科学研究工作，必须具有多学科的视角，包括教育社会学、教育政治学、教育经济学、教育文化学、教育心理学以及教育生态学，等等。不能只就教育谈教育，要从不同的学科视角研究高等教育问题。

又如，第三项第十三条提出要"探索教育本质和规律"，这是教育科学研究工作者最基本的任务。教育现实问题的研究与教育基本理论（本质和规律）的研究，应当是两条并行而有所交叉的轨道。教育科学研究应是从现实问题的实践中探讨理论，以理论指引现实问题的研究。我所提出的教育内外部关系规律，就是从大量的现实现象和历史总结中提升的。然后，我又以教育内外部关系规律来观察多种多样的现实问题。这一探索，在《意见》第三项第十三条得到了明确的支持。

最后，《意见》第五项的第十八、十九、二十条，既体现教育科学研究工作的困难与诉求，也是对教育科学研究工作者全面的关心与支持。第十八条提出"加强党对教育科学研究工作的全面领导"。第十九、二十条，针对教育科学研究工作的实际困难与需求，对科研经费投入机制的规范，教育咨询服务制度的建设，加大信息共享的力度，以及为教育科学研究提供适用、及时、有效的数据信息等，都是我们教育科学研究工作者所渴求的。

当然，这一规范性文件的落实，还有待于上下共同努力。一方面，教育领导管理部门要按文件的精神和具体的规定来领导管理教育科学研究工作；另一方面，教育科学研究工作单位和个人要切实按照有关规定运作。通过上下协同，我们定能创新中国教育科学研究的新局面，推动中国向教育强国迈进。

（原载《教育研究》2019年第11期，有改动）

第四节　纪念《教育研究》杂志创刊40周年（笔谈）：毋忘初心　再创辉煌

40多年前，中国开启实施改革开放的发展战略。如何改革开放，要从实践中不断地总结经验，更要将实践经验提高为理论以指引后续的实践。因此，多条战线的理论研究如雨后春笋，竞相而出。《教育研究》这份教育理论刊物，也应运而生，于1979年由中国教育科学研究院（原中央教育科学研究所）主办创刊。在4月15日的创刊号上就发表了余立①所写的《根据实践是检验真理的唯一标准，探讨教育工作中的规律》的文章，批判"文革"期间种种错误言论，为教育领域的改革开放扫清道路。

由于我的研究领域主要是高等教育，我所写的文章主要在高等教育研究刊物上发表。早期的文章，只记得有一篇《杨贤江教育思想研究》是1981年在《教育研究》发表的，其余已记不清。对于《教育研究》上发表的许多理论文章，我则是经常阅读。1987年，我还曾参加《教育研究》的座谈会，并在会上做了系统发言。会后整理成《关于建设具有中国特色的教育科学体系问题》的文章，发表在当年《教育研究》第10期上。

我进入职业教育研究领域是高宝立同志当主编的时期。他当时既是一

---

① 余立，时任上海高等教育局局长，是中国高等教育学会的发起人之一。

份核心刊物的主编，又是厦门大学高等教育研究所的博士生。作为主编，他要多方组稿；作为博士生，他要经常来厦门大学。他的博士论文选题是《高等职业院校人文教育问题研究》。一般认为，职业教育无非就是授以一技之长，可以为个人谋生，也可以为社会服务，最多是兼顾一些职业道德的思想教育。而高宝立所探讨的职业教育的人文素养，包括职业价值观、职业道德、职业核心能力和职业生涯规划等的全面人文素养，以及实施职业人文教育的途径和方法，深化了职业教育的内涵。

作为高宝立博士学位论文指导教师之一，我也被引入了职业教育研究领域，但我并未能深入人文素养领域，而是感到高等职业教育的体制问题急需解决。21世纪初，高等教育进入大众化阶段，主要是依靠高等职业院校的扩招。到2004年，高等职业院校已达到高校总数的60%，高等职业院校学生也达到大学生总数的45%。而高等职业院校，无论在社会地位或财政拨款上，都受到歧视，致使高等职业院校的办学者和师生产生自卑情绪，渴望离开高等职业院校进入普通本科高等学校。据说我国台湾地区已解决了这个问题，普通本科高等学校和职业技术院校各成体系。普通本科高等学校着重于理论研究，而职业技术院校着重于技术应用。我借到中国台湾地区参加学术会议之机，两次深入技术职业院校调研。第一次调研，师生因受传统的"重学轻术"思想影响，还存在信心不足问题。过了两年，再度前往调研，无论是办学者还是在校师生，都信心满满。认为走技术职业教育道路，同样可以从专科学校到本科院校，从本科院校到科技大学。同本科院校一样，可以获得学历、学位，可以成为应用型研究生。

受此启发，我写了一篇《建立高等职业教育独立体系刍议》，发表于《教育研究》2005年第5期。其中强调，高等职业教育是一种教育类型，不是一个教育层次。教育类型和教育层次是两个不同的概念。高等职业教育是一种有别于理论性普遍高等教育的类型，但不是一个区别于本科的专科层次。众所周知，职业教育既有中等教育的职业学校、技工学院，也有高等职业技术学校；而高等职业技术学校既可以是专科层次的，也可以是本科以上层次的，形成一个独立于理论性本科院校之外的高等教育体系。所以，不应把高等职业教育限定于专科层次。

这一论见，当时并未引起什么注意，据悉在某地有所试行，但无后续跟进。直到最近才体现在政府文件中，明确普通高等教育和高等职业教育是两种同样重要的高等教育系统而不是两个高低不同的等级。但是，由于人们已在"重学轻术"、重科学理论轻职业技能的长期影响中，能否改变观念，还要有切实的办法。首先要改变招生制度，改变普通高等教育优先录取，然后才高等职业教育录取的高考制度。应当采取不同的招生制度，在拨款制度、师生待遇上一视同仁，才能提高职业教育的社会地位。

以上是就我所发表的几篇文章的回顾，以表达我对《教育研究》的忆念，管窥一斑，不足以概括《教育研究》40年来的贡献。40年来，许多重大的教育理论的争论，都是首先在《教育研究》上提出的。例如，早期的教育本质和社会属性（教育是否属于上层建筑）的争论，后来关于素质教育的探讨（教育的社会价值与个人价值），以及2003年邬大光所介绍的民办高等教育市场的争论等。总之，《教育研究》的初心在于为教育实践经验交流和教育理论研究提供服务，促进教育的发展。《教育研究》在全国教育理论刊物上所发挥的带头作用，随着新时代中国特色社会主义教育的发展，将会更有作为。

（原载《教育研究》2019年第10期，有改动）

第五节 《高等理科教育》序：再创辉煌

中国高等教育学会所属的全国高等理科教育研究会，筹建之初，就于1992年4月在厦门大学召开原国家教委所属综合大学和部分理工大学的教务处长座谈会。座谈会上，建议创办会刊，命名为《高等理科教育》或《高等理科教育研究》。第二年，《高等理科教育》创刊。

《高等理科教育》挂靠在全国高等教育重要研究基地之一的兰州大学，邀请当年兰大李发伸校长任主编。原国家教委高教司负责理科教学指导工作的陈祖福同志等为副主编，编委大多数是重点大学的教务处长，厦门大学当年的教务处长刘金桂是编委之一。而实际负责编辑工作的编辑部主任是对高等教育理论研究有素的王根顺同志。

该刊创刊之初，就受到许多老一辈理科专家的高度重视。谢希德、谷超豪等教授为创刊题词，全国高等理科教育研究会理事长、北京大学原副校长王义遒为创刊号写发刊词《庆贺的话》。

《高等理科教育》受到全国理科教师和高校教务处长、科研处长们的重视，这不在于声势浩大，而在于其内容丰富，刊登的文章接地气，特别是在理科的改革发展问题上。例如，理科教学理论研究、理科课程设置与教材建设，以及教务处长经验交流等专栏。

中国在20世纪90年代，对高等教育的改革发展所提出的指导原则是：思想转变是前提、制度改革是关键、教学改革是核心。这一指导原则是正确的。但自上而下的指示，往往停留在前提与关键上，不能进入教学改革的核心领域。时任高教司司长、后任教育部副部长和高教学会会长的周远清同志，他的主要贡献就在于组织全国高教界开展高等学校的教学改革发展的研究与实验。《高等理科教育》的主要贡献也在于深入课程、教学的核心，也就是现在所提出的要转变外延式发展为内涵式发展。内涵式发展主要是课程、教学与师资。希望《高等理科教育》在内涵式发展的政策指引下，依托兰州大学，聚集高等理科教育的研究者和领导管理者，回归初心，再创辉煌！

（原载《高等理科教育》2020年第1期，有改动）

第六节　精品在线课程《教育学》①序

　　教育，一个永恒的话题；教育，一个神圣的字眼；与人的生存与发展息息相关，与社会文明与进步密不可分。"教也者，长善而救其失者也"（《学记》）；"教，上所施，下所效也。育，养子使作善也"（东汉许慎《说文解字》）。教育在微观上表现为一种活动，教育者、受教育者、教育内容、教育方式和手段等要素共同构成教育活动的内部结构。教育在宏观上表现为社会的一个子系统，与人口、文化、经济、政治等其他系统共同构成完整的社会结构。教育对受教育者和社会具有一定的影响作用，在实践中会释放出教育的实际效果。自古以来，教育具有维护人类延续、促

———————

① 廖益、杨运鑫主编：《教育学》，首都师范大学出版社2022年版。

进人类发展、加快社会文明进步等多种功能。古人把"得天下英才而教育之"列为"君子三乐"之一。

我国教育学教材品种繁多，特色各异，共同繁荣和点缀着教育学的春天。本书由8所高等院校（教育研究机构）的专家学者集体编撰而成，是集体智慧的结晶，是教育学进入新时代的最新探索。全书坚持新颖性、问题性、趣味性、针对性、实用性、文化性、国际性等特色，注重历史性与现实性结合、趣味性与故事性结合、价值性与实用性结合的原则，联系教育者和学习者实际，结合地方特色，弘扬传统文化，提倡价值引领，整合梳理教育系统的资源和体系，重点关注教育活动的理论与实践，不断提炼教育者的传统、智慧和经验，聚焦调动学习者积极性、主动性。

如本书对"教育"这个概念的界定。传统教育学教材将教育定义为"教育是培养人的社会活动"，这个概念实际上是将"教育"替换为同义词"培养"，这虽然在概念间的外延关系上属于"全同关系"，但并没有真正揭示出"教育"这个事物的本质内涵或种差。所谓定义就是对于一种事物的本质特征或一个概念的内涵和外延的确切而简要的说明，或是透过列出一个事件或者一个物件的基本属性来描述或规范一个词或一个概念的意义。概念常用"属加种差"定义方法（被定义项=种差＋邻近的属）或"发生定义"来界定。分析一个定义的好坏要注意定义的特性，其中最重要的是其外延、内涵、歧义和含糊度。准确描写概念的内涵（描写其所有和仅有的元素的共有特征）有利于消除歧义和避免含糊，这对于一个概念的定义是非常重要的。本书采纳将教育定义为"教育是唤醒人的心灵促进人的成长的社会活动"，有其新意，在实践中更加具有导向性和可操作性。

在教材的编排体系上，全书紧紧围绕"教育"做文章，"日月之行，若出其中；星汉灿烂，若出其里"。全书共15章，分别是：第一章教育的起源与发展；第二章教育的结构与功能；第三章教育的组织与制度；第四章教育的改革与流变；第五章教育与生命、生活、生存；第六章教育者与学习者；第七章教育中的传承与创造；第八章教育中的课程与开发；第九章教育中的教与学；第十章教育中的科研与反思；第十一章教育中的管理与熏陶；第十二章教育中的教育评价；第十三章教育中的教育督导；第十四章教育与家庭教育；第十五章教育与终身教育。起承转合，一气呵成，逻辑清晰，自然流畅。

本书对教育的要素、结构与功能的探索，可以说是在学理上对教育学的一种渴求完美的理想和追求。不同的要素以某种结构方式存在和呈现，一定的结构产生一定的功能，不同的结构产生不同的功能。功能的释放与实现呈现出某种规律性，对规律性的认识、总结、遵循和利用推动着教育事业不断向前发展，"江山代有才人出，各领风骚数百年"。

本书第一次尝试将生命教育、生活教育、生存教育等内容系统地写进教育学教材，有其特别的意义。生命是教育的原点，教育必须直面生命，而不是知识。教育如何理解生命、尊重生命，找到生命的价值、赋予生命的意义，支撑生命前行？教育如何敬畏生命的天性，培育完整的生命，凸显生命的灵性，张扬生命的个性，唤醒生命的自觉，赋予生命发展的营养和动力，促进生命不断成长和可持续发展？教育即生活，生活离开了教育便不成为生活；教育离开了生活也不成为教育，学生成长需要家庭生活教育、学校生活教育、社会生活教育，教育如何回归生活世界（不同环境中与周围世界；对人生进行理解和解释的意义世界；主体与自我的关系世界）处理好生命与自我、生命与他人、生命与社会、生命与自然的关系？不会生存的人就像一具没有灵魂的空壳，教育如何完善人的生命质量，理性地面对世界。面对生存，学会一套生存本领和技能，掌握正确的生存方式，树立正确的生存观，造就生存智慧，较好地安身立命和学会成长？这是教育工作者需要思考的问题。

本书还将教育评价和教育督导分别单独成章，将教育的组织与教育制度相并列，将教育中的传承与创造相融合，加大教育科研和教育反思的篇幅，重视教育中的刚性管理和柔性管理（熏陶）的结合，将家庭教育和终身教育纳入考察领域，这些都匠心独具和特色突出。

当然，本书也存在一些需要继续探索的地方。如教育目标和教育目的的关系、教育行政与学校管理的关系以及教育中的教学如何从关注"教"向关注"学"转变等方面，尚需继续努力。

是为序。

2021年6月

第七节　《幼儿成长学》①序

儿童是祖国的下一代，是我们的未来，我们的明天需要他们去建设，我们的未来需要他们去延续。因此，关注儿童的健康成长便显得尤为重要，而了解儿童是正确教育儿童的前提。我国学前教育领域的国家文件与政策，一向强调学前教育要符合儿童的身心发展特点，好的生活环境能促进孩子的心理健康发展。宽松和谐的家庭环境，家庭成员中能与孩子相互之间友爱、和睦，孩子在家中有民主平等的地位。孩子有一个自由的生活环境，那样孩子在这样的环境中就能快快乐乐、无忧无虑地成长。

关注幼儿身心全面和谐发展，要注重学习与发展各领域之间的相互渗透和整合，从不同角度促进幼儿全面协调发展，不要片面追求某一方面或

① 鲁加升主编：《幼儿成长学》，吉林出版集团股份有限公司2021年版。

几方面的发展。要准确把握幼儿发展的阶段性特征，充分尊重幼儿发展连续性进程上的个体差异，支持和引导每个幼儿从原有水平向更高水平发展，按照自身的速度和方式到达《指南》呈现的发展"阶梯"，充分尊重和保护其好奇心和学习兴趣，创设丰富的教育环境，合理安排一日生活，最大限度地支持和满足幼儿通过直接感知、实际操作和亲身体验获取经验的需要，严禁"拔苗助长"式的超前教育和强化训练。

《3～6岁儿童学习与发展指南》中明确指出，将幼儿园活动游戏化，改变传统的教育教学模式，通过音乐的教育，以游戏的形式开展，可以有效地激发幼儿的学习主动性和积极性，给予孩子足够的自主学习空间，提供大量的合作交往的机会，这样不仅关注儿童音乐素养和学习品质的发展，更加关注儿童作为未来社会的"人"的全面发展。儿童教育要立足孩子们的现有基础，只有让孩子感受到快乐，他们才会有成长的快乐……一个好的老师要有能够培养孩子不断学习的热情和品质，鼓励孩子不断探索新的东西，并在这个过程中与孩子们一起不断实现自我完善。注重对孩子情感和社会品质的培养，让孩子们在活动中自由发挥，帮助孩子逐步养成积极主动的学习兴趣。因此在教学活动中要"变要求为邀请，变整齐划一为自主选择"。在教学过程中必须考虑每个幼儿的原有水平、个性特征等的个体差异，激发幼儿的学习主动性与积极性。

本书的理念紧扣学前领域的国家文件与政策的有关精神，有助于读者形成科学的儿童观和教育观，主动摒弃学前教育小学化的倾向。同时，本书在尊重传统知识体系、确保内容科学化的同时，也努力吸收新的研究成果，关注社会热点。

如何帮助学前教育专业学生学好这门重要课程？如何帮助广大幼儿教师和家长通过儿童的简单行为或者复杂活动，去了解儿童已有发展水平、儿童当下面临的困惑？如何准确地捕捉儿童的最近发展区和新的生长点，如何为儿童提供必要而不多余的支持？针对这些问题，作者经过了多年持续的教改研究和实践，也有所论述。因此，本书可作为高等院校学前教育专业学生、幼儿师范学校学生使用的教材，也可以作为广大幼儿教育工作者、广大学前儿童家长阅读的参考书。

幼儿成长学是对幼儿成长与发展过程的积极探索，是作者的初步研究成果，因此本书的编写难免有不够完善之处，可以继续努力，不断完善。

2021年2月24日

第八节　潘懋元先生点评"高等教育生态系统管理——生态承载力"①

贺祖斌校长今天的这个报告有三个部分。第一个部分是高等教育生态理论，今天的理论表述比你以前的高等教育生态学有了很大的前进，研究更加复杂，不像过去比较简单。第二个部分，主要是谈在这个过程中高等教育生态失衡的问题，主要以大学招生作为例子来分析失衡的情况，所以这部分他谈得最多。但实际上谈的不是招生问题，谈的是在管理上生态失衡存在的问题。最后一部分，谈的是生态文明，也就是比较理想的境界。从生态失衡谈到生态文明，也就是要认真地研究生态承载力，这是最主要的部分。承载力，也就是说不能用很机械的、简单的计算方法来计算师生

---

① 2019年11月30日晚，贺祖斌应邀参加主持厦门大学教育研究院的博士论文答辩，期间为全院研究生开讲第123期厦大讲座，内容是：高等教育生态系统管理——生态承载力。潘懋元先生亲自参加了讲座，讲座结束后潘懋元先生做了点评，本文由贺祖斌录音记录。

比等教育管理中的问题，因为教育是人的教育，人具有主观能动性。因此，很好地发挥人的主观能动性能够增加承载力，但是不能过分夸大。刚才谈到的这个问题很重要，生态承载力有一定的弹性，但是不能超过限度。因为过去的教训，过去所谓的"人有多大胆，地有多大产"，好像人的主观能动性是可以解决一切问题的。但这是不行的，只能够在一定限度里发挥人的主观能动性，这就是报告的第三部分生态文明。总的来说，第一部分是现象、基本理论，重点是生态失衡问题，最后谈到生态文明，也就是如何提高生态的承受力，但是不能主观要求过分地提升。

那么具体运用到广西教育中，我觉得有一点需要注意，有些生态观是可以调整的，包括专业，但是千万要注意，专业"上马容易下马难"，要上一个专业大家都高兴。比如现在的商务英语专业差不多每个学校都有，因为英语老师说别的学科有专业，我们没有专业，那是不行的，我们每人开一门课程，外语的专业就能搞起来了，因此商务英语专业差不多很多学校都有，但到底是不是需要这么多呢，既然已经设立了，要撤销不是太容易的事情。还有一个过去的教训，在新中国刚刚成立的时候，高等学校学习苏联，不学英语、学俄语，后来学英语、不学俄语了，但是俄语老师怎么办，这不是很容易处理的问题，因此在调整的时候要很重视这方面类似的问题。

另外，还有一个问题，现在独生子女已经进入大学，针对这个问题应该怎么看待。2008年高考报名的学生数量突然下降，因此，当时有关部门就说，这是因为现在都是独生子女了，上大学的适龄青年数量减少了，所以2008年是一个拐点。但是，我当时认为不对，适龄青年数量减少了，但是上大学不光只是适龄而已，上大学还有另一个条件，必须是高中阶段毕业，不管是普通高中还是中职，高中阶段学生数量在增加，因此报名人数在减少是因为新的"学习无用论""读书无用论"出现了。为什么会出现"读书无用论"？因为大学毕业生的工资水平很低，那个时候大概每月有四千块钱就很不错了。但是念四年大学要花四万，花四万毕业后每月赚四五千。如果这四年不用来读大学、去打工，可以省下四万，另外打工四年后，工资水平也不一定会比大学毕业生低。所以，在那种情况下我提出了新的"读书无用论"，但是后来这个观点被有关部门否定，他们说没有领导提出2008年是拐点。但我还是坚持认为上大学有两个条件，一个是适龄，一个是高中阶段毕业。我们的高中毕业生一年比一年增加，而且现在又提出要普及高中教育。据最近统计，现在高中教育普及率大致在80%以上，将近90%。

贺校长作为一名校长，能够坚持研究，坚持理论研究，坚持大学生态学的研究，而且今天研究得更具体、更深入，同时还能结合他的工作，我认为这样的校长是很不错的。贺校长和厦门大学关系很深，他曾经在厦大挂职，挂职的时候写了许多随笔，都是很多人平时关注不到的内容，又生动、又深刻，文笔也好。比如他到厦大咖啡屋去享受咖啡，关注大学咖啡文化。后来，他到玉林师范学院当校长，那时广西全区的教师培训不是在南宁，就是在玉林，因为他在玉林。那个时候，我也去过玉林，从南宁下飞机后要坐两个小时的汽车才到玉林，那时他已经把玉林师院办得有声有色。再后来，他调任到广西全区最大的第一所师范高校广西师大。今天我听了很久没有见的老朋友的报告，受益匪浅，谢谢！

2019年11月30日

第八章

补遗

第一节　一年来中国教育的回顾

教育建筑于历史的客观条件之上，而也反映时代的进程。在动乱的时代中，不会有安定的教育，在非常的局势下，焉能期望教育正常的发展，知一年来的中国政局如何？财政如何？民生如何？便可知一年来的中国教育可能如何？本文拟根据数量，先概括近年来各种教育大要，并逐项分析各种特殊现象。全文未严分条款，所以先将纲要先行提述如次：从量方面看高等教育——量的扩展是否可能——经费的限制——学生失业问题——公费制度与助学运动——胡适之先生的十年计划——中等教育的数量——修订中学课程标准——男女分校——初等教育的数量——国民教育质量均差——识字运动的成绩——学潮的分析——结论。

从量的方面来看一年来的中国教育，可以说，无论高等、中等、初等、师范、职业各种教育的学校数、班级数、学生数都有可观的增加。甚于识字运动，也有相当的成绩，教育经费的数字或百分比也较为增加了，在动乱的年头，中国教育为什么并不萧条，反而"繁荣"呢？这现象当然值得我们在后面进一步深究的。

先自高等教育的数量说起，抗战胜利时，全国专科以上院校共一百四十一所，学生八万零六百四十六人[①]；去年底乃增至一百八十二院

---

①欧元怀：《抗战十年来的中国大学教育》。

校，学生达九万五千四百四十一人[1]；今年一年来，院校仍续增，现在总数达一百九十七院校（私立湘辉学院尚未计入）[2]，学生数据朱部长的报告为十一二万人[3]。兹将廿五年（抗战前）、三十四年（胜利时）、去年、本年高等教育院校数作一比较如下：

	大学				独立学院				专科学校				共计			
年	国立	省立	私立	共计	国立	省立	私立	共计	国立	省立	私立	共计	国立	省立	私立	共计
二十五年	13	9	20	42	5	9	22	36	8	11	11	30	26	29	53	108
三十四年	22	—	16	38	17	17	22	57	17	19	16	52	56	31	54	141[4]
三十五年	31	—	22	53	21	16	25	62	18	29	20	67	70	45	67	182
三十六年	31	—	22	53	25	17	25	67	20	37	20	77	76	54	67	197

表一

从表一我们可看到高等教育在量方面扩充的速度。抗战十四年间，增加了三十三院校，胜利后一年间便增加达四十一院校。本年来，虽增加数

---

[1] 陈东原等：《一九三七年以来之中国教育》。

[2] 《教育通讯》第二卷，第十一期，《全国公私立专以上学校一览表及本年各期教育部公报》。

[3] 朱家骅：《对第四届国民参政会第三次大会报告一年来教育施政工作》。

[4] 统计结果与表内数据所得结果不符，部分数据或许有误，编者注。

目较去年间为少，只有十七院校，但去年为甫行复员，有许多院校系在收复区重编改办，此一年间的十七院校，则几于全系新办者，同时不止院校增加十七，已有院校增院增系增科，为数更大。兹将一年来教育部命令或核准全国各院校增置院科系者列下[1]计：

北京大学三院十四系

浙江大学一院（医学院不分系）

山东大学一系二科

厦门大学一系

中央大学二科

中山大学三科

武汉大学二科

兰州大学二科

安徽大学一院二系

贵州大学一系

"台湾大学"四系七科

北洋大学一院三系

南开大学一院二系

湖南大学一系

大夏大学一系

中国大学二系

中法大学三系

广州大学一院

云南大学一组

东北中正大学一组

四川教育学院一系二科

社教学院一系

---

[1] 本年各期教育部公报。

河北工学院一系

南通学院一科

南宁师范学院二系

广东工专二科

江西体专一科

北平艺专一科

共增置八院四十系二十五科二组，而减少者只有安徽省立安徽学院近年结束三系。至于学生数，战前的二十五年原只四万一千九百二十二人，年来连青年军复员，沦陷区学生加入，已达十二万人，这庞大的数字，正如朱部长所引以为豪："较战前学校增加百分之八十以上，学生则几及三倍。"①

若单从量的统计上言，则这种高等教育的扩展是需要的，而且可以说，这样的扩展尚嫌缓慢，美国人口只有中国的四分之一，而大学院校达一千二百所。要建设中国，所需的干部人才绝不止此数；要成为一个文明的国家，此人才的比例尚嫌太少。但若自此时的中国现况而言，量的剧增颇须考虑。首先，我们要问：中国目前有况大量扩充高等教育的先决条件。所谓先决条件包括：师资，设备，经费。其次，我们要问：如此大量出产，是不是有可以容纳的"市场"。

先讨论第一问：关于师资方面，大学师资之不足，程度之低落，是不容讳言，教育当局有见及此，所以一方面在国内多增研究所，战前全国各校设置研究院或研究所者，计十二校，四十五学部，卅三年已达二十五校，八十六学部。②本年五月，教育部废止《大学研究院暂行组织规程》，颁《大学研究所暂行组织规程》，就在利用各大学校较优的科系的师资设备，化整为零，多方面培养大学师资。除将原有各研究院、各学部改为研究所外，年年增设研究所也颇不少。如上海医学院增设病理研究所，浙大增设物理、化学、教育三研究所，中央大学增设社会、法医二研究所，

---

① 朱家骅：《对第四届国民参政会第三次大会报告一年来教育施政工作》。

② 陈东原等：《一九三七年以来之中国教育》。

沈阳医学院增设五研究所，重庆大学增设二研究所，这样全国研究所已达百数，每年可以培养出来的人才，为数当不少。国外留学生的资送，可谓尽最大努力。卅五年所考取的公费生一百四十八名，已全部出国，自费生一千二百一十六名，也以黑市外汇八分之一的官价送出了大半。其实出国留学生，包括"豪门走狗，公子王孙出国远游"（见五月十五日南京第二次自费留学生同学会宣言）者数量常十倍于此。据统计，"卅五年七、八两月份赴美攻读者已达四千三百人"，唯据教部主管人事表示：卅五年全年由教部正式派赴美国讲学，考察研究者，总数不到四百人。[①]但不论如何，出国留学，尤其是赴美攻读的必甚多。而且这"多"不是自今日始，乃是在昔已然。全国一百九十七院校，需要多少留过学，进过研究院或学有专长的师资？是不是中国目前人才无法供应一百九十七院校的需要？是不是今日在外国或研究院攻读的学者将来能充分被用作高等教育师资？这实在很难说。师资缺乏的症结，不在乎中国专材的缺乏，而在乎教授待遇之太差。一年来大学教授之因有断炊之虞而辞职，罢教或愤慨陈词的，已是素见之事，教育部虽来一个教授年功加俸办法，把月薪的最高额自六百元提至八百元，但这种精神的奖励究挡不住生活的需要，有的难责其不改行。此外，在国外研究完成的不肯回来，宁可在外国大学做助教不愿意回来当教授。稍有资望的也纷纷跑出国外，本年一月至九月底，应约至外国研究或讲学的，便达二百一十四人。[②]一方面是师资不足，一方面是好的人才外流。现成的人才不能利用，尚未培养成功的人才是否便把握得住呢？

设备方面，昔日所有毁，损过半。接收，索回，赔偿而能够用的，究竟不多。新的图书仪器机件，多半要靠美国运来。美汇现在用处甚多，分配作教育设备此种"不急之务"能有多少呢？教部本年度预算中作为专科以上学校扩充设备之用的美汇总数就只有三十万美元，说句笑话，全国一九七院校和教属文教机关平均分起来每一单位不足二千美元。够什

---

① 《中华教育界》第一卷，第一期，《教育动态》。
② 《教育通讯》第四卷，第二期，《教育与文化》。

么用？联总所赠四百万美金图书仪器，指定分给收复区的工、农、医三方面，本年已运到一部分，但忽然移去一百五十万美元作为购买棉花之用。联合国文教组织年来算是送了中国一点图书、刊物，其间较足提的是四十五部大英百科全书。此外教会学校多少也得到些美金，但多是用以维持学校经费而少有余款可以扩充设备。所以，没有分出的"美式配备"的高等教育遂相形见绌了。

再说经费方面，本年因全国总预算教育经费的百分比太少，曾为学潮的一因。究竟教育文化费有多少呢？有人说百分之三，有人说百分之三点六；本年五月廿五日，朱部长应参政会的质询，说是百分之四点七九，计三千八百二十一亿八千零八十万元；并说较去年的百分之二点零六是增加了许多。本年的军费支出，远较去年为多，教育文化部门，百分比也竟能高于去年，而且高了一倍；此事诚令人费解。当然我们不敢不相信官方的数目字，但是此中的巧妙处乃在追加预算的比例如何。六月初，国务会议为应学潮所提增加教育经费之要求，特通过拨特别教育经费二十五亿，近又闻增拨扩充改良费六百亿。但国家其他部门的特别追加多少呢？明眼人不必多争辩；在这漫天烽火之中，教育文化部门要获得较充裕的经费以扩展事业，是不可能的。

再讨论第二问：增加人才的培养，是否这些人才能为国家利用。在计划教育之下，每个人才的培养，必定是为适应某种需要，才不致浪费。今日中国高等教育，每增一校一院一系当然不是毫无目的，可是问题乃在等到人才培养出来之后，事过境迁，还是要学生自己钻出路。因此不但成为国家的浪费，抑且成为个人的痛苦。在这国家需材孔亟的时期，大学毕业生失业竟成为严重问题。下列两项通讯照录如次：

本学期各地公立大学相继放假后，据教育部方面统计，应届毕业生连独立学院在内当在一万五千人以上。此批学生，除一小部分工科或电机科毕业生因需材孔亟而能谋得相当职业外，其大部分毕业生，如文理法商各院毕业生若非有相当之私人关系实难谋得一枝之栖；尤以文法两科，据切实统计，能毕业即得业者，百不得一。此种现象已引起各地严重之社会问题。

日前平津两地，曾有毕业学生二百余，联名向教部呼吁，文内有称："单以平市一隅讲，女性毕业生全部被机关拒用，北平师院毕业生能就任教职者，不足十分之一；北大毕业生四百五十一人，清华二百六十九人，皆三分之二以上无业可谋；此种现象，如不亟早筹谋决策，甚将引起一部分严重之社会不宁。"此种情形，国立大学如此，私校当更不堪设想。[①]

为解决失业问题，行政院[②]于本年一月颁布《解决大中学生毕业后失业问题办法》，等因奉此，究无俾于实际。远的不说，本地厦门大学，每年毕业生由教育部或其他政府机关安排职业的不及百分之五，绝大多数都要依靠私人设法。因此，政府当局一面是感到某科某系人才不足，须增科增系以培养，一方面却愁于学生毕业后的失业问题。此种矛盾，何日能获解决？

学生数量增加，不但毕业后的失业问题可能越来越严重；而目前在校学生之生活，政府也因所负数目过巨，无法负担，急求卸较。原来卅六年七月以前，全国国立中等以上学生暨省私立专科以上学校学生多数得到贷款或公费的待遇。卅二年所颁定的《非常时期国立中等以上学校规定公费生办法》中所定公费名额甚宽。少数学级为百分之四十五，多数达百分之七十以上以至百分之百。卅五年百分比稍加减低，而本年开始全国公费名额，便达十九万二千六百名。预算中的公费支出为五百二十三亿八千四百八十万元，占教育文化部的预算总额百分之十三点七强。[③]这笔花费政府已感可惜；再经五月间学潮有争增加副食费之事，遂索性于卅六年度开学时改订公费办法，并颁奖学金办法。这两种办法的要点如下：

一、师范生，保育生，青年军复学生，边疆学生，革命及抗战功勋子女，就学荣誉军人等一律仍给予公费。

---

① 《中华教育界》第一卷，第九期，《教育动态》。
② 南京国民政府最高行政机关，编者注。
③ 朱家骅：《最近工作述要》。
　安骥：《演革之创立及公费度》。

二、卅五年度以前核给贷款或公费有案者，一律仍续给公费。但修业期间学业成绩有一项不及格者即停给。

三、卅六年度新生得授予奖学金，但名额不得超过考取新生百分之二十。

四、私立专科以上学校学生不给公费或奖学金。

这些要点，总一句话说，就是尽量减少公费名额，使学业成绩中等或修业稍不留意的，便不能享有公费。是以本年九月开学，贫穷学生，被淘汰的颇为不少，浙大等校呼吁增加公费名额，终归无效。公费名额增加既无望，私校收费又昂贵异常。上海私立大学曾决定卅六年度上学期学费标准为一百四十万元至二百万元，而事实上杂费、准备金远过此数，每一私校学生，入学时动须缴交四五百万元，再加膳费零用，便非千万莫办。因此学期将开始时，青年失学情势颇超严重。"抢救失学"呼声，响彻各地；平、沪各地，就重提起由来已久的助学运动。大同大学先有助学金委员会之设。上海各校代表于六月廿七日开会，决定组织上海市学生自助助学总会，发动大规模助学运动；北平大中学校十余，于八月八日组织助学委员会，以北大为首在会址所在地北大贴着标语："贫穷像一条河，我们的伙伴被隔在河的那边，好心肠的朋友们，把他们渡济过来！"运动方式有普售助学章，义卖，演剧，音乐，体育表演以至于组织擦皮鞋队，洗衣队。接着各地纷纷响应，在上人士亦协力提倡，遂蔚成与学潮媲美的大事。厦门亦于国庆前后举行。以自助方式来解决求学用费，本来是很有意义的事。十年前上海"孤岛"上，社会混乱，家庭离散，失学青年呼救无门。有心人士，便曾推行助学运动，救助青年学生急需而收宏效。但今年蓬蓬勃勃的助学运动，结果却并未替多少失学青年解决若干急难。中华教育界论坛且指出："助学运动的存在，也可以说是对于现阶段'中国教育'的讽刺"。而主张"政府应从调整预算，广设学校或津贴私立学校，无条件培植青年这一方向努力。因为教育人民是国家应尽的义务，也是青年应享的权利。"[1]一般认为此次助学运动，所以不

---

① 《中华教育界》第一卷，第九期。

能持久及收宏效，约有下述数点原因：

一、助学运动方式多为募集款项，而非自力生产故不能持久。

二、社会贫穷，一般人士多无余力可助，少数富豪又不肯慷慨倾囊，所以所得有限。

三、贫穷失学青年过来，粥少僧多，所得补助，无济于事，所以助学运动不但不能解决学生生活问题，连缴交学费也不能解决。

现在助学运动意兴已阑，而学期又将交替，若干徘徊于失学线上的青年，正待救济哩。

高等教育量数的增加，困难既多，浪费亦甚。所以国内反对之声甚多。国民参政会第四届第三次大会决议文对于高等教育便有如下意见：

"近数年来，全国专科以上学校急剧增加，数近二百，然设备不充，师资不足，量赘而质薄，为识者所太息，此后如何使质与量俱进，实为教育部所应时刻注意之问题"。如何使质与量俱进，并无下文。倒是胡适之先生提出了具体意见，主张十年内国家不再添设大学或独立学院，应尽全力培养五个至十个优良大学，（前五年五个，后五年五个）发展其研究工作，使成为第一流的学术中心。据说如此可以集中人才，集中设备，提高素质，争取学术的独立。这一计划发展之后，极引起教育学术界的重视，议论纷纷，但不幸大多数感兴趣的是那五个大学将幸运地首被发展，邹鲁先生且因名单中没有列中山大学而大发牢骚，似乎这计划即将执行一样。自理论言，胡适先生的计划自有其特殊见解，集中人才设备以提高素质当然可望较为有效。可是这计划的缺点仍在于忽视现实环境，未顾虑到在目前的中国，财政如许困难，要容许五个大学特别发展，事实仍是不可能的，十月十二日大公报星期论文引李济琛（深）的话："一师兵每月的开支便是十二万万元，而办一座大学每月的预算却只有三千多万。养一师兵的费用可以维持三十九座大学"。这话经过反复辩论之后，已证明其不虚。那么，在这兵不能少养的今日，即使宪法已经实行，百分之十五的预算额暂时恐仍无法实现。胡氏的计划是以"宪法生效"为前提，前提若未确立，计划便仍不免落空，平心而论，高等教育，并非量影响质，而是质与量均有待改进。

其次，要提到一年来中等教育的情形。仍从量方面先说起。抗战以前，全国中等学校为一千八百九十六校，学生三十八万九千九百四十八人。胜利前已增至三千七百四十五校，学生一百一十六万三千一百一十三人①校数已增加一倍，学生数增加二倍。复员第一年，新设及恢复中等学校校数更达一四三零校。列表如下：

省市	公立中學 恢復	公立中學 新設	私立中學 恢復	私立中學 新設	合計	備註
江蘇	61		75		136	未分恢復與新設
浙江	2	3	18	12	35	恢復之中學未分公私立
安徽	5	29		21	55	
江西	2○		3		27	
湖北	9	3	32	31	72	
湖南	4	9	1	26	34	
四川		2	2		22	
西康					……	未分恢復與新設
河北	2	3	16		48	未分公私立
山東	2	1○	3	13	38	
山西					5	
河南	4	3○	134	19	227	
陝西	1	7	2		1	
甘肅					……	
甯夏	9	58	13	2	391	
台灣			5	13	25	
福建	2○	46			72	
廣東	119	1○	5○	6	185	係廿四年及廿五年間年
廣西	2	7	1	4	14	字數
貴州	1				7	
雲南	16	2	2		2○	
熱河	3	1		4	8	
綏遠	4○	1○		6	57	尚未據報
甯（察）					……	
新疆	17	2	1		2○	尚未完成接收工作
遼寧	3				2○	未分公私立
合江	1	1			4	未分公私立
嫩江	1	5		2	29	係松興省各市縣立者
遼北	○	1			1	
安東	5	9	14	7	3○	係松興省各市縣立者
松江		9	5	8	1	
黑龍江	6	4			9	外私立中學遷入市區者
吉林		4			1○	四校
興安	3	3	15	12	3○	
南京					13	
上海					1	
（計）校	512	318	398	202	1430	

---

① 《教育通讯》第二卷，第九期，《一九三七年以来全国各级学校校数及学生数一览表》。

省市	公立中学		私立中学		合计	备注
	恢复	新设	恢复	新设		
江苏	61		75		136	未分恢复与新设
浙江	2	3	18	12	35	
安徽	5	29		21	55	恢复之中学未分公私立
江西	20	3	3	1	27	
湖北		9	32	31	72	
湖南	3	4	1	26	34	
四川		22			22	
西康	……	……	……	……	……	
河北	32		16		48	未分恢复与新设
山东	12	10	3	13	38	未分公私立
山西	5				5	
河南	44	30	134	19	227	
陕西	1	7	2	3	13	
甘肃		1			1	
青海	……	……	……	……	……	
台湾	93	58	13	2	391[①]	
福建	1	6	5	13	25	
广东	26	46			72	
广西	119	10	50	6	185	系卅四年及卅五年两年数字
贵州	2	7	1	4	14	
云南	4			3	7	
热河	16	2	2		20	
绥远	3		1	4	8	
宁夏		1			1	
新疆						尚未据报

---

① 统计结果与表内数据所得结果不符，部分数据或许有误，编者注。

（续表）

省市	公立中学		私立中学		合计	备注
	恢复	新设	恢复	新设		
辽宁	40	10	1	6	57	
合江		1			1	
嫩江						尚未完成接收工作
辽北	17	2	1		20	
安东	20				20	未分公私立
松江	3	1			4	未分公私立
黑龙江		1			1	系与松北各省市联立者
吉林	20	5	3	1	29	
兴安		1			1	系与松北各省市联立者
南京	5	4	14	7	30	
上海	3	9	4	5	21	
重庆		1		8	9	外私立中学迁入市区者四校
北平	6	4			10	
天津		3	15	12	30	
青岛	3	1	4	5	13	
总计	512	318	398	202	1430[①]	校（祥）

　　截至三十五年底止，全国中等学校已达五千一百七十五校。本年新增数量若干，尚无全国性的统计数字可见。但自各省市复员报告中看，数量当也不少。较战前增加两倍，应是绰绰有余。这样我们可以断言，中等教育量的增加，是较高等教育为尤甚。高等教育数量增加之后所发生的困难，同样存在于中等教育中。国立中等学校，为数不多，省库自恢复三级财政之后，支绌殊甚，无力兴革省立中学。县市中学则更多是因陋就简，师资很成问题，设备大半除桌椅之外，不知教育仪器为何物。私立中学新办者极多，私人不能办师范学校，只有普通中学与职业学校两种。在国民

---

　　① 统计结果与表内数据所得结果不符，部分数据或许有误，编者注。

经济疲惫实业不振的今日，有多少人能倾囊捐资兴学？有多少实业家因需要实艺人才而办学？闽粤一带，尚有少数新办中学是华侨热心兴设，其他地方，则大半乃是迎合潮流，投机取巧，高收学费，称为"学店"。学店的目的在营利，自谈不到设备师资。这种学校，不但降低学生程度，而且降低教育地位。是战后中等教育最大的污点！

这一年关于中等教育方面，有两件事应值提述。一是关于修订中学课程标准之事，一则关于男女分校的"命令"。中学课程，数年来时有改变。大体上的要点有：一、减轻学生负担；二、分组教学以适应需要；三、课外活动，军事课程，劳作等科的加重或减轻；四、外国语的存废。课程的订定本来有待于教育方针与制度的决定，反映着方针与制度的不定，中学课程时时在摇摆之中。本年中学课程标准，又准备大事修订。据悉原则确定如次：

（一）教学科目方面，初中计有体育，国文，外国语，数学，博物，生理及卫生，理化，历史，地理，公民，实用技艺，音乐等十二种，高中计有体育，国文，外国语，数学，生物，化学，物理，历史，地理，公民，实用技艺，看护（女生），音乐等十三种。其中变更是初中减少童子军，图画；高中减少军训，矿物，图画；初中理化合一；高初中均将劳作改为实用技艺。

（二）教学时数方面：初中一、二、三学年为十五、二十七、二十九小时；高中一、二、三学年为二十六、二十五、二十三小时，均较现行三十一小时为少。但各增加辅导四至六小时，初高中第三学年得设选习科目四小时。

（三）教材内容方面：1. 数学科初中算术删去"四则教材"，高中删去"大代数"及"解析几何"；2. 理化科以混合数学为原则；3. 国文科删减艰深之国故教材；4. 实用技术科教材，以日常生活应用技术为中心，如电灯、汽灯及钟表，收音机或各项农具家具之修整或制作等知识技能之训练，期其能解决现代国民日常生活应用技术上之困难。

这些改革原则，果能付诸行是远较以前九次修订都来得彻底而有益于中学生。据云，现已有分科审定中，不久当可公布。不过公布之后，是否能有效实施，却就难说。各校为要提高学生程度，每随意增加所谓主要科的国，英，数，至于副科的音乐，体育等，则每有名无实。新置的实用技艺科，原意极佳。但在事视势作以及缺乏技艺师资的情形之下，会不会流为空头科目，还有待乎努力。此外，有新课程，必须有新教材，与乎合用的教材。现在中学中所用的课本，抗战前出版的仍不少，较新版的课本，又竞相将教材增繁，文字加艰，以自翊其程度高。所以我们除急盼新课程标准从速颁行之外，尚亟盼从速发行与新课程标准相符的教科书及教科仪器图表，课程改革才算彻底。庞杂而无常的师范学校课程，尤盼急加改革。

中学男女分校合校的老调，今年又因教育部的命令而重弹，教育部于教育复员期间，交通令全国于教育复员时各省区中等学校应实行男女分校。各校已有女生者，应合并办理女子中学。通令中并举出苏联为例。于是事实上已实行了近卅年的男女分校制度又成问题。老调重弹。各方面讨论文章甚多。理论上男女分校合校，当然各有利弊。世界文明各国，均有朝向分校的趋势，也是事实。苏联一九四三年七月决议在一切工业城市及各个共和国中心地点，七年制及十年制中等学校实施男女分校，是一种更进一步的措施，也为大家所共认。但问题是在于中国目前的情境，是否可与一九四三年的苏联比，抑或还应先效法一九二一年苏联的措施。人家从合校进到分校，乃是已经通过某一特定的过程而做更进一步的发展，我们是否可以好高骛远，躐等前行。英国教育家蕯特拉氏曾谓："男女同学是否可行，应以社会情况为转移，因国家因地方可有不同，而此种社会情况对于教育组织之影响最大"。作者亦曾设问如下："我国主张中学男女分校的人们，应从时间与空间来比例苏联与我国的情形，看看是否可以将苏联一九四三年的改革案援引到我国来？即是说：我国男女地位是否如苏联般平等？我国女子受教育的机会是否和男子相等？我国的男女社交是否已经很公开？——除学校以外，任何地方男女都有自由接近的机会。还要问我国的中等教育经费师资是否足够负担大量新增的女子中学？我国多数地方是否有够办一所女子中学的学生数？我国的生产分工是否很精细而亟须予男女以不同的生产教育？如果没有这些条件，则男女分校是别有用意的。"[1]

目前中国中学男女分校，不但是理论上的反对者多，也是事实上的无法实行。所以教育部近又通令，全国暂缓施行了。

再次，应该谈到初等教育。此处初等教育包括国民学校教育与识字教育两者。先自国民教育之数量方面说。根据教育部本年六月份所发表统计，全国初等教育学校数为二十七万校，学级数为六十八万级；平均每校二级半左右；在学儿童二千一百八十三万，平均每校八十人左右，每级三十二人左右；教职员七十八万人，平均每校不足三人，每级不足一点一七人；全年经费数为二百十九亿，平均每校八万余元，每个在学儿童一千元。列表如下：[2]

校	共　　计	269，937校	680，298级
	中心国民学校	32，015校	193，963级
	国民学校	214，658校	406，833级
级	小　　学	22，236校	76，613级
	幼　稚　园	1，028校	2，889级
	国　　立	38校	249级
数	省　　立	575校	4，449级
	县　　立	254，037校	616，708级
	私　　立	15，287校	58，892级
在学儿童数	男	16，248，556人	共21，831，999人
	女	5，583，342人	
毕业儿童数	男	3567，421人	共4，688，608人
	女	1121，185人	
教职员数		785，224人	
全年经费数		21，863，334，281元	

---

[1] 《星光日报》四月份星期论文拙作：《勿以苏联男女分校例中国》。
[2] 《中华教育界》第一卷，第八期，《论坛》。

			269 937校	680 298级
校级数	共计		269 937校	680 298级
	中心国民学校		32 015校	193 963级
	国民学校		214 658校	406 833级
	小学		22 236校	76 613级
	幼稚园		1 028校	2 889级
	国立		38校	249级
	省立		575校	4 449级
	县立		254 037校	616 708级
	私立		15 287校	58 892级
	在学儿童数	男	16 248 556人	共21 831 999人
		女	5 583 342人	
	毕业儿童数	男	3 567 421人	共4 688 608人
		女	1 121 185人	
	教职员数		785 224人	
	全年经费数		21 863 334 281元	

由上表可以看出国民教育在数字上已表现非常贫乏艰绌。每校全年预算额只有八万元，每级只有一点一七教职员。每个学生政府供给的教育费只有一千元。这是如何不公道的事。而且在国民教育实施第一次五年计划已满期，第二次五年计划已开展了一年半的今日[1]，国民教育的官方报告数字，并未见有可观的发展。兹将民卅年（第一次五年计划开始实施），卅三年、卅四年（第一次五年计划满期）以及本年（第二次五年计划已施行一年半）的统计列表比较如下：[2]

---

[1] 国民政府为实施国民教育，订定两次五年计划，第一次自民国二十九年至三十四年，第二次自民国三十五年至一九五〇年。

[2] 陈东原等：《一九三七年以来之中国教育》；《中华教育界》第一卷，第八期，《论坛》。

年期	学校数	学生数	教职员数	备注
卅年	220 213	13 245 837	490 053	卅年卅三年及
卅三年	273 443	18 602 239	705 757	卅四年统计系
卅四年	254 377	17 221 814	655 511	根据后方24省
卅六年	269 937	21 831 998	785 224	市

右表可见本年国民教育的校数，虽较卅四年略多百分之六，而反较卅三年少百分之一（而且卅三、卅四年只根据后方二十四省市），较之第一次五年计划刚推行时亦不过多百分之二十二。其他学生数、教员数虽均略有增加，但比较高等教育那种"较战前学校增加百分之八十以上，学生则几及三倍"。与乎中学学校数增加近两倍，学生数增加两倍以上。真是相形见绌。据基本教育会议中国筹备会所提报告，学龄儿童，全国约有六千七百万人，除已在校者约二千一百余万人外，至少尚有四千五百万人应设立学校以容之，但现在二倍以上的学龄儿童被摒于义务教育之外，实令人唏嘘！

以上只是自官方公布的数字看进来国民教育情形。若自实质上言，则更不能乐观。国民学校教师待遇之差，每况愈下；因此师资之不足，并不因连年多量培养师范生而稍充裕。地方教育经费，更被各地地方政府视为非急之务而移作其他粮役等开支。内地国民学校，借学生，报虚册，固不必说；各大城市国民教育，也一落千丈，这是有目共见之事，不必多赘。全国首都的南京，教育素称最发达。据官方的视察报告，情形乃亦如此：

"南京共有学龄儿童十三万三千六百七十三人，在市立小学儿童五万七千人，在私校儿童九千九百人，失学儿童六万六千七百七十三人。小学共计有一百一十七所，凡一千零二十三班。教职员共有一千六百五十人，合格者一千二百二十四人，师资百分之七十为师范毕业生。此次系就全市城乡各区抽查四十余校，学生程度较之战前平均普遍降低二学年，纪律与守秩序之精神，亦较战前为差。至于健康儿童不及总数百分之十，患沙眼者百分之九十以上，营养不良者百分之二十至三十，患伤风者百分之六十。教员生活太苦，无法从事进修，教学精神亦为减退。彼等最感觉缺乏者为教授书与参考书。并希望将国语、常识分开讲授。战时教材不适用于平时者，城市小学适用之教材，不适用于乡村小学者，彼等均希望另行编订。京市小学设备甚差，约有一万学生桌凳不全，甚多教室玻璃窗尚未装配，以至学生常患伤风。厕所尤宜改善。"

南京如此，官方之报告如此；其他穷乡僻壤，实际情形如何？更是不堪设想。第四届国民参政会指出："……因县市财政收支系统之改变，国民学校经费遂令乡保自筹。当此农村经济濒于崩溃之际，深恐具有五十年历史之初级教育骤遭摧残陷全国儿童于失学之境地……"这实在是我国教育之一大危机。远东区基本教育会议今年九月特在中国首都举行，曾轰动我国在朝诸君及大批教育家忙于报告计划。现在基本教育会议已圆满完结，中国的基本教育能用此获得多少的改进呢？经费无着，时局不安；一切方法，实验成果，能够付诸实施吗？

初等教育的识字教育，本来是最重要的，而也为国民政府定都南京以后一件努力的教育工作。然而经过十九年的努力，中国文盲，还是居世界文盲比例前列。兹将陈友松氏所编各国文盲百分比比较表列下：[①]

---

① 陈友松：《各国基本教育鸟瞰》。

文盲在20%以下之国家			文盲百分比较高之国家		
国别	年度	文盲%	国别	年度	文盲%
1. 奥大别①	1930	10.4	1. 印度	1931	84.0
2. 比利时	1930	11.0	2. 埃及	1927	85.7
3. 英国	1931	4.4	3. 土耳其	1927	91.8
4. 法国	1931	11.5		1934	55.1
5. 德国	1933	0.9	4. 墨西哥	1930	59.3
6. 爱尔兰	1926	7.5	5. 意大利	1921	26.3
7. 荷兰	1931	3.7		1935	19.0
8. 瑞士	1931	0.3	6. 巴西	1920	67.0

---

① 因年代久远，此处名称已无从考据，编者注。

（续表）

文盲在20%以下之国家			文盲百分比较高之国家		
9. 美国	1920	4.3	7. 葡萄牙	1920	65
10. 加拿大	1931	3.79		1930	31.9
11. 澳大利亚	1931	1.1	8. 西班牙	1930	44.0
12. 捷克	1921	男 6.1		1935	31.1
		女 7.1	9. 希腊	1928	43.0
13. 芬兰	1920	男 1.1		1935	32.0
		女 3.3	10. 波兰	1921−3	32.0
14. 日本	1927	0.7		1935	21.0
15. 爱沙尼亚	1926	3.0	11. 保加利亚	1930	58.1
16. 苏联	1935	30.0	12. 匈牙利	1930	22.0
	1937	13.0	13. 罗马尼亚	1930	54.4
			14. 菲律宾	1930	47.4
			15. 南非	1931	52.5
			16. 中国	1947	40.0

　　按表所列，中国文盲为百分之四十，官方统计数字及今年基本教育会议中国筹备会所提出报告则为一亿三千二百六十七万，估计约占全国人口总数百分三十，此种统计数字，是否可靠，确属可疑，过去所谓扫除文盲工作报告多系将开识字班班数及报名人数列册呈报，至于这些文盲，是否曾确实来受教？是否留生没有困难？所施教的对象有无重复？均置之不论，识字教育，留生最难。能留至毕业而确实成绩达到标准者，百无五人。所以这种官方公布数字，恐与事实相去甚远。例如南京市警察局户口精确统计：南京五月份人口一百零五万九千人，文盲三十余万，达百分之三十以上。南京为文物荟萃之区，外省人至南京任职者，少有文盲，城市居民，文盲比例当亦较少；而全市比例尚在百分之三十以上。全国比例焉能在百分之三十左右。只此一端，便可证中国文盲实际数量，并不能为统

计数字所掩却。

远东基本教育会议，鉴于中国推行识字运动之困难，有二项建议，颇值得留意，其一为改革中国文字，应用注音符号或罗马字拼音为工具，不过整理中国文学，提议者由来已久，总因传统观念太深，未易实行，今后如要识字运动有效，工具之改变必须具有决心才行。其次是认为文盲多系社会劳动生产阶级，他们所需要的是生产技能与公民常识，文字教育应居次要，今后普及教育应改变观念，不汲汲于识字读书。而应利用电影、播音、演讲、戏剧等方式教育民众以实际智识。因此年来加强电化教育的呼吁甚高，可是电化教育的资本较高，经费负担，器材设备，又是难于解决的问题，年来教育部向美国定购来收音机一千架，以六百架分配于各省市教育机关，以四百架分发各直属机关。以中国之大，千架收音机何济于事。而且这千架是否全都用之于民众教育，亦很难说，至于电影放映机，全年不过购进百架，数目尤过少。事事仰给于人，自己却又贫穷无力举办，有什么办法。以前曾应用的民众教育馆，民众茶园，流动巡回教学等等方式，年来也毫无所闻，在财政支绌之秋，去年江西省就将全省七个省立民众教育馆裁了六个，因为这些都非"当急之务"。

本文原定对年来师范教育，职业教育，边疆及华侨教育，文化学术动态，均有所叙列。并对贯串三十六年之学潮加以分析，惟以时间短促，付版期迫，除后者拟另行撰文之外，前数者均从略，但自前文所述，可以归纳出年来中国教育的重要趋势如下：

一、高等教育、中等教育在量上均有相当扩增，唯初等教育则不见增进。识字教育、社会教育且反见萎缩。

二、因经费之不足，教师待遇之不佳。无论何等教育素质均较战前为差，较战时亦不见提高。

三、改革呼吁朝野均闻。但受国家客观条件限制，任何改革计划，均徒托空言。

四、因政局不安，经费不足，学生情绪普遍不满，因此，学潮层出，致整个教育界动荡不安。

教育的对象是人，教育的场所是社会，教育的客观基本条件是经济。要求教育的进步，必要看社会环境、经济条件与乎主观认识如何。居今日之中国而言教育，最好勿存过大奢望。

写完于民国三十六年十二月三十日晚。

（原载《星光日报》1948年1月6日、1月8日、1月9日，有改动）

第二节　教师任用方式之商榷

教师之于公务员，在今日的社会地位上，虽不见得较高，但尊师重道的观念，尚存于教师意识中，为教师保持一丝自尊心。且我国自古聘请教师，送关约，致束脩，有习惯可循，所以教师之任用，一向为聘任方式，与公务员不同。教师之任用不同于公务员，表面上似乎特示优礼，非"吏"可比。因为任用方式出之"礼"聘，原寓有一种恭敬尊重之意，聘者与被聘者，尽管身份悬殊，而地位上乃站于对等地位，无尊卑上下之别，更非长官与属僚之关系。但此种优礼，事实却未必对教师有利。所以任用方式，于公务员已有定制，而于教师则问题尚多。举本市近事而言：私立小学校长教员，曾因任用教师手续而与教育当局争持，一方面是有法令可据，一方面却以习惯与事实之困难为由。孰是孰非，如何判别；法令习惯，理论事实，如何权衡，颇值得探讨一番。

我国各级学校教师之任用，大抵为聘任，如中学法第九条规定"中学教员由校长聘任之"。事实上除了广西湖北等省有较特殊的任用方式外，全国各地，都是由校长聘用。但国民学校教师，则法令规定与各地情形，颇有出入。教员任用规程中是规定校长由主管教育行政机关委任，教师由校长聘任；但教员登记办法则规定教师均应向主管教育机关登记，且有统筹支配之意。此外，师范毕业生，由教育厅分派各地服务，则完全为委派的。所以现在国民学校教师之任用，至少有下列三种方式：

一、完全由校长遴聘，报请主管教育机关核准。

二、教员向主管教育行政机关登记，校长于登记待聘教师中遴定聘用。

三、主管教育行政机关直接委派——多用于师范毕业生，唯有中国台湾地区现时试行完全的委派制。

聘任方式，可谓我国教育行政上的一大特点，因为欧美各国对于教师之任用，多系通过一定的考试后，由行政机关或教育行政机关委任，一经任用为教师，便视如公务员，他们没有不屑于与"吏"为偶的心理，职业生活亦得与公务员同样受保障。其委派机关，中学教师小学教师略有不同，如法国公立小学教员，由大学区视察员推荐，府尹（Prefect）任命；高等小学教员由教育部部长任命；中学教师一律由教育部部长任命。德国普鲁士小学教员任用，由郡政府（Regierung）主持；中学教员任用，由省教育理事会（Provinzieller Kollegien）主持，皆承教育部命令办理。英国公立小学教员由郡或郡邑参事会（Council）所属教育委员会（Education Committee）委任。中学教师亦多由地方教育行政机关任命，并利用津贴制度，以控制各校之引用教师，务求合规定资格者方得被任用。意大利中学教师由教育部任用，此后非有大故经教育部许可，不能自由更动；小学教师虽由地方教育行政机关任用，而教员名单，仍须呈送教育部核准，经核准后，地方教育行政机关便不能随意更调，美国中小学教员由教育部部长推荐，经教育董事会通过，再交局长委任，在偏僻地方，亦有由教育局局长直接委任者。苏联则不论教师或其他教育行政人员，均由中央委员会任命，但全邦学术参议会可随时调任之，至于教师权利保障，则由教育同业协会行之。须经教育行政当局及协会代表人数各半所组成之特种委员会一致议决，方得免除教师职务或惩罚教师。遍观各国，对于教师任用，可谓全系视同公务员加以委派。美国先前曾由各地教育董事会聘任，其后流弊丛生，乃改现行方式，英国亦努力通过津贴制度以控制各校使不得自行聘任未经审核合格的教师。各国均如此，难怪当年（一九三一年）国联教育考察团到中国考察教育，对于我国教师由校长聘任之制，大为骇怪，而建议："国立高级学校（即指大学及专门学院）之校长及教授，应根据一特种大学委员会之推荐（将来根据大学团体之推荐）由教育部部长任命，中等学校之校长及教员，应由省教育委员委任。初级学校之校长及教员，应由县督学委任。"（见国联教育考察团著中国教育之改进页五十二）罗廷光先生讥之曰："昧于我国习惯，未见其当"（见罗著教育行政上卷页二二零）。盖因循于习惯，一般人多以聘任方式为向来沿用之方式，因而当然可行，本省教育厅做一教师人事管理制度研究，收集二十位专家，十三位校长，二十九位中学教师的意见，其中有一项为比较聘任方式与委派方式之优劣，结果赞成委派方式者十四人（多系教育专家）而已。此正表示与国联教育考察团意见相反。

国联教育考察团之建议，虽有昧于我国之嫌；但一味囿于聘任的美名，以为非如此无以表示高于"吏"者，亦大可不必。其实聘任与委派各有利弊。欲辨两者孰较适用应先明其一般之优缺点，聘任方式之优点，有下述数者：

一、校长可因学校之特殊需要，遴选适当人才；因为各校均有其特殊情形，了解学校特殊情形最深者，莫如校长，例如规模较小之学校，不能专用会计或文书等职员，须觅一擅长于此者以兼任；乡村学校，宗族纠纷，常缠入校内，须有一洞知内情能排难解纷之教师为校长辅助；为帮助乡民，更需要一能拟红白帖式，写匾额楹联之教师；此外人事上，性情上，其中曲折微妙之处，每不易为高居在上之主管机关所洞察。行聘任方式，校长便可根据实情以觅取人才。

二、教师由校长聘来，校长用人负较大责任；教师亦因与校长有直接或间接关系，及慑于校长握有进退之权，故较听从校长之支配。即校长之推动工作及听取教师意见，亦可通过私人感情而较方便。总之，双方感情，较易融洽而取得合作。

三、校长负一校全责，对于学校有其计划与理想，故必予以支配校政之全权，使其对于事业之成败负完全之责任而无所推诿或受牵制。

四、穷僻乡壤，罗置师资不易，校长因职责所在，自不得不多方寻求。有时校长为使学校办理成绩优异，自亦乐于多方罗置人才，使人尽其用。在师荒情形下，总比等候教师自行到教育行政机关登记听候委派为佳。

委派方式亦有其优点，述如后：

一、在每一地域单位内，全体教师，可由教育行政机关统筹支配不致有此盈彼亏之现象，目前全国师资缺乏之苦，且有大批内地教师涌至本市来求职者，校长苦于应付。至于内地，则越偏僻地区，师资越缺乏，甚至一校之中，无一合格教师，学生功课，空白以待教师亦所在可见，以本省情形而论，大体厦市、福州、晋江、龙溪、莆田诸地易聘教师，明溪、宁洋、莆城诸地难聘教师；私立、省立中学易聘教师，县立中学难聘教师。此种盈亏现象，全系自由竞聘之故，经济上的自由竞争已被人斥为不合理而易以统制经济，计划经济，教育上须作有计划之统制，乃理所当然。

二、提高师资素质，统一师资标准；此当为教育行政之重要工作，如何提高，如何统一；方法固然甚多，但最有效者为当局揽有用人之权，审查教师，须合某种标准，方能入选，若聘用教师之权操于校长，则阳奉阴违者有之。徇私滥用，不合格教师滥守高位，良教师却不得其门而入，虽有呈报核准等之方法以矫正之，但究不若由主管机关直接委派之易合于标准。

三、教师职位，每随校长更换而动摇。因此教师乃有夤缘结党之嫌。

校长有权可以进退教师，滥用私人，形成割据，易于以学校为营私舞弊地盘，一切社会不良恶习，容易侵入学校中。

四、校长最重要之任务，本应在于辅导教学，策进校务，但事实上现在校长所忙碌之事除了筹钱和用人之外，已无暇他顾，校政兴革固不待言，日常校务处理，亦草率了事。如果争夺教师，洽聘解聘等人事上的困难，不必校长打理，则当可用较多时间精力于校政上，对于学校裨益更多。

以上所述，为两者之优点，至于缺点方面，大体相反，不必赘言，两者既然各具优缺点，而且一为我国现时所沿用，一为世界各国所通用，两者之价值，尚须加以比较研究。我认为两者之比较，在理论上说，委派方式，较优于聘任方式，因教育事业，为国家立国基础之所托，国家对于一国之教育宗旨与方针有其既定方向，而服务教育事业者，亦应有共同之理想，此共同之理想即指向国家之教育宗旨，教育从业人员，亦应有崇高之德性与行为，体认本身工作乃在于服务非其他职业之可比，不应有结党营私，把持校政种种不良现象。理想相同，任务相同；权不应争，利无可夺。则各人均系整个组织之一员，所求者只是此组织之能充分发挥其效能而已。如此便能以诚互见，以公相处，不管由自己聘来或主管机关派来，均能合作无间。而且校长与教师之合作，每取决于相处后之感情，而非相处前所易料到。聘任教师，虽由校长延揽，其中大多数亦系由友朋甚至长官介绍，一言为定，甚至无一面之识，此种关系，岂比主管机关委派来着为佳？今日各校教师，多系校长聘来，并不见得双方情感融洽，因立场不同，利害相左，轻则毁谤争持，甚至闹风潮者，比比可见。所以合作要点，并不在乎事前之关系与感情，而在于公平坦白。抑有进者，社会之进步，国家之文明，乃自混乱走向条理，自各自为政走向有计划有步骤之设施。教师由国家委派，则教师之地位可以确定，师资之数量可以统筹，教师之资格借以划一，教师之生活获得保障。凡此种种，皆是文明国家，进步社会所应有之事，而聘任方式则无法达到。所以我人对于教师任用问题之彻底解决，应有深远之眼光，从最高理想着眼，而不应仅仅抱住聘任之美名，以为聘任则表示尊重，事实上今日教师地位，已因种种实际之不利情事，而降于公务员之下，是则受国家之委派，为国家服务，有何不尊重？不过话又说回来，在此时此地的事实上，骤行委派制，却有斟酌余地。台湾地区现时已试行委派制，该省情形特殊，行之或者较易。一般而论，在政治未上轨道，教育专业道德修养不够之情形下，委派方式，恐甚易引起少数不肖教师，向主管教育机关夤缘，占据佳职惰于工作，傲慢不顺。若考核不周，必致努力教学之优良教师无所保障，夤缘取巧者反占上风，甚至特权阶级，极易挤进校中，因为一般人想头总以为中小学教师，不必具备什么本领，科长太太，舅子外甥，谁不可当？谁不得进？校长无权可争，亦无责可负。于是一切政治未上轨道时之政界败坏风气，可以毫无阻碍地带进学校。是则"弄巧反拙！"此种事实之可忧虑处，实在忽略不得。

委派方式，合乎理想，聘任方式，尚为事实所需。究应如何抉择。我的意见，认为较妥当办法，为教师之物色，乃应由校长负责，同时主管教育行政机关亦应大量登记合格教师。校长物色教师之方法，除沿用介绍之一途外，应尽量自教育行政机关之登记籍中物色。遴定教师，然后向主管机关推荐，经主管机关核准，即予委派，并由校长副署。一经委派，非有大故，校长不得请求撤换，主管机关亦不得任意撤换。即使有不得已情事，亦应作局部调动而已。如此，校长有推荐之责，而无径聘之权，主管机关有委派之权，但非经校长之推荐，不得径委，以防所委不合学校之需要。此与美国各地之教育董事会负责推荐之责，教育局局长有委派之权者正相似，可以收分权之利而减少两者之弊。

（原载《江声报》1948年10月10日，有改动）

第三节　教育！教育！—— 一年来中国教育的回顾

国内教育，除了学潮与学生流亡情形之外，实在"乏善可述"。作者手头，虽有不少的教育经费，高、中、国教等资料，但一方面既因国土之残缺不全而致资料也残缺不全，一方面则各种措施，不外与去年大体相同，若勉强言之，可提出下列数点：

一、教育经费预算，表面上已超过宪法规定，即中央预算已占百分之一五点三八，实际上则较之以往尤低，因为国家预算有两部普通预算不及特别预算的三分之一，三分之一中的百分之一五究竟有多少呢？地方预算，则低减得难于令人置信，湖南、江西、甘肃三省，不及战前百分之一的价值，江苏最多，也只战前百分之一八、一七的价值。如果说战前地方教育因经费不足而办得不好，则战后各地教育机关应该关门。

二、高等教育方面，院校略有增加，现达二百零七所院校，本年暑期的毕业生数也不少，达二万五千零九十八名，因为战区扩大，东北、华北部去不得，乡下也不安宁，读过大学的人多不愿去，因此找职业就更为困难。联勤总部曾要征用专科以上学校毕业生一千九百三十五人，可是应征者却寥寥。

三、中等教育方面，一年来失学者愈益众多，原因是收费多半太高，平心而论，学校收费较之战前，并不见高，而是国民经济的普遍低落，因而造成相对的过高，加以币值混乱，亦增加就读与办学者双方的困难，上海市曾有各学校统一收费及筹发统一的奖学金之举，用意至善。可是任何良为的办法，敌不住事实的困难，各校为应付变动不定的币制与物价的狂乱情势，乃有预收所谓"留额金"的，不能预先一个月如数缴交留额金，便只为中途辍学，十月、十一月间，各地中学为应付狂涨物价，亦临时增收学费，引起许多麻烦，停辍多少学生学业，说起来真是一件浪费而残忍的事。一位中学负责人叹息说："学校何曾愿意中途加收学费，那也是不得已的事，只怪金圆券骗了我们。"这也是的确的事。当然，乘机从中牟利者也有之，例如，年初有人替昆明私立中学算账，每班学生所收学费，存放利息，每月只要一半的利息便够支付薪金办公等费了，每月可赚半数利息不计，还有学期终了整笔母金不动。但是这种情形，除了九个大地方之外，究属不多。

四、自初等教育言，无论质与量，均有低落的趋势。去年全国性统计数字尚未发表，以前年论，则全国有各类小学二十九万零六百十七所，儿童数二千三百八十一万三千七百零五人，均较前一年度为少。据基本教育会议中国筹备会所提报告，学龄儿童全国约为六千七百万人，除已在校者，约二千三百万人之外，至少尚有四千三百万学童，约为已入学者之二倍，被摒弃于教育圈外。近年来政府颇注意于高等教育之发展，而忽略初等教育的充实，倒悬金字塔，殊欠合理。近闻教育部又有将中心国民学校及国民学校改学之拟议，可见国教中之民教部，已将宣告完全失败。年来国教唯一差强人意之措施还算是上半年中央拨出了八千亿的地方基本教育补助费，除一部分径拨各省市之外，存一部分代购图书仪器设备分发，平均每一中心学校可得一套儿童用书，每一县市可得两套教师参考用书，每一师范学校可得一套师资训练参考书，倒是一点实惠。

国内的教育如此，国外的教育又何如？本年四五月间暹罗①政府之摧残华侨学校，逮捕或驱逐华侨教师，乃是对所有华侨教育以至我国国家威望权利致命的打击。暹罗教育部首先用《民立学校条例》来限制华侨学校的设置，后又特订《限制华侨学校新章则》，五月间更断然下一道"取缔非

---

① 暹罗，泰国的旧称，编者注。

法华校"的命令，根据这一道命令则全暹四百九十所华校都是非法的，这命令对于华校限制得最苛刻，而不合理的约有如下九点：第一，凡在暹罗境内的学龄儿童都应强迫接受暹文教育，华校不得收容，如要收容，应先请准教育部给予办理强迫班证。第二，华校课程除每周可上五时半的华文之外，其余各科均应用暹文教学。第三，华籍教师必须受暹文考试，否则不准执教。第四，华校除少数特殊节日之外，不得悬挂中国国旗，每日应悬挂暹罗国旗。总之，如果简单说来，则是暹罗政府不准华侨读华文，进一步说则是强迫华侨子弟接受暹罗化的教育，这事虽经各校闭校反对，内外呼吁，终究无效，中国驻暹大使馆，几经考虑，才送去一纸抗议书，却被暹罗政府拒绝，于是不能听从这种苛刻条件的华校一百余所被封闭，百余华侨教师亦被剥夺资格。华侨不愿子弟受异国教育的，只好遣回国内就读，或聘请"游击教师"，组织"地下学校"，十分令人悲痛同情，暹罗是战败国，我国是所谓四强或五强之一，为战败国所鄙视压制，在今日这种情境，原不算一回事。不信，请看战败国的日本之摧残韩国侨民教育，亦正如与暹罗之摧残我国侨民教育，特录通讯一则，以资媲美：

……四月中旬，侨居日本朝鲜人，为朝鲜学校用朝鲜语授课将被日本当局封闭事，举行请愿游行突然发生被杀被捕的惨案，朝鲜人其后所提要求甚软弱，但尚不为日方所接受：（一）服从日本教育法，（二）请日本当局亦推诚考虑朝鲜人的教育问题，顾及朝鲜学校特殊性，允许以朝鲜语授课，并读朝鲜课本，（三）请暂缓封闭学校，结果不允，惨案发生后神户一地捕去二千三百多朝鲜人，各校尚须遵从法令申请日政府立案。（《中华教育界》二卷六期）谁叫朝鲜南北分裂呢。

一年来的教育可以告慰者少，而令人伤痛者多，教育的场所是社会，教育的基本条件是经济，今日的社会环境如此，经济条件如此，教育，教育，尚复何言。

（原载《星光日报》1949年1月5日，有改动）

后记

今年年初，我接到韩延明老师的来电，韩老师说他正在主编一套《中国高教研究名家论丛》。韩老师过去系统梳理过先生的《纪事年表》，对先生过去发表的文章广搜细核，知道先生给很多新书写过序，且数量可观，这些自然难逃他的"法眼"。我从2013年跟随先生攻读博士开始，迄今已整整十年，曾协助先生整理过部分文稿，其中就包括不少序言。先生一生笔耕不辍，即便身体抱恙时，也不曾停歇。先生每逢受邀给新书作序，总是欣然应允，并会在最短时间内反馈。这些散落于各大著作中的序言，大多未曾公开发表，不为外人所知晓。当听到韩老师谈及此事，我当即向刘振天书记、别敦荣院长汇报，二位领导都非常支持此事，并嘱咐我尽力在今年12月前整理出版。

接到任务后，我起初只是大致整理了一下我存留的先生题写的序，发现不过十余篇，远不足以成书。我知道，先生的序言肯定不止这些。于是，我开始向部分同门师兄师姐寻求帮助，可惜收获有限。后来，我又在师门和院友微信群寻求帮助，向全院师生和院友们征求素材，这一回收到30多位院友的反馈。为避免遗漏，我再次联系了几位曾担任过先生学术秘书的师兄师姐，请他们提供一些线索，又收到了近10篇序文。我在校对这些序言的过程中，发现绝大多数书稿出版于2000年以后，更早的论著相对有限。我感觉可能还有遗漏，又不知遗漏了谁的。最后只能采取"最笨"的办法——通过电话或微信逐一联系先生指导过的每一位学生，以及在学术上与先生交往较多的学者，询问对方是否请先生为自己书稿作过序。功夫不负有心人，这一回有了许多意外的收获。

《教育的未来》收录了先生2017年以来（以及少量新中国成立前）撰写的各类论文、序言、讲话稿等，共计70篇。本书根据文章主题分成八个部分，包括第一章"高等教育历史"（11篇）、第二章"高等教育理论"（14篇）、第三章"高校人才培养"（13篇）、第四章"地方本科教育"（11篇）、第五章"高等职业教育"（7篇）、第六章"民办高等教育"（3篇）、第七章"教育综论"（8篇）和第八章"补遗"（3篇）。本书所收录的文章无论是教育中的理论问题或实践问题，均源于先生对教育现实的深入思考，且书中所述皆着眼于未来，如"一流学科不应局限于研究传统的'高深学问'"，"'双一流建设'精神泛化到所有类型的高校"，"高等教育既要培养自然人成为创新创业的专门人才，还要'培养'机器人的伦理道德和法律知识，使之成为智慧人"，"高等教育学应成为交叉学科门类下的一级学科"，"要以'套餐式'招生实现从选拔性考试向适应性选才转变"，"要关注高等教育的课程、教学等微观研究，重视高等教育的内涵式发展"，"如果要看的话，应该看到年轻人比我们更厉害之处"，等等。过去，先生总是教导我们从事学术研究要"敢为人先"，要立足长远，"理论研究要比政策快半拍"。据此，我把书名定为《高等教育的未来》。在征求多位师友意见后，他们普遍认为本书所收录的文章并不限于高等教育，遂将书名调整为《教育的未来》。

本书是先生晚年学术思想精髓的凝练。本书能如期与读者见面，离不开前辈们的指导：感谢著名教育家、北京师范大学资深教授顾明远先生为丛书题写总序，感谢厦门大学邬大光教授在百忙之中为本书作序。在整理此书过程中，还得到了许多领导的关心帮助：教育部吴岩副部长在繁忙的工作中第一时间复信，并提供了许多宝贵的线索；大连理工大学原党委书记张德祥教授不仅提供了先生题写的序言文稿，还亲切嘱咐我有任何需要可随时联系他。恰逢此书即将定稿之际，厦门大学张宗益校长带队来广西看望校友，并在校友座谈会上赠予我两本书，其中一本名为《我的厦大老师（百年华诞纪念专辑）》。书中首篇就是先生撰写的纪念李培囿老师的文章，先生在文中深切地感恩改变、指引他人生道路的恩师。当书稿即将送到印刷厂时，先生的长子、厦门大学原常务副校长潘世墨教授转来方晓博士留存的先生在1999年接受英国赫尔大学荣誉博士仪式上的发言稿，我如获至宝，振奋不已。

在本书出版过程中，还有许多师友提供了宝贵的线索和资料，包括中国教育科学研究院刘承波研究员、浙江大学张应强教授、广西师范大学党委书记贺祖斌教授、韶关学院校长廖益教授、福建省人大常委会教科文工委原主任王豫生研究员、福建广播电视大学原副校长康乃美研究员、渭南师范学院梁燕玲教授、湖南科技大学彭拥军教授、温州大学陈为峰副教授、西藏职业技术学院巴果教授、大连理工大学解德渤副教授、金华职业技术学院邵建东教授、南阳理工学院贾艳丽老师、闽南师范大学罗先锋教授、厦门南洋职业学院董事长鲁加升教授、厦门市教育科学研究院段艳霞研究员、厦门理工学院董立平教授、厦门大学教师发展中心郑宏副教授、厦门大学教育研究院博士生刘明维和王亚克。

我指导的硕士生陈研协助我将所有影印文件转成文档，并和我一起反复逐字逐句校对文稿，感谢她为整理此书付出的所有努力。

本书的出版离不开山东教育出版社领导们的大力支持，他们为确保此书在"潘懋元高等教育思想学术研讨会"召开前顺利出版，可谓一路"开绿灯"，所有环节基本都以最快的速度处理。感谢山东教育出版社编辑部的同事们为本书的文字校对、封面设计等各个环节倾注了大量心血，体现了出版人的专业素养、敬业精神和耐心态度。

先生离开我们已近一年，但先生工作生活的情形却历历在目：在阳台上打太极，在书房里"爬格子"，在学术例会上认真做笔记，在课堂上深入浅出地点评报告，在动车或飞机上用放大镜批改学生论文，在带领博士生调研团外出调研时对每位学生嘘寒问暖，在岁末邀请留校过年的本院师生一起吃饭，在新年之际嘱咐我把他手写好的明信片送到邮局，在学生们每次取得一点小小的进步后的肯定与鼓励……

先生逝世后不久，组织上派我到广西工作。但每逢重要节日，我都会回厦门，去陵园看望先生。我静静地坐在先生捐赠的榕树下，就像往日在先生家一样，陪他老人家聊聊天，拉拉家常。那一刻，我觉得先生并未离开。

先生毕生以虔诚的态度履行作为一名教师的庄严神圣的使命，他用朴素、深沉的教育思想指引大家过上一种纯粹、辽阔、有质量的精神生活，让原本罕有交集的群体，彼此听见、看见，并由此结成温暖而又富有强劲力量的学术共同体。

> 十五从教，八十余载，寿至期颐，霜鬓不坠青云志。
> 人不下鞍，马不停蹄，精神矍铄，鲐背仍居第一线。
> 敢为人先，始创新学，斗山望重，尊为学科奠基人。
> 严谨治学，笔耕不辍，著作等身，堪称学界之楷模。
> 诚心为学，惟精惟一，薄名精艺，全纳耄耋赤子心。
> 爱生如子，视院如家，勉励后学，创设奖教期英才。
> 三尺讲台，循循善诱，切磋琢磨，抱得桃李遍天下。
> 勤为人师，诚心务教，杏坛传道，引领师德扬风范。

陈　斌
2023年岁末于广西南宁